CORPS ET CORRESPONDANCES

Collection « Documents »
dirigée par Jean-Luc Veyssy

UNION EUROPÉENNE
Fonds Européen de Développement Régional

La publication de cet ouvrage fait partie d'un projet plus vaste, le projet triennal (2020-2022) Coréage (Corps des écrivains et des artistes : génétique et esthétique), inscrit au programme État – Région – Union Européenne « Ariane » de l'université de Lorraine.

www.editionsbdl.com
33300 Bordeaux

ISBN : 978-2-38519-115-3

Paul Dirkx
(sous la direction)

CORPS ET CORRESPONDANCES

LE BORD DE L'EAU

Introduction | Corps-respondance

Paul Dirkx

« La Nature est un temple où de vivants piliers
Laissent parfois sortir de confuses paroles ;
L'homme y passe à travers des forêts de symboles
Qui l'observent avec des regards familiers. »
Charles Baudelaire[1]

Depuis la Seconde Guerre mondiale, les différents domaines du savoir n'ont cessé de rendre toujours plus vraisemblable l'invraisemblable, plus pensable l'impensable, à savoir le caractère indistinctement physiologique et symbolique du corps humain. Les principaux efforts, divers et variés, sont venus du côté de la philosophie, de la psychanalyse, de l'anthropologie, de la « nouvelle communication », de la sociologie et des neurosciences[2]. Le « tournant corporel » des années 1980 a accéléré cette prise de conscience, qui a fini par ébranler, jusqu'à un certain point, la traditionnelle conception dualiste de l'être humain, censé abriter un esprit (une âme, un sujet, une raison, etc.) dans un corps réduit à une simple enveloppe charnelle[3]. Pour un nombre croissant de penseurs, ces deux notions prises séparément ne font plus guère sens que pour les besoins de l'analyse. Dans le monde du

1 Charles Baudelaire, « Correspondances », *Œuvres complètes I. Texte établi, présenté et annoté par Claude Pichois*, Paris, Gallimard, coll. Bibliothèque de la Pléiade, 1975, p. 217.

2 Ont été essentiels les travaux suivants : Maurice Merleau-Ponty, *Phénoménologie de la perception*, Paris, Gallimard, 1945 ; George Lakoff et Mark Johnson, *Philosophy in the Flesh. The Embodied Mind and Its Challenge to Western Thought*, New York, Basic Books, 1999 ; Jacques Lacan, *Le séminaire. 1 : Les écrits techniques de Freud. 1953-1954*, Paris, Seuil, coll. Le Champ freudien, 1975 ; Didier Anzieu, *Le corps de l'œuvre. Essais psychanalytiques sur le travail créateur*, Paris, Gallimard, coll. Connaissance de l'inconscient, 1981 ; Gregory Bateson et Margaret Mead, *Balinese Character. A Photographic Analysis*, New York, Wilbur G. Valentine, 1942 ; André Leroi-Gourhan, *Le geste et la parole. I : Technique et langage ; II : La mémoire et les rythmes*, Paris, Albin Michel, 1964 et 1965 ; Gregory Bateson, Ray Birdwhistell, Erving Goffman, Edward T. Hall, Don Jackson, Albert Scheflen, Stuart Sigman et Paul Watzlawick, *La nouvelle communication. Textes recueillis et présentés par Yves Winkin*, Paris, Seuil, coll. Points, 2000 [1981] ; Pierre Bourdieu, *Le sens pratique*, Paris, Minuit, coll. Le sens commun, 1980 ; Antonio R. Damasio, *L'erreur de Descartes. La raison des émotions. Traduit de l'anglais (États-Unis) par Marcel Blanc*, Paris, Odile Jacob, 1995.

3 Lire à ce sujet Norbert Elias, *Théorie des symboles. Traduit de l'anglais par Damien-Guillaume et Marie-Blanche Audollent. Révisé, édité et présenté par Marc Joly*, Paris, Seuil, coll. La librairie du XXe siècle, 2015 [1991].

savoir, il semble désormais sinon acquis, du moins admis que l'être humain a et est un corps symbolisé et symbolisant, un corps parlé et parlant, écrivant, peignant, dansant, etc.

Le corps de l'artiste, de l'écrivain et du lecteur / spectateur se dévoile donc toujours plus comme une réalité ni matérielle, ni spirituelle, ni objective, ni subjective, mais les deux à la fois. Ainsi considéré dans sa cohérence « physio-psycho-sociologique[1] », il informe l'œuvre d'art, dont les mystères tiennent sans doute moins à quelque autonomie intrinsèque qu'à la difficulté de penser l'imbrication du matériel et de l'immatériel qui la fonde. La conception du corps comme phénomène symbolico-somatique, c'est-à-dire dans sa singularité humaine, porte à concevoir l'œuvre littéraire ou artistique en général, tout unique qu'elle est, non pas comme une entité close et clôturée, achevée, mais comme une *opera aperta*, une œuvre ouverte[2], d'autant plus ouverte qu'elle est située à la croisée de deux expériences corporelles, l'une à production, l'autre à réception. Cette dernière dichotomie se révèle alors elle-même comme une vision schématique des choses, comme une évidence majeure, aussi tenace que fausse, du système des évidences méta-artistiques, de la doxa esthétique.

Or, cette doxa se montre particulièrement pesante en matière de littérature. L'écriture à visée esthétique est en effet inextricablement liée à l'histoire des saintes écritures, la lecture des textes restant quant à elle chargée des schèmes de l'herméneutique du texte, le Texte de tous les textes, le Livre de tous les livres (*Biblia* en grec). L'étude de l'écriture littéraire demeure perméable aux caractéristiques sacrées, purement symboliques ou formelles, en un mot désincarnées de ce Texte perçu, en tant qu'incréé, comme insaisissable, échappant aux contraintes sociales et historiques. Du fait de ce tropisme textualiste, et en dépit de certaines avancées notamment de la psychocritique, de la psychanalyse, de la sociocritique et de la sociologie de la littérature, la prise en compte de l'auteur du texte par les études littéraires et par leur versant pédagogique est encore et toujours, en France sans doute plus que dans de nombreux autres pays, une entreprise quelque peu hasardeuse. C'est surtout vrai pour l'auteur considéré dans sa légitimité historique et sociale d'écrivain depuis le XIXe siècle, mais davantage encore pour l'auteur pris dans sa corporéité indissociablement matérielle et immatérielle, c'est-à-dire doté d'un corps historicisé et socialisé. Étudier le corps de l'écrivain comme opérateur scriptural

---

1 Cf. Marcel Mauss, « Les techniques du corps », *Journal de Psychologie*, 32, 3-4 (15 mars-15 avril 1936) ; repris *in* Marcel Mauss, *Sociologie et anthropologie. Précédé d'une* Introduction à l'œuvre de Marcel Mauss *par Claude Lévi-Strauss*, Paris, Presses Universitaires de France, coll. Quadrige, 2003, p. 363-386, p. 384.

2 Cf. Umberto Eco, *L'œuvre ouverte. Traduit de l'italien par Chantal Roux de Bézieux, avec le concours d'André Boucourechliev*, Paris, Seuil, coll. Pierres vives, 1965.

revient à révéler en même temps la doxa textualiste et la doxa dualiste ainsi que la complémentarité de leurs pesanteurs.

Ainsi, les écrivains et les artistes que nous allons voir à l'œuvre dans ce livre, à travers leurs correspondances épistolaires ou, plus généralement, à travers leurs correspondances structurales dans leur champ d'activité respectif, informent les textes en tant que dispositifs indissociablement « matériels » et « spirituels », « objectifs » et « subjectifs », etc. Cela signifie qu'ils écrivent leurs lettres ou produisent leurs œuvres telles des traces laissées par leur corps symbolisé et symbolisant, c'est-à-dire socialisé et socialisant, des traces sinon destinées à être déchiffrées, du moins vouées à l'être. Correspondre signifie échanger. Le mot correspondance désigne un échange qui, plus ou moins promis au succès ou à l'échec et fondé sur la lecture de textes (épistolaires dans le cas d'une « correspondance » au sens habituel), se fonde sur un système d'affinités entre deux corps : cette correspondance-là, cette *corps-respondance*, n'a pas encore été étudiée.

En ce qui concerne plus précisément les corps d'écrivain, le présent ouvrage, où ils sont en majorité, dépassera au moins cinq fois les bornes de la doxa textualiste-dualiste : une première fois en tant qu'il brisera la clôture du texte « de création » pour aller chercher ailleurs certaines de ses « clefs », de ses déterminants, de ses opérateurs ; une deuxième fois en inscrivant ainsi le texte dans un système individuel d'écritures au pluriel, lui-même tributaire d'un système d'écritures (« tendances », « courants », « registres », « discours », « genres », « sous-genres », etc.) sociolittéraire ; une troisième fois du fait que, ce faisant, ce livre ouvrira le texte sur les conditions sociales et historiques de possibilité de son écriture ; une quatrième fois en tant qu'il ouvrira les vannes de ce réservoir insondable qu'est l'écrivain en tant que corps humain, réservoir à chaque fois unique mais situé au confluent du temps et de l'espace sociaux, et notamment du temps et de l'espace littéraires ; enfin, ce livre enfreindra une cinquième fois le sens commun textualiste dans la mesure où il envisagera de faire correspondre ce corps avec le corps de son correspondant, son corps-respondant.

En fait, il faut encore signaler une sixième entorse qui sera faite ici à la doxa lettrée. C'est qu'une bonne partie de ce volume sera consacrée à une catégorie de textes, les correspondances épistolaires, qui, certes, a acquis une certaine légitimité universitaire, mais qui fait pour le moins pâle figure au regard des textes issus de « l'écriture », l'écriture première et consacrée, celle *du* texte, voire *du* livre. Ce dernier a pu être caractérisé comme ce qui combine, en les dépassant, toutes les catégories textuelles :

> Seul importe le livre, tel qu'il est, loin des genres, en dehors des rubriques, prose, poésie, roman, témoignage, sous lesquelles il refuse de se ranger et auxquelles

> il dénie le pouvoir de lui fixer sa place et de déterminer sa forme. Un livre n'appartient plus à un genre, tout livre relève de la seule littérature, comme si celle-ci détenait par avance, dans leur généralité, les secrets et les formules qui permettent seuls de donner à ce qui s'écrit réalité de livre. Tout se passerait donc comme si, les genres s'étant dissipés, la littérature s'affirmait seule, brillait seule dans la clarté mystérieuse qu'elle propage et que chaque création littéraire lui renvoie en la multipliant – comme s'il y avait donc une « essence » de la littérature[1].

Pourtant, les études sur les correspondances qui vont suivre éclairent toutes de manière originale l'écriture du texte ou de l'œuvre d'art légitimes. D'une part, elles prennent un point de vue imprenable et qui n'a pas encore été pris *sui generis* par la recherche : celui du corps destinateur (en lien ou non avec son homologue destinataire). Nous y reviendrons dans la conclusion de cet ouvrage. D'autre part, loin d'émaner d'un transcendant esthétique (« littérarité », « "essence" de la littérature », pour reprendre les mots de Blanchot cité ci-dessus), l'écriture gagne au moins à être saisie de manière relationnelle et différentielle, relativement aux autres types de discours[2] et spécialement aux autres types d'écriture, en particulier épistolaire, avec lesquels elle forme un continuum à travers un vaste spectre d'interférences. La « contamination du roman par la lettre » qu'observe notamment Pierre-Jean Dufief[3] mérite d'être gardée à l'esprit et ici précisée : il ne s'agit pas abstraitement d'une contamination d'une catégorie de textes par une autre, mais d'une contamination – pour garder cette métaphore, qui n'est pas corporelle pour rien – entre catégories différentes qui tient au fait qu'elles sont toutes pratiquées par un seul et même corps. À l'inverse, mais pour la même raison, il est permis de considérer que les œuvres (produits finis, en cours ou à venir) éclairent la fabrication des lettres, du fait que c'est le même corps qui les anime, passant de son statut de « créateur » à celui d'épistolier.

C'est cette adaptabilité du corps socialisé du scripteur, disposé à agir tantôt en écrivain, tantôt en épistolier, qui explique que, alors qu'il ne divulgue que rarement dans son œuvre des informations explicites sur lui-même, il se dévoile volontiers dans ses échanges épistolaires ou à l'occasion de ses prises de position métalittéraires (surtout dans la presse écrite ou audio-visuelle). D'ailleurs, comme nous allons le voir, il arrive régulièrement que, dans ses courriers ou ses courriels, le corps de l'écrivain se mette en scène en évoquant ou en commentant de manière réflexive ses propres activités, son état de santé, ses affects, les effets qu'a sur lui son travail

1 Maurice Blanchot, *Le livre à venir*, Paris, Gallimard, coll. Folio, 1986 [1959], p. 272-273.

2 Marc Angenot, *1889 : un état du discours social*, Longueil, Le Préambule, coll. L'Univers des discours, 1989.

3 Pierre-Jean Dufief, *Les écritures de l'intime de 1800 à 1914. Autobiographies, Mémoires, journaux intimes et correspondances*, Rosny, Bréal, coll. Amphi Lettres, 2001, p. 182.

d'écriture (« pure », « insaisissable », etc.) et vice-versa. En somme, dans ses correspondances, le corps de l'écrivain sort des coulisses où toute la genèse du champ littéraire et de ses fondements doxiques lui recommande de se dissimuler.

Certaines de ces remarques peuvent s'appliquer au corps de l'artiste et au corps de l'artiste écrivant des lettres. Tous ces corps d'épistolier peuvent en outre, comme c'est si souvent le cas, s'exprimer à travers un langage graphique (croquis, aquarelles, photographies, etc.) aussi révélateur que souvent négligé. Les caractéristiques matérielles (type de papier, format, calligraphie, encre, couleurs, etc.) ou digitales de leurs envois sont également susceptibles de véhiculer des traits insoupçonnés du corps et de ses modes d'engendrement esthétique. C'est ici que notre approche corpogénétique nécessite une sensibilité interdisciplinaire, laquelle ne revient toutefois pas à confondre, dans un mélange des genres *a priori* sympathique, le cadre du champ littéraire et celui du champ artistique dans lesquels ces pratiques s'inscrivent[1].

Le livre que le lecteur s'apprête à lire fait suite à un volume publié au début de cette année 2024 chez le même éditeur et qui est également dédié aux corps des producteurs littéraires ou artistiques en général[2]. Il étudie pour la première fois de manière approfondie les liens multiples et complexes entre les correspondances d'écrivains et d'artistes et leurs matrices corporelles, puis entre les œuvres et ces mêmes matrices. Dans une première partie, il laissera s'exprimer d'abord deux écrivaines, Caroline De Mulder et Régine Detambel. Chacune donnera sa vision sur les liens entre l'écriture (et la lecture) et sa propre corporéité. Une deuxième et une troisième partie seront composées de huit études consacrées à des corps d'écrivains et d'artistes épistoliers[3]. Un quatrième et dernier volet posera la question des liens entre les corps des producteurs, en l'occurrence des écrivains, et leurs œuvres, passant ainsi des correspondances écrites aux correspondances structurales.

La première partie donne des « Échos de corps d'écrivaines » à travers deux textes que Caroline De Mulder et Régine Detambel ont écrits pour ce volume. Comme la présentation de Tonia Raus (université du Luxembourg) le montre,

1 Pierre Bourdieu, *Les règles de l'art. Genèse et structure du champ littéraire*, Paris, Seuil, coll. Libre examen, 1992; Camille Fosse et Lise Lerichomme (éd.), *Correspondances d'artistes. Du brouillon à la lettre ouverte*, Marseille, Le Mot et le reste, coll. Formes, 2012.

2 Tous deux sont issus du projet de recherche Coréage (« Corps des écrivains et des artistes : génétique et esthétique ») piloté en 2020-2022 par l'université de Lorraine et soutenu par la région française du Grand Est et l'Union Européenne; Paul Dirkx, Jeanne E. Glesener et Bruno Trentini (dir.), *Le corps à l'œuvre. Créer, vivre, interagir*, Lormont, Le Bord de l'Eau, coll. Documents, 2024. Nous remercions Bruno Trentini (université de Lorraine) et Jeanne Glesener (université du Luxembourg), ainsi que tous les collaborateurs du projet.

3 Ces huit travaux ont été présentés à la journée d'étude « Corps et correspondances » que nous avons organisée en avril 2022 au Centre national de littérature du Luxembourg, dans le cadre du projet Coréage. Nous remercions Nathalie Jacoby pour son accueil et son aide financière à la présente publication.

nous serons en présence de deux écritures des corps très élaborées, quoique fort différentes[1]. Chacune incite à poser des questions sinon rares, du moins rarement posées de manière cohérente et dans un souci heuristique à propos des dimensions corporelles de l'expression littéraire. Elles amènent à prendre au sérieux la question du corps considéré, écrit Tonia Raus, « dans sa pratique d'écrivain, dans son geste d'écriture, de manière concrète, ordinaire, c'est-à-dire d'aborder l'usage habituel, concret du corps dans l'écriture ». S'il passe pour être transparent et d'un intérêt mineur, en réalité le corps ne va pas de soi, et encore moins le corps de l'écrivain, généralement considéré comme peu pertinent au regard du prestige « naturel » du texte.

Dans son essai, intitulé « Écrire avec le corps. Pratique de l'écriture fictionnelle », Caroline De Mulder s'interroge sur le rôle du corps de l'écrivain. Elle évoque d'abord le caractère inhabituel du lien entre le corps de l'écrivain et cette activité que l'on a tendance à qualifier de mentale et d'esthétique : « l'écriture au sens littéraire ». Et de l'explorer en scrutant d'abord le corps de l'écrivain ou plutôt de l'écrivaine, le sien propre, auquel elle ne fut sensibilisée qu'à la faveur d'un atelier d'écriture proposé à ses étudiants. Ce qu'elle perçoit d'abord comme une « entité biologique impliquée dans le processus d'écriture » lui paraît au moins en partie lié aux corps fictionnels, « de papier, de chair imaginaire et de mots ». Caroline De Mulder s'aperçoit ensuite que le corps n'est pas seulement un thème, mais une « méthode d'écriture », où le corps doit atteindre « un état de conscience modifié qui crée une ouverture des sens et [lui] permet d'entrer dans le corps et la tête du personnage ou du narrateur ». Son essai ouvre ainsi sur une vaste gamme de pistes d'analyse inexplorées de ses textes et des textes littéraires d'une manière générale, en lien direct avec son corps symbolisé et symbolisant.

Régine Detambel s'interroge ensuite sur les « Excitations musculaires, incitations littéraires ». Elle commence par faire ce constat : « On ne tient guère compte du corps de l'auteur, ramené à la posture de l'élève avachi. » Pourtant, selon elle aussi, « [d]ans l'écriture comme dans le footing, le moi brûlant est la matière ». De tout temps et partout où elle s'est exercée, l'écriture littéraire a mobilisé le corps tout entier de qui s'y adonnait, et d'abord, précise Régine Detambel qui renvoie à l'essai pionnier en la matière d'André Spire[2], ses jambes, porteuses de tout mouvement artistique. L'écrivaine voit dans la respiration contrainte de l'effort physique « un tremplin furieusement vivant pour contraindre l'esprit, pour obliger l'inspiration à venir ». Et c'est dans la mesure même où le texte est ainsi

1 Pour le cas de Caroline De Mulder, voir les indices complémentaires apportés par l'enquête de Louis Gabrysiak et Léa Kœnig dans le présent volume.

2 André Spire, *Plaisir poétique et plaisir musculaire. Essai sur l'évolution des techniques poétiques*, Paris, Librairie José Corti, 1949.

animé par une corporéité excitée par sa vitalité que le lecteur peut s'en trouver mû et ému, et y trouver de quoi aller mieux : « Chez le lecteur comme chez l'écrivain, on lit ou on écrit en bougeant. La pensée pure, l'esprit pur n'existent pas. » Dans le cas du corp(u)s de Régine Detambel comme dans celui du corp(u)s de Caroline De Mulder, l'écriture du corps, entendu comme indissociablement sujet et objet de l'acte scriptural, apparaît comme indispensable pour appréhender le processus de fabrication (*poïèsis*, en grec) du texte.

Le chapitre qui ouvre le deuxième volet de ce livre rend en quelque sorte hommage, sous la plume d'Élisabeth Chatel (université de Bretagne Occidentale), à tous ces corps qui vivent le plus souvent dans l'ombre des corps des écrivains, pour la plupart épistoliers – masculins – productifs, à savoir les épistolières, qui sont des écrivaines parfois, des écrivantes vaines souvent. Il s'agit en l'espèce de Clémence Tarbé des Sablons (1827-1870), épouse du philologue Théodore Hersart de La Villemarqué, auteur du célèbre recueil de chants bretons *Barza-Breiz* (1839). Celle-ci se consacre particulièrement à deux correspondances, l'une avec son époux et l'autre avec son fils cadet, à travers lesquelles résonne très peu l'œuvre de l'écrivain, avec lequel Tarbé des Sablons entretient de bons rapports. Celle-ci utilise les corps, le sien et surtout celui de son fils cadet, pour faire et apprendre à faire corps avec sa classe sociale, ne mettant en avant la chair qu'au service d'une pédagogie inspirée par sa classe et par le catholicisme contre-révolutionnaire. Cette inlassable écriture silencieuse d'un corps à l'ombre d'un intellectuel écrivain écouté a peut-être résonné dans son corps frappé d'une extinction de voix due à une maladie de la gorge qui l'emportera à l'âge de quarante-deux ans.

Dans son étude sur la correspondance de l'écrivain luxembourgeois Edmond Dune (1914-1988), Myriam Sunnen (Centre national de littérature du Luxembourg) commence par souligner que « l'impossibilité de séparer le texte de son contexte » n'est jamais aussi manifeste que dans le cas de l'écriture épistolaire – surtout, précise-t-elle encore, « si l'on considère les lettres sous leur forme manuscrite, avant que la transcription ne soit venue effacer, du moins partiellement, les traces de l'investissement physique du scripteur »[1]. La correspondance permet de mieux comprendre le positionnement d'Edmond Dune comme écrivain « français », qui évitait systématiquement la moindre allusion au Luxembourg dans son œuvre et le moindre écho du régionalisme linguistique ou du multilinguisme. Ayant profondément intériorisé, incorporé les fondements du champ littéraire français, il cherchait à effacer de ses textes les traces d'un corps luxembourgeois, le sien, jugé encombrant. Au-delà, Myriam Sunnen montre que le poète solitaire et méconnu,

1 Nous y insistons, car la même invisibilisation joue un rôle insoupçonné dans l'évidence avec laquelle continuent d'être niés ou « relativisés » les liens entre le texte (typographié) et le corps de son producteur d'origine (*de facto* absent et plus ou moins éloigné dans le temps).

soucieux de s'inscrire dans la lignée des poètes maudits français, est un thème-clé de la correspondance et de l'œuvre publiée. Le corps malade et souffrant est également une constante des lettres, dont Myriam Sunnen repère des répondants dans l'œuvre, achevant de démontrer que cette correspondance, comme tant d'autres, mérite pleinement d'être lue en tant que partie intégrante du corp(u)s de l'écrivain.

Avec la correspondance d'Anise Koltz (1928-2023) étudiée par Claude Bommertz (Centre national de littérature du Luxembourg), nous resterons au Grand-Duché de Luxembourg, véritable laboratoire comparatiste pour qui veut avoir une observation fine des écritures hybrides ou en contact[1]. L'œuvre poétique d'Anise Koltz est sous-tendue par un inapaisement frappant, remarqué par la critique internationale et qui tient notamment à ses rapports avec ses parents et avec l'Allemagne et son choix de la langue française. Mais Claude Bommertz montre progressivement que la poétesse elle-même, par son *hexis* corporelle et ses prises de position publiques et épistolaires, loin de faire preuve d'agitation, « apaise et illumine » ses nombreuses relations – disons ici ses nombreux corps-respondants. C'est à tenir ensemble ces deux faces opposées qu'il devient possible de saisir les relations complexes entre le corps de l'épistolière, le corps de la poétesse et les corps de ses correspondants.

Valérie Chevassus-Marchionni (université de Lorraine, psychanalyste) s'intéresse ensuite à la correspondance d'Albert Camus (1913-1960) et Maria Casarès (1922-1996). Elle observe la présence intense et à la fois subtile de leurs corps, à travers un « investissement direct du corps dans l'acte d'écrire », « comme si la lettre entrait dans le prolongement de la main pour s'accorder aux pulsations du corps ». L'idée du texte comme prolongement littéral du corps socialisé de son auteur nous paraît devoir être soulignée. Idée d'autant plus paradoxale et même hétérodoxe que les corps des deux amants sont absents l'un à l'autre et vivent leur amour comme impossible, impossibilité qui en est même la condition fondatrice. Or Valérie Chevassus-Marchionni montre, à l'aide de la psychanalyse, comment Albert Camus et Maria Casarès parviennent chacun non seulement à incarner leur corps dans l'écriture épistolaire, mais à en transmettre ce qu'il a de plus intime. À porter ainsi au jour, sans prétendre l'interpréter à tout prix, ce langage du corps dans ses traces écrites, l'analyste se donne les moyens de mieux appréhender la passion amoureuse qui structure les lettres.

Le corpus de lettres suivant est dû à un corps brisé par la Première Guerre mondiale et en proie à d'incessantes souffrances : celui de Joë Bousquet (1897-1950). Zhi Bie (université de Sun-Yat-Sen, Chine) montre que les échanges épistolaires apportent à l'écrivain des moments de répit et une ouverture sur le monde, mais

1 Cf. Jeanne E. Glesener, « Littérature cherche style ? Le cas de la littérature luxembourgeoise plurilingue des années 1980-1990 », Paul Dirkx (dir.), *Le nationalisme en littérature (III). Écritures « françaises » et nations européennes dans la tourmente (1940-2000)*, Bruxelles, PIE – Peter Lang, coll. Convergences, 2022, p. 155-167.

qu'elles sont, surtout, une source d'inspiration. Sa correspondance sera pendant trente ans le réceptacle d'une réflexion sur et à travers son corps, que la blessure et ses effets continuent de transformer jusque dans son rapport à l'espérance et à la mort. Ces lettres consignent une lutte quotidienne avec un corps disloqué, auquel une conception de l'écriture comme expression suprême de soi amène à redonner du sens au mépris de la doxa dualiste. Le corps souffrant n'est pas seulement la dynamique secrète de l'écriture, il en est aussi, étant objet et sujet d'une lutte infatigable, la raison et la visée.

Samia Gadhoumi (université de Sfax, Tunisie) se consacre ensuite à une correspondance aux apparences plus légères : celle de Georges Perros (1923-1978), le comédien devenu poète, mais aussi le preneur de notes et l'aphoriste décalé. Le corps dans cette correspondance apparaît comme le principal « objeu » (dans un sens particulier par rapport au sens donné par Francis Ponge) du discours et la matière première de son élaboration. Ce corps rongé lui aussi par la maladie se situe, dans la texture épistolaire, au carrefour entre l'esprit et la matière. Le glissement vers les médiums sculptural, pictural, caricatural ou scénographique permet au sujet-épistolier de se déposséder de son corps pétri, qui se voit alors détourné en un objet signifiant, lisible et visuel – qui se voit symbolisé. Les lettres sont ainsi le lieu d'une poétisation de sa propre fragilité. Les lettres donnent à voir comment l'épistolier poète tâche de réinventer ce corps qui lui est devenu étranger, voire hostile.

Avec l'étude du corps épistolier d'Antoine d'Agata (né en 1961) par Nina Bigot (université de Lille), le domaine de la littérature s'étend à l'art de la photographie. Dans son ouvrage photolittéraire *Ice* paru en 2012, ce photographe-auteur mêle la forme du journal intime et viatique à celle de la correspondance contemporaine, à savoir un échange de courriels avec l'écrivain Rafael Garido. Deviennent visibles et lisibles de multiples corps normalement invisibles : ceux des prostituées avec lesquelles Agata vit pendant son voyage, mais surtout le sien, devenu laboratoire d'expérimentations extrêmes, notamment à l'aide de drogues absorbées par son organisme. Journal et correspondance ont alors la charge de conserver les traces de ces expériences somatiques destinées, comme l'écrit Agata, à « franchir les limites de la transgression ». Agata comme Garido élaborent chacun une écriture réflexive de type intéroceptif, c'est-à-dire attentive aux sensations provenant de l'intérieur du corps, qu'elle décortique alors même que le corps se transforme sans cesse au contact des substances qu'il ingère. Nina Bigot montre qu'*Ice*, objet intermédial hors du commun, expose une somatognosie par l'excès, où la sensation orgastique figure comme un modèle à suivre sur le plan somatique, idéologique et politique.

Isabelle Davy (université de Paris 1 Panthéon-Sorbonne) achève d'ouvrir la problématique du corps épistolier au domaine des arts, à travers le cas singulier de l'artiste chinois naturalisé Français Chen Zhen (1955-2000). Celui-ci est l'auteur d'œuvres qui, au-delà de son corps d'artiste, reposent sur ce que l'autrice appelle un corps de l'œuvre. Ce corps se définit, à partir de la conception systémique qu'elle propose de l'art, comme un potentiel de faire-sens qui se réalise dans l'intersubjectivité des discours de l'artiste, mais aussi des commentateurs qui tentent de rendre compte de cette œuvre. Ainsi, les discours méta-esthétiques de l'artiste et ses correspondances en particulier font partie intégrante de ce corps de l'œuvre. Cette conception prend le contre-pied de la doxa esthétique occidentale, structurée par les dualismes du corps et de l'esprit, du réel et de l'imaginaire et de l'individuel et du collectif. Chen Zhen se distancie en particulier de la doxa artistique occidentale en s'ouvrant pleinement à l'altérité et à l'utilisation de la culture de l'autre dans la création de l'œuvre d'art – création qu'il résume par le terme de « transexpérience ». Le transculturel et le transesthétique sont ainsi mis à l'honneur chez cet artiste qui, dirons-nous, apparaît comme étant aux arts plastiques ce qu'un Samuel Beckett est à la littérature[1] : quelqu'un qui est parvenu à se hisser au niveau du champ de l'art non pas « mondialisé », mais mondial, transnational, dénationalisé – autonome.

Enfin, la dernière partie du livre se penche sur les relations entre « Champ littéraire, corps et correspondances ». Ce dernier mot est désormais pris dans son acception structurale à l'échelle de l'espace de la littérature. Paul Dirkx (université de Lille) tente de comprendre pourquoi, dans le domaine des études littéraires, la littérature est rarement abordée au prisme du corps des producteurs, contrairement à la plupart des disciplines consacrées aux arts. Il plaide pour une meilleure connaissance de la doxa lettrée à travers des recherches dédiées susceptibles de réduire les effets de certaines présuppositions sur l'étude des textes. Cette connaissance permettrait notamment de mieux comprendre l'articulation entre ce système d'idées impensées et la division routinière entre texte et contexte, ainsi que l'imbrication de celle-ci et du dualisme corps / esprit. Outre un travail d'objectivation de la doxa lettrée au quotidien, des programmes de recherche dédiés pourraient problématiser le clivage entre texte et contexte en ciblant l'opposition entre corps et esprit. C'est ce qu'a visé le projet de recherche Coréage (« Corps des écrivains et des artistes : génétique et esthétique ») qui a été mené en 2020-2022 à l'université de Lorraine et dont Paul Dirkx présente ensuite les objectifs, la méthodologie et la constitution du corpus, composé de romans de cinquante-neuf écrivains européens de langue française.

Dans un douzième et dernier chapitre, Louis Gabrysiak (CNRS – EHESS – université de Paris 1) et Léa Kœnig (université de Lorraine) exposent les premiers résultats du volet littéraire du projet Coréage. Ils se fondent sur l'analyse sociologique des correspondances entre un échantillon de trente-neuf des cinquante-neuf écrivains et leurs textes « de création », à partir d'une lecture simultanée de leurs

1 Pascale Casanova, *La République mondiale des Lettres*, Paris, Seuil, 1999.

socialisations et de leurs romans. Les auteurs y détaillent l'ensemble des opérations de recherche et de recueil de données menées : pour les écrivains, une analyse prosopographique a été réalisée en vue de porter un regard statistique sur leurs trajectoires ; pour leurs textes, des analyses du lexique corporel ont été faites. Ont ensuite été articulées les socialisations primaires et spécifiques au champ littéraire des écrivains et les propriétés de leur vocabulaire corporel en termes de concentration, de densité et de diversité. Sur cette base, les auteurs proposent une réflexion sur une méthodologie qui puisse s'appliquer à de plus grands ensembles statistiques. Ils formulent également quelques premières hypothèses quant aux correspondances entre les corps d'écrivain, leurs positions occupées dans le champ, surtout au regard de leur degré d'autonomie, et les corps tels qu'ils sont écrits dans leurs ouvrages.

Cédons maintenant, sans plus tarder, la parole aux corps des écrivaines et des chercheurs et chercheuses investis dans ce livre.

Première partie

Échos de corps d'écrivaines

« Quel est votre corps d'écrivaine ? »

Deux textes de Caroline De Mulder et de Régine Detambel

Tonia Raus

> « La condition humaine est corporelle. L'individu n'existe que là où il se tient à travers sa sensorialité, son affectivité, ses gestes ou ses mouvements. Sa présence au monde est toujours celle d'une corporéité en action. »
> David Le Breton[1]

C'est sous l'auspice de l'anthropologue et sociologue David Le Breton que se place cette introduction aux textes des autrices Caroline De Mulder et Régine Detambel, écrits à l'occasion de leur participation à la lecture-rencontre organisée au Centre National de Littérature du Luxembourg en clôture de la journée d'étude « Corps et correspondances[2] ». Ces quelques lignes expriment la puissance du corps à saisir l'existence, à la tenir et lui donner sens en même temps, dans un même mouvement. Une telle impulsion anime l'écriture de nombre d'écrivains, à travers la possible inscription et incarnation d'un rapport au monde ainsi permises. Lors de l'échange qui a réuni l'écrivaine belge Caroline De Mulder, l'écrivaine française Régine Detambel et l'écrivain luxembourgeois Lambert Schlechter, il s'agissait justement d'aborder la question du corps de l'écrivain dans sa pratique d'écrivain, dans son geste d'écriture, de manière concrète, ordinaire, c'est-à-dire d'aborder l'usage habituel, concret du corps dans l'écriture.

Quel est votre corps d'écrivain(e) ? Comment vibre-t-il à l'écriture ? Comment y est-il engagé ? Dans quelle mesure y a-t-il conscience du corps pendant l'écriture

---

1 David Le Breton, « Le corps entre significations et informations », *Hermès, La Revue*, 68 (2014), 1, p. 21-30, p. 21.

2 Journée d'étude organisée le 28 avril 2022 au Centre National de Littérature (Mersch, Luxembourg) par Paul Dirkx (université de Lille, ULR 1061 Alithila) et Nathalie Jacoby (Centre National de Littérature).

ou en faites-vous abstraction, dans une conception plus rationnelle, conceptuelle de l'acte d'écrire?

Le questionnement semble de fait également ordinaire, comme allant de soi. Or, justement, le corps ne va pas de soi[1], et encore moins le corps de l'écrivain, souvent nié, certes moins dans sa présence à et dans l'œuvre que dans sa matérialité : « En somme, l'écriture littéraire, dans le geste même où elle ne cesse de "créer" une profusion de corps, connaîtrait toujours une part de transformation, de déformation ou de censure relative au corps écrivant – ou son contraire : une information par trop explicite, éhontée, subversive, contraire à cette loi du silence qu'est le *nomos* du champ littéraire[2]. » Cette tension et sa mise en évidence par l'écriture, puis dans l'écriture se retrouvent dans les démarches poétiques de Caroline De Mulder et Régine Detambel.

Caroline De Mulder : donner corps à l'écriture

Née à Gand en 1976, Caroline De Mulder est écrivaine et professeure de littérature à l'université de Namur. Elle est l'autrice de plusieurs romans parus entre 2010 et 2024. En 2012, elle publie l'essai *Libido sciendi*[3], sur le rapport entre la science et la littérature, et plus particulièrement le rapport dialectique entre le désir de connaître (*libido sciendi*) et le désir érotique (*libido sentiendi*) tel qu'il est exprimé dans les arts.

Élevée en néerlandais, Caroline De Mulder suit sa scolarité en français. Après des études de philologie romane en Belgique, elle soutient une thèse de doctorat sur Leconte de Lisle à l'université de Paris 7[4]. Significativement, elle insiste pour dire qu'elle a deux langues maternelles[5]. Le néerlandais et le français cohabitent dans son écriture, tant lexicalement que syntaxiquement.

Ses œuvres sont publiées et reçues comme des romans noirs, tant le genre est investi, voire réinvesti par la création d'un univers – de fait – noir, indubitablement, mais où les codes entre le bourreau et la victime, entre le bourreau homme et la victime femme, sont régulièrement subvertis. Ce sont également des romans sociétaux, où la déchéance sociale et psychologique est souvent accompagnée d'une décadence, d'une dégradation physique due à la maladie, à la vieillesse ou à des pulsions autodestructrices. Le style est percutant, fortement oralisé, dans une volonté de donner voix à des corps maltraités. Ainsi de l'avant-dernier roman, *Manger*

1 David Le Breton, *La sociologie du corps,* Paris, Presses Universitaires de France, coll. Que sais-je?, 2023, p. 28.

2 Paul Dirkx, « Éditorial. Corpus et corps de l'écrivain », *Sociologie de l'art,* 19 (2012), 1, p. 7-13, p. 10.

3 Caroline De Mulder, *Libido sciendi. Le savant, le désir, la femme*, Paris, Seuil, coll. Science ouverte, 2012.

4 Caroline De Mulder, *Leconte de Lisle, entre utopie et république*, Amsterdam, Rodopi, coll. Faux titre, 2005.

5 Voir Catherine Gravet, « Caroline De Mulder : romancière, belge et/ou féministe? », *Annali. Sezione romanza,* 63 (2021), 2, p. 211-226, p. 211-212.

Bambi[1], récompensé par le Prix Transfuge du meilleur polar francophone et par le Prix Sade : sur fond de misère et de vengeance sociales avec le rap en bande-son, l'œuvre aborde le quotidien d'un gang de filles embarquées dans une entreprise de vengeance contre les *sugar daddies*[2]. C'est surtout le récit d'une jeune fille en colère, contre la vie qui ne la gâte pas, contre une mère qui l'abandonne, contre elle-même finalement qui, malgré la force qu'elle y emploie, n'arrive pas à se sortir du ghetto dans lequel elle est ou elle s'est engluée. Le matin de ses seize ans, sa mère n'est pas rentrée à la maison :

> Elle se cogne le front au mur pour sortir la douleur, faire sortir de son corps la mollesse. Se cogne le front, pour en finir avec sa tête. Se cogne le front pour en finir avec cette vieille conne qui l'abandonne. [...] Elle prend en main le Sig Sauer. Marche dans le living, pareille qu'un animal errant et traqué, et c'est comme ça qu'on meurt, elle pense. Comme si on en mourait. Comme si on mourait de mourir. Comme si on pouvait mourir de rage, n'importe quoi. Elle veut se cogner la tête une nouvelle fois, mais ça ne va pas fort, pas fort avec sa tête qui vacille, ses mains qui tremblent, la mollesse l'a gagnée de partout et elle est maintenant incapable de se taper, ni de jeter quoi que ce soit contre les murs, ni elle-même ni rien[3].

Le passage éclaire la tension suggérée plus haut quant à une sublimation de l'expression du corps *dans* l'œuvre face au silence du corps *à* l'œuvre : la dureté de la langue se heurte à la mollesse du corps, de la chair et du cœur. Les phrases sont saccadées au rythme des coups portés. Les pensées intérieures sont traduites dans une prosodie implacable, témoignant d'une violence tue que seul brisera le coup de feu tiré sur un pigeon juste après dans le jardin : cri vain mais libérateur.

D'une même verve, mais de teneur différente, le roman *Calcaire*[4] explore les milieux marginaux, dans une Flandre plutôt glauque où évoluent des personnages eux aussi marginaux, cabossés dans le corps et dans l'âme par la violence de la société.

---

1 Caroline De Mulder, *Manger Bambi*, Paris, Gallimard, coll. La Noire, 2021. Le dernier roman n'avait pas paru au moment de la lecture-rencontre d'avril 2022 (*id.*, *La Pouponnière d'Himmler*, Paris, Gallimard, 2024).

2 Il s'agit d'hommes plus ou moins âgés et riches qui, papas gâteaux aux visées sexuelles, entretiennent une jeune maîtresse ou un jeune amant. Pour écrire *Manger Bambi*, Caroline De Mulder a exploré le phénomène du *sugardating*, notamment dans le milieu étudiant : « [...] cette prostitution existe, forcément, parmi une population pour partie précarisée. En 2017, "Rich meet beautiful" a mené une campagne publicitaire qui a fait scandale, autour des campus bruxellois : "Hey les étudiantes ! Améliorez votre style de vie. Sortez avec un *sugardaddy*. Richmeetbeautiful.be" » (Anonyme, « Entretien avec Caroline De Mulder pour MANGER BAMBI / La Noire / Gallimard », *Nyctalopes*, 8 janvier 2021, <https://www.nyctalopes.com/entretien-avec-caroline-de-mulder-pour-manger-bambi-la-noire-gallimard>).

3 Caroline De Mulder, *Manger Bambi*, *op.cit.*, p. 105.

4 Caroline De Mulder, Caroline De Mulder, 2017.

Bye bye Elvis[1] raconte, ou plutôt fantasme la disparition d'Elvis Presley, au corps broyé par la gloire et devenu monstrueux. Enfin, le premier roman de Caroline De Mulder, *Ego tango*, paru en 2010[2] et lauréat du Prix Victor Rossel, le « Goncourt belge », pose dès le titre le tango comme métaphore existentielle et corporelle. Le récit montre, toujours dans une écriture écorchée, la dépendance physique des corps dansants aux chorégraphies lascives du tango :

> En un peu moins d'une semaine, le tango est devenu une drogue. Si je ne danse pas de plusieurs jours, j'ai les nerfs qui frôlent et une tension dans tout le corps, des fourmillements au bout des doigts. Le troisième soir, auprès des cavaliers : excuse-moi, ça fait trois jours, juste le temps de me dérouiller. Parfois, je tremble. Besoin physique de l'*abrazo*[3] de préférence *cerrado*, serré, très serré, sur mon cœur et le sien. Il m'arrive souvent de fermer les yeux et de sourire[4].

Si l'œuvre se construit autour de thèmes récurrents, elle se déconstruit en même temps dans leur traitement, en particulier dans les rapports de force entre hommes et femmes. Le tabou de la violence féminine est levé, mais dans la dénonciation des contradictions de l'ère post-#metoo. Le thème de la disparition traverse également les récits, dans la brutalité qui l'accompagne, l'incertitude aussi qui l'entoure, en particulier quand la fuite ou le départ est volontaire.

La lecture de l'œuvre sous le prisme du corps peut paraître partiale, voire partielle. Force est néanmoins d'en constater l'insistance chez Caroline De Mulder. « Le personnage, c'est le corps », dit-elle dans le texte qu'elle offre au présent volume. L'écriture du corps semble se révéler comme la mise en mots, matérielle, de l'existence fictionnelle, virtuelle du personnage. Un élan vital innerve l'écriture de l'écrivaine, à commencer par le lien charnel, sensuel qui s'établit entre ses langues d'expression néerlandaise et française comme intérieure et extérieure.

Toujours dans le texte que l'on va lire ci-après, elle évoque l'importance de la respiration de l'écriture, considérée comme une inspiration d'abord, ramenée à sa dimension physiologique, vitale donc aussi. À l'instar de sa consœur française Cécile Coulon ou, plus éloigné, de l'écrivain japonais Haruki Murakami, Caroline De Mulder pratique la course à pied. Lors de notre échange au Centre National de Littérature, elle a longuement évoqué la part de la course à pied dans sa pratique d'écriture, qu'elle associe physiquement et métaphoriquement à un afflux d'oxygène. « Ce n'est pas que les jambes qui courent, l'ensemble du corps aussi. Et

1 Caroline De Mulder, *Bye bye Elvis. Roman*, Arles, Actes Sud, coll. Domaine français, 2014.

2 Caroline De Mulder, *Ego tango. Roman*, Seyssel, Champ Vallon, coll. Détours, 2010.

3 L'étreinte des danseurs spécifique au tango.

4 *Ibid.* p. 35 dans la réédition chez Actes Sud, coll. Babel, 2015.

dans ce mouvement-là, dans cette concentration-là, il se passe une transformation aussi extraordinaire qu'imprévue : c'est qu'intellectuellement tout ce qui est inutile quitte la pensée », précise Cécile Coulon, pour qui la course est une mise en disposition pour écrire[1]. Chez ces deux écrivaines, mais également chez Régine Detambel, il y a une préparation physique du corps à l'exercice de l'écriture : une mise en mouvement d'une pratique pourtant immobile.

Régine Detambel : écrire à fleur de corps

Régine Detambel est née en 1963 à Saint-Avold dans le département français de la Moselle. Elle est l'autrice d'une œuvre foisonnante publiée depuis 1990 et où se mêlent romans, essais, poésies, récits personnels et livres de jeunesse. Elle est également bibliothérapeute et formatrice à la bibliothérapie, selon des méthodes qu'elle a en partie elle-même développées[2].

Régine Detambel se destinait dans un premier temps au métier de médecin, puis a bifurqué vers celui de kinésithérapeute : métier du soin, et surtout art du toucher. Elle prend conscience de l'importance pour elle de ces pratiques corporelles, au gré d'une pensée inspirée par le pragmatisme américain. Le passage vers l'écriture lui paraît comme une évidence : « [J]e touchais les gens, j'ai voulu toucher le lecteur… Créer une émotion qui passe de la peau au récit[3]. »

De fait, le corps chez Régine Detambel, c'est souvent d'abord la peau. Enveloppe fragile ou bien carcan, la peau imprime dès les blessures de l'enfance les stigmates de la vie et du temps. Sa pratique de l'écriture suit un même processus d'inscription de traces, mais surtout de guérison de plaies. Dans son *Petit éloge de la peau*, l'autrice nomme le passage vers l'écriture à l'écran d'ordinateur comme un passage du toucher à l'effleurement – « moderne poétique de la peau » faisant « [f]i des parois scarifiées[4] » –, mais les livres demeurent ses « bandages », gazes qui protègent les blessures jusqu'à la cicatrisation, la guérison.

1 Nathalie Azoulai, *L'écriture est un sport comme un autre.* 4 : *Cécile Coulon et la course à pied*, Paris, France Culture, 28 juillet 2018, <https://www.radiofrance.fr/franceculture/podcasts/l-ecriture-est-un-sport-comme-les-autres>.

2 Littéralement, la bibliothérapie signifie le soin par les livres. En France, Régine Detambel a largement participé à la promotion de cette pratique, en offrant des formations spécifiques : « La bibliothérapie créative (que Régine Detambel nomme biblio-créativité) est une animation culturelle relationnelle mobilisant divers outils (lecture à voix haute, écriture, dessin, carnets, médiation par les objets…) et permettant d'accompagner tous les publics en quête de sens, d'éveil ou d'apaisement, des enfants aux sujets âgés. Elle permet de se former à l'utilisation de textes pour "prendre soin" » (Régine Detambel, <https://www.detambel.com/f/index.php?sp=liv&livre_id=64>).

3 Régine Detambel, « Ce que toucher veut dire » [entretien avec Hubert Prolongeau], *Muze*, juillet-septembre 2014, p. 150-151.

4 Texte de quatrième de couverture, *in* Régine Detambel, *Petit éloge de la peau*, Paris, Gallimard, coll. Folio, 2007.

Dans *Blasons d'un corps enfantin*, Régine Detambel évoque le souvenir d'un jeune corps endolori par les éraflures, les coupures et autres agressions de la peau des enfants : « Ils nous ont fondés, ont gravé, pour chacun d'entre nous, leur histoire dans notre peau, dans les muqueuses de nos lèvres, dans les étages superficiels et profonds de notre chair, et nous ont lentement façonnés puis passionnés jusqu'à la jouissance[1]. » Le roman *Son corps extrême*[2], dont le titre seul recèle d'emblée toute la puissance, décrit minutieusement le lent processus de guérison du personnage d'Alice, à la suite d'un terrible accident : comment elle exerce son corps à reprendre vie finalement. Corps souffrant, corps jouissant, de la vie d'abord – l'autrice s'est également beaucoup intéressée au corps vieillissant, notamment dans son essai *Le Syndrome de Diogène. Éloge des vieillesses*[3]. Enfin, dans une exploration des représentations du corps, elle signe avec *Platine*[4] une biographie romancée sur le destin tragique de l'actrice américaine Jean Harlow, premier sex-symbol du cinéma hollywoodien.

Dans sa contribution au présent volume, Régine Detambel poursuit sa réflexion autour de la bibliothérapie, dans le sillage de l'essai *Les Livres prennent soin de nous. Pour une bibliothérapie créative*[5]. Livre d'une grande érudition, le corps des écrivains comme des lecteurs sont radiographiés et surtout célébrés. Récemment est parue la suite de l'essai, *Lire pour relier. La bibliothérapie à pleine voix*[6], où Régine Detambel explore plus en avant encore les ressorts de la voix. Si l'engagement du corps dans l'écriture peut être considéré comme incorporation de la langue, comment donner corps à la voix du texte ? Demeure-t-elle voix intérieure qui se manifeste, prend forme sur la page ? Ou est-ce une voix, une parole passée au gueuloir ? Évoquant à son tour les écrivains marcheurs ou runneurs, elle conclut :

> Tous bougent et n'écrivent que parce qu'ils sont en mouvement. Bref, ils emmènent promener leurs personnages. Sortent leurs phrases. Les modèlent en chemin. Ne se posent que le temps qu'il faut pour rédiger, et même là leurs mains en mouvement sculptent les pages. Elles leur impriment leur énergie et leur rythme. Nul doute qu'ils chuchotent ou même gueulent leurs phrases, comme Flaubert affirmant que les lignes boiteuses ou inabouties ne résistent jamais à cette épreuve. […] C'est à ce prix que les textes que nous lisons sont

1 Régine Detambel, *Blasons d'un corps enfantin*, Saint-Clément-de-Rivière, Fata Morgana, 2000, p. 9-10.

2 Régine Detambel, *Son corps extrême. Roman*, Arles, Actes Sud, coll. Domaine français, 2011.

3 Régine Detambel, *Le Syndrome de Diogène. Éloge des vieillesses*, Arles, Actes Sud, 2007.

4 Régine Detambel, *Platine. Roman*, Arles, Actes Sud, coll. Domaine français, 2018.

5 Régine Detambel, *Les Livres prennent soin de nous. Pour une bibliothérapie créative. Essai*, Arles, Actes Sud, 2015.

6 Régine Detambel, *Lire pour relier. La bibliothérapie à pleine voix*, Arles, Actes Sud, 2023.

vivants. Parce qu'ils ont été écrits avec tout le corps, et pas seulement à l'aide des touches d'un clavier[1].

Il y aurait ainsi une dépense physique dans l'écriture, un prix à payer par le corps de l'écrivain pour donner vie au texte, pour créer du lien vivant avec le lecteur à travers l'expérience partagée de l'écriture-lecture. L'écriture du corps – avec le corps comme sujet et objet de l'acte d'écrire – apparaît chez les deux autrices, Régine Detambel et Caroline De Mulder, comme déterminante pour le processus créatif. Pour toutes deux, le corps est aussi, comme le dit Caroline De Mulder plus loin, une « méthode d'écriture ». Elle explore ainsi sa propre pratique de l'écriture dans une écoute aiguisée de son corps à l'œuvre, rendu disponible à la traversée des mots et des mondes imaginés. Régine Detambel, en articulant encore l'écriture à la lecture, relit les corps des écrivains à l'aune de l'expression de leur corporalité dans leurs textes. Nietzsche, Giono, Rimbaud… autant d'auteurs marcheurs dont les foulées impriment le rythme des pages. Et c'est à ce cheminement du corps au texte et réciproquement qu'invitent les deux autrices dans les textes qui suivent.

1 *Ibid.*, p. 43-44.

Chapitre I

Écrire avec le corps. Pratique de l'écriture fictionnelle

Caroline De Mulder

Paul Willems, dont je réédite cette année le roman *Blessures* et les pièces *La Ville à voile* et *La Vita breve*[1], écrivait, dans son essai *Un arrière-pays*, que la poésie

> ne passe pas par l'intelligence. Son « véhicule » est celui des sens, et son lieu celui du rêve, fabuleuse machine qu'animent l'ouïe, la vue, l'odorat, le goût, le toucher, la respiration, le mouvement, le désir, la peur, le dégoût, la mémoire...
>
> [...] Ce qui peut intéresser l'écrivain, c'est justement ce qui échappe à l'intelligence, à la théorie et se donne dans des expériences particulières qu'on pourrait appeler des *expériences de la grâce*, des *expériences de l'extase*[2].

Willems n'écrivait pas de poésie, mais sa prose était sans aucun doute poétique. Et il fait partie de ces écrivains qu'on pourrait qualifier de « sensoriels ». Peut-être est-ce l'importance du corps dans sa manière d'écrire qui l'a rapidement et presque exclusivement orienté vers le théâtre, genre *incarné* s'il en est.

Évoquer le « corps de l'écrivain », c'est mettre en rapport le corps et une activité qu'on aurait tendance à qualifier de mentale, d'intellectuelle, mais aussi d'artistique : l'écriture au sens littéraire. L'équation comporte au moins trois termes, chacun d'une complexité abyssale : le corps, la psychè, le langage. Et s'en dégagent deux questions principales : celle du corps de l'écrivain en tant qu'entité biologique

1 Paul Willems, *Blessures. Roman. Postface de Caroline De Mulder*, Bruxelles, Les Impressions Nouvelles, coll. Espace Nord, 2022 [1945] ; *id.*, *La Ville à voile, suivi de La Vita breve. Théâtre. Postface de Caroline De Mulder*, Bruxelles, Les Impressions Nouvelles, coll. Espace Nord, 2022 [1967 et 1989].

2 Paul Willems, *Un arrière-pays. Rêveries sur la création littéraire*, Louvain, Presses Universitaires de Louvain UCL, coll. Chaire de poétique, 1989, p. 6-7.

impliquée dans le processus d'écriture ; et celle du corps tel que le crée l'écrivain, le corps du narrateur et des personnages, bref le corps de papier, de chair imaginaire et de mots. Les deux sont, au moins en partie, liés.

Ces deux questions, on ne se les pose pas toujours quand on écrit soi-même, tant la théorie passe souvent au second plan, voire disparaît. J'ai cependant été amenée à y réfléchir pour préparer mes cours d'« Écritures fictionnelles » à l'université de Namur, qui sont des ateliers d'écriture. Pour enseigner à écrire, ou pouvoir au moins proposer aux étudiants des pistes pour le faire, il devient soudain nécessaire d'analyser le « comment ». Comment faire, pour écrire ? Et même une fois parcourus toute une série de manuels formatés et souvent anglo-saxons, qui prétendent apprendre à rédiger un plan, des dialogues, etc., la réponse n'est pas évidente. Et j'en suis ainsi venue à me demander : comment est-ce que j'écris moi-même ? Car s'il existe sans aucun doute autant de méthodes et de manières que d'auteurs, il n'est pas envisageable de se confronter aux étudiants en ayant fait l'économie de cet examen personnel.

C'est au terme de cet exercice que j'en suis venue, au début des séances, à affirmer, avec un brin de provocation, qu'on écrit non pas avec sa tête, mais avec son corps. Ce qui bien sûr n'est pas tout à fait vrai : même si elles ont partie liée avec le vécu physique, l'imagination, la mémoire, l'inventivité linguistique sont des facultés de l'esprit. Et un peu de réflexion ne fait pas de mal quand on veut (re)travailler la structure d'un texte. Cependant, si pour les étudiants les opérations mentales semblent aller de soi, la partie « corps » de l'écriture, souvent occultée, les étonne. Or on écrit aussi à la salive et au sang. Et c'est pour exprimer cette dimension corporelle, que je leur parle d'écriture « incarnée » (littéralement, « entrée dans la chair ») ou « organique », et d'« ancrage sensoriel ». Le corps n'est pas seulement un thème, il peut aussi être une méthode d'écriture. En ce qui me concerne, il s'agit de le rendre réceptif aux sensations et aux émotions, de le rendre « poreux ». En somme, d'atteindre un état de conscience modifié qui crée une ouverture des sens et me permet d'entrer dans le corps et la tête du personnage ou du narrateur. À certains moments, il est possible d'y accéder de manière naturelle, à d'autres on peut s'aider, notamment en respirant. Un ami romancier me disait récemment que les idées d'écriture lui venaient en marchant, j'en ai moi-même eu souvent en courant. Marche ou course, ce sont deux activités qui impliquent un afflux d'oxygène dans le corps. De plus en plus souvent, il m'arrive d'« orienter » ma respiration avant et pendant l'écriture.

Car l'inspiration, comme son étymologie l'indique, est avant tout respiration. Nous écrivons avec nos poumons, parce que notre tête a besoin de souffle et que pour visualiser nos paysages intérieurs, pour accéder à ceux que nous avons oubliés, ou qui sont trop loin, trop profonds, qui peut-être n'ont pas encore éclos, il faut inspirer. L'écriture, c'est peut-être avant tout une certaine dose d'oxygène. Je me dis parfois que mes voisins doivent entendre respirer les murs.

Si nous écrivons avec les poumons, c'est aussi parce que nous avons littéralement une lyre dans le ventre. Le mot, c'est d'abord de l'air qui fait vibrer les cordes vocales. Le bas de notre visage, ou plutôt notre crâne côté visage, est une caisse de résonance. J'aime me lire et me relire – et même écrire – à voix haute. C'est le souffle qui fait jouer notre instrument à corde, et aussi lui qui mène le jeu des percussions, c'est-à-dire la ponctuation. Les points et les virgules traduisent une partition interne, dont le rythme est déterminé par le souffle et le cœur.

Nous écrivons aussi avec notre utérus, qui est un nid, un gouffre et une tombe, un creux qu'on peut remplir de mots, d'enfants et d'êtres de papier. Un organe de la taille d'une noix, mais qui peut devenir une armée, un monument aux morts, une bibliothèque de livres reliés en peau de bête, en peau humaine. On peut mettre dans son écriture toute son hystérie.

Nous écrivons avec notre peau, une surface sensible de deux mètres carrés qui à chaque instant frôle l'univers. Mieux encore, nous écrivons sous notre peau, en ne reculant pas devant l'écorchure, de manière à laisser entrer le monde et les autres. Écrire un personnage, c'est repousser les limites de sa propre peau. Faire naître des os de ses os. Tirer de ses propres côtes des cages thoraciques et des crânes.

Le personnage, c'est le corps.

L'espace aussi, c'est le corps.

Le corps est partout. Tout paysage romanesque est organique et les habitations le sont davantage encore.

Les carrières de *Calcaire* où se perd Frank Doornen sont aussi des boyaux humains pétrifiés, les siens. Marie dans *Nous les bêtes traquées* voit peler les murs de la maison où elle est piégée, tandis qu'elle-même est écorchée vive. Bambi vit dans une maison qui n'est autre que sa mère ogresse, elle vit ainsi dans le ventre de sa génitrice qui veut la manger et dont elle refuse de sortir, car elle refuse de naître.

La pensée de mes personnages est esclave des mouvements obscurs de leur corps et de leur âme. Et des miens. Parce que le vernis rationnel de l'être humain peine à dissimuler un monde d'animalité, de rêveries informes, d'imagination opaque et de possibles inexplorés. Nous sommes des somnambules et nous rêvons que nous sommes éveillés.

Les personnages sont-ils de l'ordre du reflet, de l'ombre, de la trace ou encore de la projection ? Pour écrire un personnage, est-on à l'extérieur ou à l'intérieur, le regarde-t-on à distance ou voit-on par ses yeux ? Sans doute les deux. Mais quels qu'ils soient, leur corps est aussi le mien, car je me mets dans leur peau, dans tous les sens du terme. Et c'est de manière épidermique que je m'efforce de sentir, m'interroge sur ce que je sens, et enfin me demande quels mots sauront évoquer telle sensation (et peut-être pas toujours dans cet ordre-là). Quels mots pour éveiller ces corps fictionnels ?

Dans *Ego tango*, la narratrice à la première personne est à l'évidence mon propre reflet, au moins dans son vécu physique. S'il ne s'agit pas d'un roman autobiographique ni même autofictionnel, j'ai largement puisé dans ma propre expérience de la danse pour l'écrire. J'avais l'ambition que l'écriture et le style suivent le corps de ma narratrice-danseuse, et *de facto* le mien. Le désir de traduire en mots une activité et une sensation physiques et artistiques (dans le cas du tango, on peut même parler de dialogue), une musique et un rythme, tout en les intégrant dans une intrigue et un univers. Ainsi, les phrases s'interrompent régulièrement, comme la marche des *tangueros* est interrompue par le *gancho* (littéralement « coup de fouet »).

Mais nul besoin d'écrire à la première personne pour susciter ou ressusciter les corps. *Bye bye Elvis* (mon troisième roman publié) raconte notamment la gloire et la descente en enfer d'Elvis Presley. À un récit entièrement biographique se mêle un second, qui raconte la vie imaginaire d'Elvis si, comme certains le prétendent, il était toujours vivant, mais vieux et caché. Et dans ce livre, Elvis est en effet avant tout un corps, qui n'est pas celui d'un écrivain à proprement parler, mais tout de même celui d'un danseur, d'un chanteur et d'un parolier. Le corps romanesque que je lui ai donné, je ne l'ai pas inventé et son histoire est une histoire de déchéance. Le *King* a été idolâtré dans son apparence physique et dans son image – tout ce qui de son corps était visible – au point de se retrouver complètement isolé dans ou derrière elles et terriblement seul. C'est en les altérant, en les abîmant qu'il a commencé son autodestruction ; sa fin ressemble à un suicide par surconsommation de nourriture et de drogues légales. C'est sans doute ce qui chez lui m'a touchée au point de vouloir en faire un roman : le si beau jeune homme devient en quelques années un rossignol enfermé dans un corps monstrueux. À quarante ans passés, c'est un enfant effrayé, enfermé mais aussi protégé dans une cage, une armure de graisse. Et si j'accepte d'aller plus loin dans l'analyse du processus d'écriture de ce texte, je dois admettre que je l'ai écrit non seulement avec mon corps mais sans doute aussi avec mes phobies, notamment une horreur (viscérale ?) du mou et du gras. De la même manière, *Calcaire*, pourtant paru dans une collection noire, exprime – en creux – mon horreur du sang. Dans sa critique de ce roman de l'asphyxie, un lecteur s'étonnait de l'absence d'hémoglobine au sein d'un univers aussi sombre. Une absence dont j'étais inconsciente jusqu'à sa remarque.

Reflet parfois inversé ou tordu de celui qui le crée, le personnage est, comme l'indique Milan Kundera, un « ego imaginaire » ou « expérimental » du romancier. Ou aussi un vêtement, une seconde peau. Ou un voyage. Car à la réflexion, il existe bien un lien entre mon espace mental et géographique (physique) au moment de l'écriture et l'espace de mes personnages. *Ego tango* était une tournée enfumée dans les *milongas* parisiennes. Il y avait encore un peu de tango dans *Nous les bêtes traquées* et déjà le pressentiment d'une fuite et d'un séjour assez sombre à Bruxelles. Pendant la rédaction, *Bye bye Elvis* était pour moi un refuge, un véritable nid – assez semblable à la (véridique) chambre molletonnée du chanteur décrite au début du roman. *Calcaire* et ses galeries souterraines racontaient ma propre asphyxie mentale et presque physique lors d'une longue année londonienne. *Manger Bambi* était une traversée de la nuit pleine de colère, la mienne – néanmoins transposée. Certes, ces précisions biographiques n'ont en tant que telles pas grand intérêt. Cependant, sans revenir à l'approche surannée de la littérature selon les deux axes « la vie » et « l'œuvre », il semble que s'intéresser au « corps de l'écrivain » permette d'éclairer le domaine encore largement inexploré des processus de la création littéraire.

Chapitre 2

Excitations musculaires, incitations littéraires

Régine Detambel

Kafka à Oskar Pollak, dimanche 24 août 1902 : « Je suis assis à ma petite table de travail. Tu ne la connais pas. Comment le pourrais-tu ? C'est... un beau bureau bourgeois..., fait pour enseigner. Il a, là où se trouvent en général les genoux de l'écrivain, deux effroyables pointes de bois. Et maintenant, attention. Quand on est assis calmement, prudemment, et qu'on écrit quelque chose de bien bourgeois, alors tout va bien. Mais hélas, si on s'excite, si on remue tant soit peu son corps, on heurte inévitablement ses genoux contre les pointes, et quelle douleur ! Je pourrais te montrer les bleus. Et qu'est-ce que cela signifie d'autre : "N'écris rien d'excitant et n'autorise pas ton corps à remuer." »

Lire : une sculpture de soi

Chacun de nous se consacre un jour ou l'autre à ce que Michel Foucault nommait « le souci de soi », sachant que « souci » et « soin » ont la même étymologie. Pour Foucault, il faudrait consacrer chaque jour un temps à « la culture de soi ». À l'instar des philosophes stoïciens, il préconise de réserver, le soir ou le matin, quelques moments au recueillement, à l'examen de ce qu'on a à faire, à la mémorisation de certains principes utiles, à l'examen de la journée écoulée. Sénèque, Épictète, Marc Aurèle ont tous trois fait référence à ces moments qu'on doit consacrer à se tourner vers soi-même.

S'occuper de soi n'est pas rien : il y faut des exercices du corps, un régime diététique, des tâches pratiques. Il y a aussi, et surtout, les méditations, les lectures... Pour garder notre maîtrise face aux événements qui peuvent se produire, dit Foucault, nous avons besoin de discours vrais et raisonnables, que Plutarque compare à des médicaments. Mais comment faire en sorte qu'ils se présentent d'eux-mêmes en nous quand cela s'avère nécessaire ? Il faut les mémoriser, les répéter. Foucault examine avec précision les méthodes utilisées pour l'assimilation de ces médecines de l'âme. Car il s'agit bien, par des techniques préconisées par les stoïciens ou les épicuriens, d'« armer le sujet d'une vérité qu'il ne connaissait pas et qui ne résidait pas en lui ». Cela peut se faire par « les notes qu'on prend sur les livres ou sur les conversations entendues, et qu'on relit par la suite, la remémoration des vérités qu'on sait déjà mais qu'il faut s'approprier mieux encore ». Et dans cet exercice incessant de lecture et de relecture des citations cochées, la copie vient occuper une place remarquable. Car recopier, c'est faciliter la mémorisation. Il faut souvent écrire une phrase pour mieux se nourrir de ses principes actifs.

Je préconise d'ailleurs, dans mes ateliers de bibliothérapie, la copie de certains paragraphes particulièrement apaisants, nourrissants... Recopier, c'est lire de tout son corps; recopier quelques vers d'une poésie vaut le coloriage d'un mandala. Bien sûr, l'exercice a eu entre-temps une résonance cruelle de punition scolaire. Mais au-delà de la torture sadique, on peut vraiment y reconnaître une activité bénéfique, car on n'assimile pas ce que l'on n'a pas recopié. Et puis la caresse sur le papier, le tranchant de la main effleurant la feuille, ce n'est pas rien. Certains cahiers au papier velouté, blanc au point de fermer les yeux, et soigneusement cousus, sont d'une grande douceur de page.

Douceur nécessaire de la page, souvent espérée car, bien après l'enfance, certains êtres continuent de s'écorcher partout, aux angles du monde et aux aspérités des humains. Ce sont les écorchés vifs, qui comptent un grand nombre d'écrivains, dont je suis. Comment l'écriture alors nous protège-t-elle? Comment peut-elle revêtir d'une peau celle qui se présente nue dans la vie, soit qu'elle n'a pas été assez aimée, caressée suffisamment, soit que sa sensibilité excessive l'expose, inconsolable, à toutes les arêtes?

Le manuscrit peut tenir lieu de sparadrap. Le journal intime est un révulsif, une sorte de cataplasme qui attire les douleurs et laisse le corps sain. Il a donc une vertu médicatrice, soutenait déjà Amiel, grand diariste du XIXe siècle.

Sylvia Plath, romancière et poétesse américaine, est une incarnation contemporaine de la *Princesse au petit pois.* Elle se suicida, en 1963, à l'âge de trente et un ans, un mois après la parution de son roman *La Cloche de détresse.* Sylvia Plath était née sans peau. Une écorchée vive. Tout la « hérisse », prétend-elle, tout la met au supplice. Durant sa courte vie, ses journaux intimes lui tinrent lieu de peau. L'écriture d'un journal renouvela cette consistance que le regard de la mère, l'attention de ses mains, l'écoute, avaient bâtie autrefois. L'écriture de Sylvia Plath fut autoréparation infinie. Autorésurrection infinie. Et chaque page de son journal, un bandage protecteur.

C'est bien sûr cette analogie entre la peau et le papier qui séduit les amateurs de papeterie et, parmi eux, Hélène Cixous : « J'allai m'approchant du biblique des livres, qui sont d'abord des objets magiques, des pâtes composées de peaux, de membranes d'arbre, de pellicules de roseaux d'Égypte, de peaux d'agneau de Pergame, de la peau des doigts humains. Les livres qui sont toujours encore finement tremblants de ces mémoires espérantes. »

Écrire semble être pour certains le sentiment et la volonté énergiques de sécréter un squelette externe, comme ces crustacés imprégnés de chitine et caparaçonnés de plaques dorsale et ventrale. Le monde en veut à ma peau... Chez tous les hypersensibles, la carapace est une fin : une fois constitué le bouclier, la bête enfin prend du repos et peut s'endormir à l'abri. Toutefois, la carapace de l'écrivain n'est pas seulement une protection contre autrui, mais un moule dans lequel il travaille à se couler : une carapace protectrice sans cesser pourtant d'être exploratoire, une enveloppe nouvelle qui multiplie la sensibilité au lieu de vous claquemurer, une armure qui écoute et qui voit bien mieux que la chair à vif. C'est le cas de Michel Butor, déclarant au journal *Le Monde*, au début des années 2000, qu'il tisse inlassablement son cocon littéraire pour panser ses plaies : « Je suis un écorché vif. Les attaques m'ont blessé. Mais la littérature vous fabrique une nouvelle peau. On peut comparer les phrases au fil de la chenille. L'œuvre est le cocon qui va la protéger et la transformer en papillon. »

Lire et écrire seraient donc le geste de se créer un cocon protecteur et exploratoire. On se protège pour pouvoir mieux explorer le monde. Le papier serait-il donc du sparadrap ?

Le psychiatre et psychanalyste Serge Tisseron a longuement étudié nos interactions émotionnelles avec le papier. Selon lui, il est un support de relation à soi-même, tandis que les écrans sont un support de relation aux autres. Le papier nous écoute. Il nous accompagne (on tâche d'avoir toujours sur soi un calepin et un crayon), il est un interlocuteur imaginaire. Comme dans une psychothérapie, le papier permet la symbolisation, c'est-à-dire que, grâce à lui, on peut construire des représentations personnelles de nos expériences. Symboliser, c'est tout à la fois se souvenir, figurer, représenter, jouer, nier... Rainer Maria Rilke a donné dans *Les Cahiers de Malte Laurids Brigge* la définition indépassable de ce geste-là : « J'ai fait quelque chose contre la peur. Je suis resté assis toute la nuit et j'ai écrit. »

Prudence toutefois... Ni la lecture, ni l'écriture, ni la copie ne devraient être des abandons à une douceur de plume, car l'essentiel est tout de même d'être réveillé par un livre.

Après des heures de somnolence sur son sofa, à cause de la fièvre, l'hiver 1904, Kafka dolent écrivit pourtant à son ami Oskar Pollak : « On ne devrait lire que les livres qui vous mordent et vous piquent. Si le livre que nous lisons ne nous réveille pas d'un coup de poing sur le crâne, à quoi bon le lire ? Pour qu'il nous rende heureux, comme tu l'écris ? Mon Dieu, nous serions tout aussi heureux si nous n'avions pas de livres, et des livres qui nous rendent heureux, nous pourrions à la rigueur en écrire nous-mêmes. En revanche, nous avons besoin de livres qui agissent sur nous [...] – un livre doit être la hache pour la mer gelée en nous. Voilà ce que je crois. »

Est-ce une coïncidence si Thomas Bernhard, malade chronique, lui aussi des poumons, fait également l'apologie du livre qui secoue et ranime : « Lisez donc mes livres, c'est un amoncellement de millions de chocs. C'est un alignement non seulement de phrases, mais d'impressions de choc. Un livre doit être aussi un choc... »

Écriture, art violent

L'écriture est elle aussi un art violent.

Qu'on pense seulement quelle activité vigoureuse, sinon violente, il fallait déployer, par exemple dans les scriptoriums médiévaux, pour marquer cette surface physique qu'est la peau d'un animal. Il fallait la malmener, la blesser pour ainsi dire, avec un instrument particulièrement pointu. Le copiste travaillait la peau de bête, attendant que le visible enfin se libère. Et tout projet d'effacement impliquait qu'on malmenât encore plus la surface : les scribes, dans leur effort pour effacer les parchemins, devaient recourir aux pierres ponces et autres grattoirs. L'écriture représentait donc toujours un exercice physique éprouvant, écorchant forcément la surface sur laquelle il se pratiquait. Écrire procédait d'une chirurgie invasive. L'écrivain était un bon boucher. Et c'est de cette boucherie que naissait la mémorisation parfaite des textes.

La liseuse, l'écran ne peuvent pas de la même manière faire entrer en nous le texte, au plus profond du corps. Quand j'écris ou lis à l'écran, je n'ai plus besoin de toucher pour sentir, j'effleure seulement. L'écriture aujourd'hui n'écorche plus le papier. Elle se tient loin du manuscrit, du parchemin, de cette peau de veau mort-né, encore sanguinolente, dont le vélin tira sa palpitante origine. Elle n'est plus une écriture mordeuse de chair, qui tatoue le texte sur la peau des livres – et c'est pourquoi elle se mémorise si mal. Elle dit qu'il n'est plus nécessaire de faire saigner la peau pour que l'écriture suinte vive, elle procède virtuellement, elle s'inscrit à l'écran liquide.

La lecture à l'écran est aujourd'hui un bain tiède. À quel prix pour le corps ?

Du sport en page

À la main ou à la machine ? Clavier ou papier ? Le matin ou le soir ? Dans la cuisine ou sous la véranda ? Avec ou sans musique ? Personne encore ne m'a demandé si je travaillais plutôt accroupie ou couchée sur le flanc, ou encore dressée sur le trépied formé de mes épaules et de ma nuque, tête en bas et mollets croisés, comme un yogi. Depuis l'expérience du pupitre scolaire, tous semblent convaincus qu'on ne peut penser et écrire qu'assis. On ne tient guère compte du corps de l'auteur, ramené à la posture de l'élève avachi.

Pourtant Nietzsche et Giono étaient des marcheurs et non des attablés. Ils entretenaient un foyer de mouvement dans la région des jambes. Pascal Quignard écrit dans son lit ; René Depestre se tient debout face à son lutrin ; quant à moi, j'ai galopé pendant des années sur mon tapis de course qui sent le caoutchouc brûlé. J'ai joggé comme un hamster sur cette piste noire qui tourne sous moi. L'écrivain ne va nulle part, certes. Mais il y court. Dans l'écriture comme dans le footing, le moi brûlant est la matière.

La marche a constitué le métronome primitif de l'art. La vitesse moyenne de la musique, le mouvement que l'on nommait jadis *andante* et que nous appelons *allegro moderato*, est mesurée par le *tempo di marcia* (cent à cent vingt à la minute). Virginia Woolf, attentive à toute idée qui remuait en elle, qui se formait, neuve, avec le cordon ombilical de l'inspiration première, dit la façon dont une minuscule semence, un embryon de trouvaille, agit sur le corps tout entier et rythme le mouvement des jambes. Car « si petite qu'elle fût, [e]lle s'élança, s'enfonça, se précipita de-ci, de-là, suscitant un tel remous, une telle agitation intellectuelle qu'il me fut impossible de rester assise. Je me retrouvai donc en train de marcher d'un pas rapide sur l'herbe d'une pelouse ».

Pour mon confort articulaire, j'évite quant à moi le macadam et les chemins creux. Le point de vue élevé d'où, chaque matin, je prends mon vol, vient probablement de chez Décathlon. Le petit moteur Solex qui entraîne le tapis sent l'ozone, comme les vieux batteurs à œufs. Jamais un poète ne parle de ses pieds, il ne parle que de ses ailes. Mes cothurnes à catadioptres me replacent sur orbite et, mue par une famine de griffer, de grapher, dans le vide pour commencer, je reprends mon périple, ma circumnavigation, les bras collés au corps. Je n'ai pas de bureau. Je prends mon essor grâce au petit moteur à transcendance qui bat maintenant son plein. J'écris depuis mon tapis roulant, volant. Je cavale. L'ordinateur ou la page blanche m'attendent au bord de la piste. Tout à coup je saute en marche. Je me penche sur une feuille et je griffonne. J'en profite pour m'étirer les muscles ischio-jambiers. Puis je me redresse. C'est comme au cirque, oui, le numéro de l'écuyère, qui saute de sa monture au galop, puis remonte, quand ça lui plaît, tandis que la bête sans elle a continué de courir en rond, autour de son invisible noria.

Je pense à Pierre Guyotat : « Quand je faisais encore de la “littérature”, je n'utilisais pas mes fonctions organiques, cœur, poumons, gorge, etc. [...] Il faut, pour lancer la machine à verbe, solliciter le cœur, il faut l'entendre, entendre son battement. » Une tachycardie d'effort, c'est un tremplin furieusement vivant pour contraindre l'esprit, pour obliger l'inspiration à venir ! Une mécanique de l'enthousiasme ! Une dynamogénie !

Le corps de l'auteur : les poumons, le diaphragme, la gorge, la cavité buccale, les muscles de la langue, certes, mais aussi les cuisses et le périnée et les triceps et toute la clique athlétique.

L'homme bat. L'auteur bat parce que ses principaux organes, ses bras, ses jambes, ses yeux, ses oreilles, lui ont été donnés par paires. L'homme balance. L'auteur se régularise en rythmes. Dans la récitation, dans l'épopée, était engagé le corps entier. Mais dans la phase moderne de l'écriture jouent parfois seulement des mouvements infimes de l'œil, de la main, de l'oreille, au lieu des amples mouvements des membres et du corps : c'est le style manuel, juge André Spire avec rudesse. Ces écrivains dactylographes finissent par ne plus penser qu'avec le bout de leurs doigts. Ici le mot n'offre presque plus de résistance à la main ou à l'œil qui glisse sur la page. Le mot écrit et lu n'est plus la chose elle-même, ou l'émotion ressentie à l'occasion de la chose. Il n'est plus qu'une étiquette, un signe désincarné, algébrisé…

Dans *Plaisir poétique et plaisir musculaire*, André Spire étudia l'écrivain qui marche sa pensée, dans sa chambre ou dans la campagne. Gesticulateur et mime, le « verbo-moteur » se frotte les mains, se promène de long en large, bat la mesure, grommelle. Et peu à peu, sous cette impulsion régulière, le flot des paroles et des idées commence à jaillir. Pas de spiritualité sans la fête des muscles. Écrire, c'est jouer à grimper l'escalier quatre à quatre. Enfant, tout le bonheur résidait dans les cuisses. Rimbaud aussi était un marcheur : « Par les soirs bleus d'été, j'irai dans les sentiers… » Les cent pas, le va-et-vient, et surtout, être assis le moins possible.

Montaigne a ainsi engendré le Nietzsche péremptoire, qui se moquait des culs de plomb : « Seules les pensées qui vous viennent en marchant ont de la valeur. » Julien Gracq aussi fut un adepte de la marche comme adjuvant à un traitement mécanique de la phrase, « une espèce de blutage » : « La phrase […] à la fin de la promenade – tournée et retournée le long du chemin – s'est débarrassée souvent de son poids mort. En la comparant au retour avec celle que j'ai laissée écrite, je m'aperçois quelquefois qu'il s'est produit des élisions heureuses, un tassement, une sorte de nettoyage. »

Selon Spire, quand je gigote en parlant, c'est le corporage de la phrase. Quand je parle en gesticulant, mes mains deviennent souples et modelantes, c'est le manuélage de la phrase. Quand j'écris en m'accompagnant de mouvements vifs du visage et de la gorge, de mouvements laryngé-buccaux et d'émission de voix, c'est le gueulage de la phrase.

Flaubert disait qu'il faut écrire une phrase que le corps a balancée. De bons orateurs marquent leur texte de leurs muscles et pas seulement de leur plume. Le prof, quand il est saisi par la pensée qui l'anime, abandonne ses notes, alors son corps se balance. Ce balancement est la force oratoire qui bercera son auditoire.

L'expression humaine ne doit pas se réduire au crissement du stylo. Il lui faut le libre jeu du corps.

Pensons à nos élèves, assujettis à leur pupitre.

« J'écris à corps perdu », disait Kierkegaard avant de camper la figure de Johannes Climacus, héros d'*Il faut douter de tout*. C'est la vie qu'il menait dans la maison paternelle qui contribua à développer l'imagination du garçonnet Johannes et à le rendre philosophe, tout entier réflexion, du commencement à la fin. Le père de Johannes lui refusait souvent la permission de sortir. Mais, parfois, en manière de compensation, il lui offrait de le prendre par la main et de faire une promenade ensemble, en arpentant le parquet de la pièce. Johannes était libre de choisir le lieu de la destination. Il optait pour la porte de la ville, pour un château du voisinage. Alors, tout en allant et venant sur le parquet, le père décrivait tout ce qu'ils voyaient, ils saluaient les passants, les voitures les croisaient à grand fracas et couvraient la voix du père, qui racontait avec tant d'exactitude et de vie, de façon si présente, si minutieuse et évocatrice, qu'après une demi-heure de cette promenade, dans un salon grand comme un mouchoir de poche, l'enfant était recru de fatigue, comme s'il avait passé toute la journée dehors.

Climacus est Kierkegaard. Même besoin d'excitation musculaire dans la création chez le philosophe adulte, qui travaillait une grande partie de la nuit. On pouvait le voir, depuis la rue, arpenter longuement les pièces illuminées de ses vastes appartements. Dans chaque chambre, il avait fait disposer une écritoire et du papier, de façon à pouvoir noter, au cours de son interminable promenade, les phrases qu'il venait de composer en marchant.

Le mot est une foulée. Nietzsche conseillait de ne pas ajouter foi à une idée qui ne serait pas venue en plein air, alors qu'on se meut librement. « Il faut que les muscles eux aussi célèbrent une fête. » L'écriture vient aux cerveaux oxygénés. Malherbe recommandait d'aller écouter les crocheteurs. Ces gens parlaient leur travail athlétique, ils lançaient et attrapaient et portaient les mots, ils fabriquaient leurs phrases au cours d'un effort musculaire, pendant que le rythme des battoirs, dans les lavoirs, scandait la rumeur des femmes, leur mémoire et leur imaginaire.

Un texte est sans assise. Il n'a jamais de base stable. Il est fait pour être lu comme on bouge. Un texte n'aurait d'existence que sous trois formes, et toutes mobiles : à l'état de composition quand on le rumine et le fabrique ; à l'état de diction ou de lecture ; à l'état martelé, par la course ou par le battoir des femmes, c'est du pareil au même.

Où est notre corps propre tandis que nous lisons ? Il s'affaire. Il estime le degré de corporéité du texte, il apprécie comment tel chapitre joue avec son savoir kinésique, le flatte ou, au contraire, le tourne en dérision jusqu'à l'oppression, jusqu'au vertige. Le corps et l'esprit du lecteur ne sont pas dissociables. C'est pourquoi un livre peut bouleverser, transformer, régénérer, soigner, secouer, tant par son sujet que par son écriture, ou même par son support. Tout écrivain – tout lecteur – chante, on chante toujours quand on pense. Quand on se croit immobile, des mouvements involontaires du larynx accompagnent toujours la pensée, même apparemment silencieuse.

Au commencement étaient les pleureuses : balancements du corps, manœuvres articulatoires des gémissements. Au commencement étaient les poèmes confiés à la mémoire musculaire des lèvres, des palais, des gorges, des diaphragmes. Les rhapsodes, dans leurs improvisations, à la fois attendues et créatrices, les endeuillés, les enfants, tous se balançaient. On se balançait, les mouvements du corps soutenant les tours de la langue. C'est ce rythme musculaire, mémoire des fibres contractiles, qui est le support des longs poèmes de l'épopée. Cette sensation d'aisance, de parfaite liberté donnée par les souples mouvements de muscles entraînés, exalte, augmente les forces de l'être tout entier. Le prophète et le rhapsode éprouvent encore des jouissances buccales quand les mots leur emplissent la bouche. Plaisir musculaire de la diction, mais aussi tactile et gustatif.

Et même quand nous écrivons ou lisons, sans bouger, assis à la table ou allongés, nous parlons encore, même si on n'entend aucun son, juste un léger frémissement des lèvres.

Toute pensée s'accompagne de micro-contractions musculaires. Chez le lecteur comme chez l'écrivain, on lit ou on écrit en bougeant. La pensée pure, l'esprit pur n'existent pas. Même quand le flot des paroles cesse de jaillir, on parle encore, d'une parole intérieure, qui n'est pas simplement mentale. On articule ses mots, les souffle à peine, parfois si faiblement qu'on n'entend aucun son, ne voit qu'un léger frémissement des lèvres, d'ascension de la saillie du larynx.

On disait jadis que, pour un malade alité, l'activité de lire est comme une promenade en forêt, il en est pareillement essoufflé. La lecture exalte physiquement, comme une vraie randonnée qu'on vivrait en conscience, le lecteur étant celui qui a un compas dans l'œil, capable d'estimer les distances, l'espace, le volume, l'intensité, la pression, la vitesse et la chaleur des choses écrites. Ce lecteur qui vit dans son corps le mouvement, l'intensité, le poids et la chaleur des choses ne lit pas avec ses pupilles. De même qu'on n'assiste pas, avec les yeux, à une chorégraphie.

À ceux qui douteraient encore de l'importance dynamique de la lecture, je suggère l'essai de Marielle Macé intitulé *Façons de lire, manières d'être*, qui nous éclaire scientifiquement sur la part physiologique de la lecture : « L'expérience concrète du sens a une véritable dimension motrice, et pas seulement intellectuelle. "Regardant" faire ou penser des personnages, nous esquissons en effet des gestes ou des quasi-gestes ; [...] la compréhension n'est pas inerte, elle consiste justement à activer en nous des "simulations" gestuelles [...]. » Marielle Macé révèle ensuite que, dans les études conduites autour des « neurones miroirs », on fait l'hypothèse que la lecture d'un verbe qui montre un corps en mouvement ou simplement celle du nom d'un outil activeront les mêmes états mentaux que le fait de courir ou d'accomplir effectivement telle ou telle action. Au fond, lire un mouvement, c'est déjà le simuler. On en conclura donc avec Marielle Macé que la lecture la plus apparemment passive est en fait une occupation terriblement active.

On comprendra d'autant mieux pourquoi lire à haute voix est une activité physique intense. La lecture à voix haute est tout particulièrement réparatrice, d'où son intérêt dans l'activité du bibliothérapeute, car elle peut même devenir une art-thérapie.

L'art-thérapie met les patients en situation d'être créateurs malgré tout, elle accompagne les personnes en difficulté (psychologique, physique, sociale, existentielle…) à travers leurs productions artistiques : généralement œuvres plastiques, sonores, théâtrales, littéraires, corporelles, ou encore dansées. Ce travail subtil permet au sujet de se recréer lui-même, se créer de nouveau, dans un parcours symbolique, de création en création. Or il me semble urgent d'ajouter la lecture à haute voix à cette liste d'actions réputées artistiques. Lire à haute voix est aussi pur acte de création.

Février 2022

Deuxième partie

Les correspondances comme analyseurs des corps d'écrivain

Chapitre 3

Clémence Tarbé de La Villemarqué épistolière. L'ombre d'un corps d'écrivain ?

Élisabeth Chatel

Introduction

Le *Barzaz-Breiz* est un recueil de chants bretons collectés, traduits et remaniés par le philologue Théodore Hersart de La Villemarqué (1815-1895)[1]. Publié pour la première fois en 1839, il a connu deux rééditions du vivant de l'auteur, a suscité une querelle littéraire[2] de près d'un siècle et a fait couler suffisamment d'encre pour que trois thèses soient écrites à son propos, ainsi que d'innombrables articles[3]. Issu de la vieille noblesse bretonne[4], La Villemarqué épouse à trente et un ans Clémence Tarbé des Sablons (1827-1870), orpheline élevée par sa grand-mère, dont la noblesse ne remonte qu'au Premier Empire. De leur union naîtront quatre enfants : Marie, Ursule, Geoffroi et Pierre[5]. Malade de la gorge, elle passe de nombreux mois en cure thermale à partir de 1864. Aux Eaux-Bonnes d'abord, seule, avant que le couple ne

1 Théodore Hersart de La Villemarqué, *Barzaz-Breiz. Chants populaires de la Bretagne, recueillis et publiés, avec une traduction française, des éclaircissements, des notes et des mélodies originales*, Paris, Charpentier, 1839.

2 Lire Fañch Postic, « Le Beau contre le Vrai ? La "Querelle du Barzaz-Breiz" (1866-1868) », *Bérose. Encyclopédie internationale des histoires de l'anthropologie*, Paris, IIAC-LAHIC, 2015, <https://www.berose.fr/article724.html>.

3 Francis Gourvil, *Théodore-Claude-Henri Hersart de La Villemarqué (1815-1895) et le « Barzaz-Breiz » (1838-1845-1867). Origines, éditions, sources, critique, influences. Thèse pour le Doctorat d'université (Faculté des Lettres de Rennes) [...]*, Rennes, Oberthur, 1960 ; Donatien Laurent, *La Villemarqué, collecteur de chants populaires. Étude des sources du premier Barzaz-Breiz à partir des originaux de collecte (1833-1840)*, Paris, Institut d'ethnologie, coll. Archives et documents, 1976 ; Nelly Blanchard, *Barzaz-Breiz : une fiction pour s'inventer. Nouvelle édition*, Rennes, Presses Universitaires de Rennes, coll. Interférences, 2006, <http://books.openedition.org/pur/32655>. Voir en particulier la bibliographie de cette troisième thèse.

4 Sur l'histoire des Hersart de La Villemarqué, consulter Philippe Jarnoux, « Hersart de La Villemarqué : portrait d'une famille de la noblesse au début du XIXe siècle », Nelly Blanchard et Fañch Postic, *Au-delà du Barzaz-Breiz : Théodore Hersart de La Villemarqué*, Brest, Centre de recherche bretonne et celtique, 2016, p. 33-59.

5 Marie-Thérèse, Ursule, Geoffroi et Pierre Hersart de La Villemarqué.

s'installe à Pau pour la saison froide à partir de l'hiver 1865. La voix éteinte[1], elle communique exclusivement par écrit avec ses proches. Elle-même s'éteint à l'âge de quarante-deux ans, le 23 mars 1870, des suites de sa longue maladie.

On remarque, à l'aide de la base de données PRELIB[2], une baisse considérable du nombre de publications de La Villemarqué à la fin des années 1860, puis, durant près d'une décennie, sa disparition du champ littéraire, lui qui avait l'habitude de publier au moins deux articles ou ouvrages par an. Si la querelle littéraire autour de l'authenticité de ses collectes en est certainement l'une des causes, nul doute que la disparition prématurée de son épouse en est une autre, le chevet de sa femme l'ayant déjà tenu éloigné de ses travaux d'érudit[3]. Sa disparition marque un tournant décisif dans sa carrière. Mais revenons à Clémence Tarbé des Sablons. Dans le cadre de notre mémoire de master[4], nous nous étions proposé d'étudier sa correspondance, afin de découvrir d'abord qui elle était, mais également pour en savoir plus sur le rapport qu'elle entretenait avec l'œuvre de son époux. Force nous a été de constater que celle-ci n'apparaît que très peu dans la correspondance entre les époux, de même que dans celle que Tarbé des Sablons[5] entretenait avec leur fils cadet, Pierre. Notre corpus en effet était constitué de ces deux correspondances, très différentes dans leur nature même : les échanges épistolaires entre les époux n'existent que lors de leurs séparations ponctuelles, là où la correspondance entre la mère et le fils, interne au collège jésuite de Vannes, constitue leur relation entière. Autrement dit, la correspondance ponctuelle est une pause dans la relation, là où la correspondance permanente est la relation, Pierre n'ayant que quelques semaines de vacances par an. C'est justement cette correspondance permanente, de 1864 à 1870, qui nous a intéressée dans la présente étude. À travers cet échange formé de 124 lettres, c'est l'éducation d'une mère qui se lit ainsi que la transmission de ses codes et de ses valeurs, à la fois

1 Fañch Postic, « Thermalisme, tourisme et folklore dans les Pyrénées vers 1860. La famille de La Villemarqué aux Eaux-Bonnes », *Bérose. Encyclopédie internationale des histoires de l'anthropologie*, Paris, IIAC-LAHIC, 2016, <https://www.berose.fr/article724.html>.

2 La base de données en ligne PRELIB (Projet de recherche en littérature de langue bretonne), supervisée par Nelly Blanchard, Jean-Baptiste Pressac et Mannaig Thomas du Centre de recherche bretonne et celtique (université de Bretagne Occidentale), a pour but de restituer et de mieux comprendre les réseaux de sociabilité des auteurs de langue bretonne ; <https://mshb.huma-num.fr/prelib/>.

3 Le 29 mars 1870, l'avocat et linguiste britannique Whitley Stokes, qui vit à Calcutta et n'a pas encore appris le décès de Tarbé des Sablons, écrit à La Villemarqué : « *I deeply regret that the health of Madame la Vicomtesse has prevented you from editing the* Heures latines & bretonnes – *a work which you are, of living scholars, best fitted to undertake* » (263 J 2/2577 ; « Je regrette profondément que la santé de Madame la Vicomtesse vous ait empêché d'éditer les *Heures latines & bretonnes* – un travail que vous êtes, de tous les érudits vivants, le plus apte à entreprendre » ; notre traduction).

4 Élisabeth Chatel, *Clémence Tarbé Vicomtesse de La Villemarqué (1827- 1870) : intimité et sociabilité d'une femme d'écrivain breton*, Brest, université de Bretagne Occidentale, Centre de Recherche Bretonne et Celtique, 2021.

5 Bien qu'elle signât régulièrement lettres et documents « Clémence Tarbé de La Villemarqué », nous avons préféré ici la désigner par son nom de jeune fille, pour éviter toute confusion entre les différents La Villemarqué.

par le fond et par la forme. Nous souhaiterions ici présenter la manière dont Tarbé des Sablons fait feu de tout bois pour proposer à son fils une éducation par l'exemple, tout d'abord en présentant la mondanité comme un mode d'expression, puis en exposant comment elle met sa santé au service de cette éducation mondaine. Sans aller jusqu'à la tradition arthurienne, où l'état physique du souverain est directement corrélé à la vitalité de son royaume, Tarbé des Sablons utilise les corps, ici le sien et celui de son fils cadet surtout, pour faire et apprendre à faire corps avec sa classe sociale, mettant la chair au cœur de sa pédagogie.

La mondanité comme mode d'expression ou écrire pour se situer

Dans cette relation épistolaire avec son fils cadet, qui a dix ans au début de notre corpus en 1864 et quinze ans au décès de sa mère, Tarbé des Sablons met à profit la moindre occasion pour lui montrer, par la pratique, les usages à adopter : « J'ai reçu hier une lettre de Mme de Sinéty qui me dit qu'Albert[1] fera sa 1e Communion le jour de l'Ascension jeudi prochain. Il faudra bien prier pour lui, mon ami, c'est un grand jour. Je vais écrire à ta tante Marie[2] d'acheter un joli petit nouveau Testament, et d'écrire sur la première feuille : Pierre à son ami Albert[3]. » Elle n'oublie pas de lui expliquer les motifs de ces usages : « Mon cher petit Pierre, je t'envoie une lettre de ma tante de Bray[4]. Tu n'as pas besoin d'y répondre puisque c'est une réponse[5]. » Cette méthode d'enseignement est construite sur le modèle des *exempla*, récits censés édifier l'auditoire lors de la prédication. Tarbé des Sablons l'applique d'ailleurs à d'autres domaines, par exemple, et plus classiquement, à l'éducation spirituelle de Pierre, en l'incitant à une vertu d'apôtre :

> J'ai communié pour toi mercredi, et j'espère que le bon Dieu exaucera les prières que je lui ai adressées par l'intercession de ton Saint Patron. Puisses-tu devenir courageux et fidèle comme St Pierre. Je lisais ces jours-ci dans l'Évangile que plusieurs disciples quittaient N[otre]S[eigneur] parce qu'ils trouvaient sa doctrine dure à croire; alors N.S. dit à St Pierre : « Et vous, ne me quitterez-vous pas aussi? » Mais St Pierre répondit : « Seigneur, à qui irions-nous? Vous avez les paroles

1 Marie Louise Antoinette de Sinéty, née Foucher des Brandois (1826-1884), est une amie de longue date de la famille. Albert de Sinéty (1852-1923) est un de ses enfants.

2 Marie Félicie Joséphine Sébastienne Toussaint de La Boulinière, née Tarbé des Sablons (1825-1887) est la sœur aînée de Tarbé des Sablons.

3 Lettre de Tarbé des Sablons à son fils Pierre du 21 avril 1864 (263 J 2/4826).

4 Marie-Amélie de Bray née Chauvet (1808-?) est la tante maternelle de Tarbé des Sablons.

5 Lettre de Tarbé des Sablons à Pierre du 26 avril 1864 (263 J 2/4825).

de la Vie Éternelle[1]. » Cette histoire m'a beaucoup touchée, et j'espère que quand mon petit Pierre sera grand, si on lui donne de mauvais conseils, il fera comme son Patron et suivra toujours le Divin Maître qui a les paroles de la Vie Éternelle. Oh! les belles Paroles, mon petit ami, et comme tu les aimeras et les admireras quand tu seras en âge de les comprendre[2].

De plus, les personnes manquant aux usages, quand bien même ils feraient partie de la famille, n'échappent pas au reproche, et notamment l'un des beaux-fils de Tarbé des Sablons, Augustin[3], auquel elle offre même à Noël un nécessaire d'écriture pour « l'exciter à la correspondance[4] ».

Pour la malade, isolée géographiquement de la plupart des membres de sa famille du fait de longues cures thermales aux Eaux-Bonnes et à Pau[5], le manque d'échanges épistolaires se fait durement sentir, alors que la correspondance familiale est bien réglée, au jour près selon chaque membre. De plus, l'absence de lettre ne signifie pas forcément l'absence d'écriture, mais entretient un flou que Tarbé des Sablons n'apprécie guère, bien qu'elle sache faire bonne figure : « Mon Pierrot, je n'ai pas reçu de lettre de toi cette semaine, mais comme j'en ai eu deux la semaine dernière, cela fait compensation[6] »; « Mon petit Pierre, j'attendais ta lettre hier soir, mais elle n'est pas arrivée; je pense que je l'aurai ce soir[7]. » Au contraire, lorsqu'elle apprend que Pierre est un correspondant diligent, elle ne manque pas de le féliciter : « Geoffroi aura été bien content de recevoir six pages de toi[8] », tout comme elle ne manque pas de souligner ses propres manquements : « J'ai reçu ta charmante petite lettre hier soir et je t'en remercie beaucoup. Je ne t'ai pas répondu dès hier parce que j'étais très-fatiguée, et que je comptais avoir une lettre de Geoffroi aujourd'hui. Cela n'a pas manqué [...][9]. » Outre l'éducation mondaine, Tarbé des Sablons donnait régulièrement des leçons de grammaire à son fils, destinées à le sensibiliser à ses fautes récurrentes. Elle suivait également de très près ses résultats scolaires, peu satis-

1 Jean 6:68.

2 Lettre de Tarbé des Sablons à Pierre du 30 juin 1864 (263 J 2/4837).

3 Augustin Bréart de Boisanger, l'époux de Marie, fille aînée du couple.

4 Lettre de Marie Bréart de Boisanger à son frère Pierre du 1er janvier 1869 (LV34.543).

5 Marie et Augustin vivent en Île-et-Vilaine, Geoffroi est pensionnaire au lycée jésuite Sainte Geneviève à Paris, et Pierre est toujours au collège de Vannes. Seule Ursule vit avec ses parents et ne se mariera qu'après le décès de sa mère. Le reste de la famille Tarbé des Sablons, constitué des familles de sa sœur et de son frère cadet, vit respectivement en région parisienne et dans l'Yonne, où le frère est préfet. Quant à la famille de La Villemarqué, ses membres sont installés à travers toute la Bretagne. À Pau, donc, malgré une vie mondaine assez active, le couple se sent quelque peu isolé.

6 Lettre de Tarbé des Sablons à Pierre, rédigée entre le 1er avril et le 3 octobre 1867 (263 J 2/4946).

7 Lettre de Tarbé des Sablons à Pierre du 20 juillet 1865 (263 J 2/4843).

8 Lettre de Tarbé des Sablons à Pierre du 17 mars 1870 (263 J 2/5062).

9 Lettre de Tarbé des Sablons à Pierre du 2 juin 1864 (263 J 2/4832).

faisants pour un fils de littérateurs. C'est d'ailleurs sur ce constat qu'elle termine sa toute dernière missive, usant d'une métaphore qui compare l'écriture à un corps de cheval : « Adieu, mon Pierrot, ton père t'engage à faire beaucoup de phrases comme l'échantillon que tu nous a [*sic*] envoyé. Il dit qu'il y a assez longtemps que tu *trotines* [*sic*] et qu'il est temps de prendre le galop[1]. »

Dans cette éducation épistolaire, tout sujet est propice à situer les La Villemarqué dans l'ordre social. Or, si la famille est noble, elle compte aussi un écrivain de renom, membre de l'Académie des Inscriptions et Belles-Lettres, et en lien avec l'élite politique et littéraire nationale : Théodore Hersart de La Villemarqué. Or ce qui frappe à la toute première lecture du corpus, c'est l'absence de cette carrière dans la correspondance mère-fils. Les époux La Villemarqué sont heureux d'être ensemble et se portent une affection véritable. Les séparations ponctuelles sont pénibles à Tarbé des Sablons, qui compte les jours : « Je te remercie, mon bon ami, de tant regretter ta vieille femme. J'espère que ce sera la dernière fois que nous nous séparerons pour semblable motif. Plus nous vieillissons et plus nous avons besoin l'un de l'autre[2] » ; « Je suis si agitée de la pensée que je vous verrai d'aujourd'hui en huit presque à cette heure que je ne puis écrire tranquillement, ni parler d'autre chose[3]. » Il n'est donc pas surprenant que, lorsque Tarbé des Sablons parle à Pierre de son père, elle lui parle de ce qui les intéresse tous les deux, de savoir comment il se porte, d'autant plus qu'il a lui aussi des soucis de santé. Cependant, lorsque le travail de La Villemarqué est évoqué, il ne s'agit jamais de rendre compte du temps passé par celui-ci à travailler ou des sujets qui l'intéressent. Le travail de l'écrivain n'est pas un sujet en tant que tel et n'est abordé que lorsqu'il peut être inséré dans un cadre plus vaste, comme la situation des La Villemarqué par rapport à leurs pairs, en mettant La Villemarqué à la fois dans le rôle de savant et de poète, par exemple lorsque, à un moment où sa renommée est déjà faite, il reçoit un poète débutant et lui prodigue des conseils[4]. À d'autres occasions, l'écrivain rencontre des collègues avec lesquels il n'y a pas de lien de subordination, comme ici lors d'un séjour à Pau :

> J'ai oublié de dire à ta tante de Kergos que ton père a reçu ici la visite d'un Comte de Puymaigre[5], qui a recueilli les chants lorrains, et qui est de Metz. Il connaît

1 Lettre de Tarbé des Sablons à Pierre du 17 mars 1870 (263 J 2/5062). C'est la destinatrice qui souligne.

2 Lettre de Tarbé des Sablons à Théodore Hersart de La Villemarqué du 23 juin 1864 (263 J 2/481).

3 Lettre de Tarbé des Sablons à Théodore Hersart de La Villemarqué du 21 juin ou juillet 1864 (263 J 2/491).

4 « L'autre jour déjà ton père avait eu un petit abbé, professeur de 8e et de 7e à la même Institution, et de plus poète. Ce petit abbé a fait hommage de ses vers à ton père qui lui a conseillé de ne plus en faire du tout : qu'il avait le germe d'un talent mais qu'il fallait travailler sérieusement pour qu'il sortît quelque chose de solide plus tard de ce germe. – Le conseil était franc, mais le petit abbé l'a très-bien pris » (lettre de Tarbé des Sablons à Pierre du 15 mars 1868, 263 J 2/4984).

5 Théodore Joseph Boudet de Puymaigre (1816-1901) fut un collecteur de chants populaires de l'est de la France.

les du Coëtlosquet, l'abbé Jégou, Mme de la Plane et Mme de Limur[1]. Mme de Puymaigre[2] doit venir me voir pour me parler de tout ce monde-là. Ton père dit que c'est un charmant ménage. Ils sont ici pour la santé de Mme de Puymaigre qui est plus jeune que moi[3].

Ici l'on voit bien que les Puymaigre sont les égaux des La Villemarqué à plus d'un titre : le mari est déjà établi en tant que collecteur, ils sont à Pau pour les mêmes raisons, et surtout, les deux couples font partie des mêmes réseaux de connaissances. C'est l'importance de cette information qui prime sur toutes les autres, à tel point que Tarbé des Sablons donne une liste complète des amis qu'ils partagent. La leçon est limpide : plus qu'un travail ou qu'une affliction en commun, les relations sont ce qui font des Puymaigre des personnes fréquentables, tels des membres d'un même corps social. Et si les connaissances communes sont maigres, c'est l'emploi qui est surtout mis en valeur pour situer une nouvelle rencontre : « Ton père fait toujours de nouvelles connaissances, il a rencontré chez Mr de Castelbajac[4] un Mr de Saint-Maur, avocat-général, qui l'a mené aux Archives. Il a vu là des papiers très-curieux. Ce M^r^ lui a dit aussi qu'il y avait à deux lieues des Eaux-Bonnes un petit Carnac. C'est bien dommage que nous ne l'ayons pas su quand nous y étions[5]. » Saint-Maur, avocat-général comme le père de Tarbé des Sablons et introduit par un ami de longue date de la famille, appartient à la même communauté. Aucun vocabulaire paternaliste n'est donc utilisé à son égard, au contraire du « petit abbé », dont la non-appartenance au même corps social se concentre dans le qualificatif « petit », inséparablement social et corporel.

Une aristocrate isolée ou la santé physique au service de l'ordre social

On l'a vu, le travail de La Villemarqué est utilisé par sa femme épistolière comme une simple introduction aux mondanités, lui permettant de montrer à Pierre la distinction entre les personnes dont on doit se souvenir – parce que faisant partie du même milieu de connaissances – et celles auxquelles il n'est pas nécessaire d'accorder une attention particulière. Mais cet enseignement mondain prend d'autres formes, et notamment celle du soin du corps de ses proches en lien avec

1 Maurice de Coëtlosquet et son épouse Marie Sophie, née de Maillier, Joseph Jégou et Mélanie Jeanne Hippolyte Chanu de Limur, née de Ploeuc.

2 Marie-Caroline Boudet de Puymaigre, née Pyrot de Crépy.

3 Lettre de Tarbé des Sablons à Pierre du 23 février 1868 (263 J 2/4980).

4 Marie-Barthélémy de Castelbajac était déjà l'ami du père de La Villemarqué.

5 Lettre de Tarbé des Sablons à Pierre du 9 novembre 1867 (263 J 2/4963).

les convenances. S'il ne fait aucun doute que la santé de son fils l'intéresse au plus haut point[1], elle lui donne également l'occasion de prendre des renseignements d'ordre social, par exemple sur la vie du collège : « Je suis fâchée que tu aies eu mal aux dents car c'est un des maux qui empêchent le plus de travailler. Je n'ai pas envie de t'envoyer de cure-dents, tu passerais ton temps à tripoter tes dents et pourrais réveiller le mal. Il vaudrait mieux faire plomber tes dents creuses. Qui dont [*sic*] est maintenant dentiste du collège[2] ? » Ce souci du bien-être inséparablement physique et social de son fils s'étend aux autres collégiens. En effet, les La Villemarqué, catholiques et légitimistes, sont très proches du clergé. Pratiquante assidue, Tarbé des Sablons lit sur son temps libre des ouvrages théologiques et se tient au courant des nouvelles publications[3]. Son époux lui-même est un membre très investi de la Société Saint-Vincent-de-Paul[4]. Il n'est donc pas surprenant qu'elle s'enquière des nouveaux venus du collège de Vannes, dont elle connaît les parents personnellement. S'inquiéter de la santé physique des collégiens, c'est également se soucier de leur âme : « Geoffroi m'apprend la mort du petit de Servigny, tu ne m'en as rien dit. Comment donc ce malheur est-il arrivé ? C'est affreux pour ses parents. Avait-il fait sa 1re Communion ? Je ne me rappelle plus son âge[5]. »

À l'occasion, rare, Tarbé des Sablons met sa santé, sur laquelle elle reste très pudique, au service d'une éducation plus didactique, en commentant son propre traitement : « [I]l paraît que rien ne peut m'[e]mpêcher [de tousser] car on m'a encore mis des moxas[6] Vendredi. C'est une opération chimique qui intéresserait beaucoup Geoffroi[7]. » Ce qui prévaut, au-delà de ses douleurs corporelles, c'est de maintenir le lien avec son fils à travers l'activité d'écriture : « Quoique j'aie un peu de migraine, je ne veux pas passer mon dimanche sans t'écrire[8]. » C'est un investissement physique et symbolique à la fois qu'elle gardera jusqu'à sa toute dernière lettre, qu'elle écrit cinq jours avant son décès, alors que sa santé se détériore gravement. Il ne s'agit pas d'une manière de se voiler la face, puisqu'elle avait déjà rédigé son testament un an plus tôt et que les proches du couple étaient au courant de la situation. Dans la lettre

1 « [J]'ai été fâchée d'apprendre que tu as encore mal aux dents. Je suis pressée que [le dentiste] t'arrache les plus mauvaises. Et tes coliques, en es-tu tout-à-fait débarrassé ? » (lettre de Tarbé des Sablons à Pierre du 3 novembre 1867, 263 J 2/4960).

2 Lettre de Tarbé des Sablons à Pierre de fin novembre 1867 (263 J 2/5046).

3 Parmi ses lectures, mentionnons les ouvrages du théologien et académicien français Félix Dupanloup, du prêtre et philosophe Alphonse Joseph Gratry ou encore du théologien Henri Perreyve.

4 Société promouvant un catholicisme social, en réaction au socialisme, et dont La Villemarqué a fondé en 1854 la conférence de Quimperlé.

5 Lettre de Tarbé des Sablons à Pierre du 29 décembre 1867 (263 J 2/4969).

6 Remède médical utilisant les principes de l'acupuncture.

7 Lettre de Tarbé des Sablons à Pierre du 27 janvier 1869 (263 J 2/5015).

8 Lettre de Tarbé des Sablons à Pierre du 21 février 1869 (263 J 2/5018).

de condoléances qu'il adresse à La Villemarqué, Charles de Gaulle[1] indique que la fin « était depuis longtemps prévu[e] et vous en aviez souffert les tortures mille fois d'avance[2] ». Jusqu'à la fin de ses jours, Tarbé des Sablons se comportera conformément aux dogmes catholiques, en oubliant ses souffrances physiques pour mener à bien sa tâche d'éducatrice, et selon une morale des plus conservatrice, la peur du déclassement de son fils la motivant à transcender ses douleurs corporelles.

La santé des autres est également mise à profit, tout d'abord en apprenant à Pierre comment s'enquérir de la santé de proches : « Tu as oublié de mettre dans ta lettre un petit mot de sympathie [à sa sœur Ursule] pour sa petite maladie[3]. » Que ce soit à la station thermale des Eaux-Bonnes où au cabinet de son médecin, le docteur Daran, à Pau, Tarbé des Sablons ne manque pas une occasion de rencontre pour instruire son fils :

> Avant-Hier [*sic*], je suis allée chez le docteur Daran avec une pauvre petite dame de Lorient qui est ici toute seule. Son mari, qui est lieutenant d'Infanterie de marine, est venu la voir et est reparti aujourd'hui, de sorte qu'elle est bien triste. Mr Daran la trouve très-malade et m'a dit qu'elle avait une seule chance de salut, ce serait d'aller dans une de nos colonies des Antilles. J'espère que son mari se décidera à faire une demande, ton père pourra la faire appuyer. Ce jeune ménage nous a beaucoup intéressés. Le mari a l'air si doux et si affectueux pour sa pauvre petite femme que j'ai vraiment pitié d'eux de les voir ainsi séparés. Il vaudrait mieux de toute façon qu'ils fussent envoyés ensemble à la Martinique. Je compte écrire au mari pour lui dire que c'est tout-à-fait nécessaire[4].

Les Daran, qui sont des petits-bourgeois, attirent sur eux la « pitié » de Tarbé des Sablons qui y voit une occasion de mettre en pratique le catholicisme social promu par son milieu et ses lectures. Cet interventionnisme aristocratique est une manière de maintenir le rang de la famille, et de le justifier, tout en montrant à son fils comment se conduire vis-à-vis des démunis. Mais le contre-exemple est également utilisé. Là où les Daran méritaient la compassion, d'autres bourgeois lui inspirent un sentiment de révolte :

> Avant-hier soir Mme Paturle (tu sais, cette dame qui a la goutte horriblement) nous avait invités à aller chez elle le soir pour entendre ensemble jouer tous les artistes, mais comme je la connais très-peu, je n'ai pas voulu ; d'ailleurs j'avais un

1 Cet oncle du général était un écrivain celtomane, grand admirateur de La Villemarqué.

2 Lettre de Charles de Gaulle à Théodore Hersart de La Villemarqué du 1er avril 1870 (LV20.156).

3 Lettre de Tarbé des Sablons à Pierre du 21 décembre 1865 (263 J 2/4892).

4 Lettre de Tarbé des Sablons à Pierre du 24 janvier 1869 (263 J 2/5014).

mal de tête fou. Ensuite, j'ai un peu regretté parce que l'infant Dom Sébastien[1] a chanté là. Je trouve cela tout-à-fait humiliant pour l'oncle de la reine d'Espagne[2], de s'en aller chanter chez une dame Paturle qui n'est ni plus ni moins qu'une commerçante enrichie[3] !

En guise de conclusion

Pour Nelly Blanchard, le *Barzaz-Breiz* est « le réceptacle de [la] lutte [de La Villemarqué] contre le matérialisme et la chosification de l'homme menée par la bourgeoisie montante, contre la perte des solidarités et hiérarchies sociales naturelles, contre les soubresauts de l'histoire depuis la Révolution[4] ». Tout indique que Tarbé des Sablons ne défend pas autre chose dans l'éducation de leur fils. La moindre information, sur n'importe quel sujet, est un prétexte à enseigner, puis à rappeler à Pierre quelle est la place qu'il doit prendre et maintenir dans le monde, une voie de permanence pour la noblesse, qu'il faut tenir contre l'Histoire. Ce qui se joue dans cette correspondance mère-fils, c'est l'intégrité du corps du fils en vertu de l'esprit de corps de l'aristocratie et, paradoxalement, de la perpétuation des valeurs bourgeoises d'un écrivain et de sa femme : en effet, quoique dépassés par la Révolution et refusant le modèle et les élites de la société nouvelle où les privilèges sont abolis, le couple n'a connu que ce nouvel ordre social et évolue, à son corps défendant, avec les codes nouveaux de la bourgeoisie. Ainsi, s'il est vrai que, finalement, le corps de la femme se trouve à l'ombre de celui de l'écrivain, les deux font corps sur le plan physique et axiologique : matrimonial d'une part, social et idéologique d'autre part. Le discours des époux, exprimés sur deux modes, celui de l'œuvre poétique, du manifeste destiné à être lu par le plus grand nombre, et celui de la correspondance familiale, qui relève du privé, ne forme qu'un seul chant, celui de la noblesse déchue.

---

1 Sébastien de Bourbon, infant d'Espagne et de Portugal, s'installe en France, plus précisément à Pau, suivant ainsi sa nièce Isabelle II en exil.

2 Maria Isabel Luisa de Borbon Y Borbon-Dos Sicilias, dite Isabelle II, reine d'Espagne, est exilée en France depuis septembre 1868 jusqu'à son abdication en juin 1870.

3 Lettre de Tarbé des Sablons à Pierre d'avril 1869 (263 J 2/5127). Sophie Paturle, née Lupin, est décrite ailleurs comme étant « excessivement riche » (lettre de Tarbé des Sablons à Pierre du 1er décembre 1867, 263 J 2/4965). Si la noblesse de La Villemarqué est très ancienne, au point que l'on peut remonter la lignée sans interruption jusqu'à la fin du XIIIe siècle, on peut se demander dans quelle mesure Tarbé des Sablons ne verse pas dans la surcompensation, elle dont l'aristocratie est sortie des flancs de la Révolution, puisque son grand-père n'a été anobli que le 3 février 1816 (Ernest Landry, *Les Tarbé, généalogie-biographie*, Sens, Imprimerie de Miriam, 1902, p. 109).

4 Nelly Blanchard, « Les Bretagnes de La Villemarqué », Magali Coumert et Hélène Tétrel (dir.), *Histoires des Bretagnes. 1 : Les mythes fondateurs*, Brest, Centre de recherche bretonne et celtique, 2010, p. 197-209, p. 209.

Chapitre 4

« L'écriture dans la peau ». Le corps dans l'œuvre et dans la correspondance d'Edmond Dune

Myriam Sunnen

Dans son introduction au dossier « Le corps de l'écrivain » de la revue *Sociologie de l'art*, Paul Dirkx émet l'hypothèse que « [p]eut-être [...] dans toute son ambiguïté, malgré le poids de ses origines historiques (*corpus Christi*, etc.) », le mot « corpus » « n'est [...] finalement pas si dépassé que cela et pourrait [...] convenir pour désigner ce qui est indistinctement "textuel" et "contextuel" »[1]. Sans doute la notion de corpus épistolaire illustre-t-elle de manière particulièrement pertinente l'impossibilité de séparer le texte de son contexte, tout comme elle témoigne des liens étroits entre le corps de l'écrivain et l'œuvre dont il est la matrice – surtout si l'on considère les lettres sous leur forme manuscrite, avant que la transcription ne soit venue effacer, du moins partiellement[2], les traces de l'investissement physique du scripteur. Dans le cadre d'un inventaire ou d'une édition, ce sont en effet, entre autres, ces traces – les particularités de l'écriture, un paraphe, un certain type de rature – qui permettent par exemple l'attribution d'une lettre non signée à un auteur et son intégration à un fonds ou à un corpus. Si les missives ne sont pas datées, le papier, l'encre et l'évolution de l'écriture contribuent par ailleurs à l'établissement de cette chronologie qui, d'après Loïc Chotard, « réunit les conditions mêmes » de la « production » du « sens » du texte, inséparable du contexte dans ce genre *a priori* non destiné à la publication[3]. Enfin, la graphie nous en apprend parfois plus sur la santé psychique et physique du scripteur que les mots employés, quel que soit

1 Paul Dirkx, « Éditorial. Corpus et corps de l'écrivain », *Sociologie de l'art*, 19 (2012), 1, p. 7-13, p. 13, <https://www.cairn.info/revue-sociologie-de-l-art-2012-1-page-7.htm; https://doi.org/10.3917/soart.019.0007>.

2 Tout dépend du type d'édition et du mode de transcription : diplomatique, semi-diplomatique, destinée au grand public, etc.

3 Loïc Chotard, « De la chronologie », Madeleine Ambrière et Loïc Chotard (éd.), *Nouvelles approches de l'épistolaire. Lettres d'artistes, archives et correspondances. Actes du colloque international tenu en Sorbonne les 3 et 4 décembre 1993*, Paris, Honoré Champion, coll. Champion-varia, 1996, p. 163-171, p. 165.

le type de texte. L'écrivain luxembourgeois d'expression française Edmond Dune (1914-1988), qui était aussi graphologue, ne l'ignorait pas : dans ses échanges, l'écriture fait parfois l'objet de longs développements sur l'état physique et mental, ainsi que sur le tempérament de ses correspondants[1].

Pourtant, il faut se garder de voir dans la correspondance d'un écrivain « la porte vers l'intimité révélée », comme l'a bien argumenté Philippe Martin[2]. Certes, ainsi que l'observe Arlette Michel, « l'échange épistolaire est [...] à l'abri des pressions de l'opinion, des effets de mode ou des mots d'ordre qui peuvent mettre leur masque sur les chroniques ou les articles destinés à la presse[3] », et on y trouve par conséquent de temps à autre l'écho de « cette part réservée de la conscience de l'artiste où s'élaborent ensemble son œuvre et sa vie[4] ». Or, comme le précise encore la même chercheuse, cela n'est vrai que dans le cas des missives privées. Dans des échanges avec des responsables éditoriaux et même avec des confrères, avant tout ceux qui sont par ailleurs critiques ou directeurs de revue (ce qui n'est pas rare dans des sous-champs littéraires peu institutionnalisés et de petite envergure), les propos qu'un auteur tient sur son œuvre et sur sa personne sont forcément adaptés aux attentes et à la sensibilité supposées de son destinataire et peuvent aller jusqu'à participer d'une « stratégie » visant une forme de « séduction »[5], dans laquelle la graphie elle-même, comme l'évocation du corps, joue un rôle. Tous ces éléments sont susceptibles de s'inscrire dans une « posture » au sens que Jérôme Meizoz confère à ce terme, à savoir « la manière singulière d'occuper une "position" dans le champ littéraire »[6]. Dans le cadre d'une correspondance, ces postures peuvent être multi-

1 Voir Edmond Dune, *Œuvres. Tome 4 : Correspondance. Édition de Myriam Sunnen, avec la collaboration de Pascal Seil et Doris Feiereisen, sous la direction de Claude D. Conter*, Soleuvre, Phi, 2021, notamment p. 422-423. Dans la suite du texte, cette référence sera abrégée en *Correspondance*.

2 Philippe Martin, « La correspondance : le mythe de l'individu dévoilé ? », Philippe Martin (éd.), *La correspondance. Le mythe de l'individu dévoilé ?*, Louvain, Presses Universitaires de Louvain, coll. L'atelier d'Érasme : histoires, littératures, livres, 2014, p. 17-36, p. 18.

3 Arlette Michel, « Avant-propos », Arlette Michel et Loïc Chotard (éd.), *L'esthétique dans les correspondances d'écrivains et de musiciens (XIXe-XXe siècles). Actes du colloque de la Sorbonne des 29 et 30 mars 1996*, Paris, Presses de l'université de Paris Sorbonne, coll. Colloques de la Sorbonne, 2001, p. 5-7, p. 5.

4 *Idem.*

5 Martine Boyer-Weinmann, « L'écrivain et son éditeur : correspondances croisées au XXe siècle, entre stratégie et séduction (Proust, Céline et quelques autres) », Philippe Martin (éd.), *La correspondance. Le mythe de l'individu dévoilé ?*, Louvain, Presses Universitaires de Louvain, coll. L'atelier d'Érasme : histoires, littératures, livres, 2014, p. 285-298, p. 285.

6 Jérôme Meizoz, *Postures littéraires. Mises en scène modernes de l'auteur. Essai*, Genève, Slatkine Érudition, 2007, p. 18.

ples et « simultanées[1] » sans que l'on soit toujours en mesure de les distinguer des éléments relevant pleinement de « l'écriture de l'intime[2] ».

Nous nous intéresserons ici aux lettres qu'Edmond Dune a échangées entre 1934 et 1988 avec des confrères, amis, éditeurs, metteurs en scène et autres acteurs de la vie littéraire et dont un très large choix a été publié en 2021 dans le cadre de l'édition de ses *Œuvres*[3]. Une grande partie de cette correspondance concerne les revues auxquelles Dune a collaboré (*Critique, Les Cahiers luxembourgeois, Simoun*) ou qu'il a cofondées (*Dire, Origine*). Ses lectures, sa conception de la littérature et sa poétique y jouent également un rôle central. Alors que les développements sur sa vie familiale et professionnelle (il travaillait comme journaliste pour RTL) sont rares, la santé et le corps occupent plus d'espace qu'on n'aurait pu le penser *a priori*, ce qui, dans le processus éditorial, a soulevé des interrogations à la fois juridiques et littéraires. Quelle place réserver à des lettres qui n'étaient pas destinées à être rendues publiques et qui, de surcroît, touchent à cette intimité que des lois protègent des regards indiscrets ? Faut-il ou non intégrer à une édition (et surtout à l'édition des *Œuvres*) des missives qui ressemblent davantage à des premiers jets qu'à des textes littéraires retravaillés, mais qui font néanmoins apparaître l'acte d'écrire dans sa dimension la plus physique et la plus spontanée ? Plus globalement, quelle place attribuer à des lettres qui, *a priori*, ne semblent guère intéressantes dans le cadre d'une approche textuelle, mais qui en disent long sur la carrière de son auteur ? En appliquant à Edmond Dune un certain nombre de concepts développés par Paul Dirkx[4], et en partant d'une définition du corps de l'écrivain qui permette de l'appréhender dans sa dimension physique, sociale, symbolique et psychologique[5], nous montrerons que la correspondance a bien toute sa place dans l'édition des *Œuvres.*

---

1 Jérôme Meizoz, *La littérature « en personne ». Scène médiatique et formes d'incarnation*, Genève, Slatkine Érudition, 2016, p. 173.

2 Pierre-Jean Dufief (éd.), *Les écritures de l'intime. La correspondance et le journal. Actes du colloque de Brest, 23-25 octobre 1997*, Paris, Honoré Champion, coll. Champion-varia, 2000. Voir aussi, à ce sujet, l'introduction de Philippe Martin à *La correspondance, op. cit.*, p. 17-36.

3 Cette édition repose essentiellement sur les quelque 2 000 lettres reçues et envoyées que conserve le Fonds Edmond Dune du Centre national de littérature (L-113), sous la forme d'originaux ou de reproductions communiquées par d'autres bibliothèques ou par des particuliers. Sur les principes éditoriaux et sur cette correspondance d'une manière générale, voir *Correspondance*, p. 11-40, dont certaines idées et citations sont reprises ici. Nous remercions, dans le contexte de cet article, toutes les personnes qui nous ont aidées dans le cadre du travail d'édition, en particulier Claude D. Conter, Doris Feiereisen, Françoise Hermann-Le Bourhis et Pascal Seil.

4 Voir notamment Paul Dirkx, « Langues, littératures et forces antinomiques. Le cas de la Belgique », *La Bretagne linguistique*, 23 (2019), p. 145-159, <https://journals.openedition.org/lbl/565> ; *id.*, « Le corps de l'écrivain, instrument et enjeu de reconnaissance », *Carnets : revue électronique d'études françaises*, 2, 9 (janvier 2017), p. 45-63, <http://journals.openedition.org/carnets/2024> ; *id.*, « Claude Simon : antinomie et corps écrivant », Paul Dirkx et Pascal Mougin (éd.), *Claude Simon : situations*, Lyon, ENS Éditions, coll. Signes, 2011, p. 179-197.

5 Paul Dirkx entend par corps de l'écrivain « tout corps qui s'est suffisamment approprié l'écriture littéraire au gré d'un processus de socialisation littéraire ("littérarisation primaire") pour pouvoir investir ces compétences en

L'occultation des origines ou la soumission au nomos français

La trajectoire d'Edmond Dune, né en 1914 à Athus, à la frontière belgo-franco-luxembourgeoise d'un père luxembourgeois et d'une mère belge, qu'il perd l'un et l'autre alors qu'il est âgé de deux ans, rappelle à maints égards celles d'un certain nombre d'écrivains belges d'expression française, telles qu'elles ont été analysées par Paul Dirkx[1]. Elle est marquée par une « antinomie[2] » impliquant une « incertitude » littéraire et linguistique ainsi qu'un « tiraillement[3] » entre deux modèles qui pourtant s'excluent : d'un côté le modèle monolingue à prétention universaliste que propose la France hexagonale, reposant sur une longue tradition et promettant un capital symbolique important, de l'autre côté le modèle luxembourgeois, local, hybride[4], d'origine récente et de toute évidence investi d'un capital symbolique moindre.

Issu d'une famille de petits commerçants – ses parents possédaient une boucherie –, le jeune orphelin est élevé successivement à Athus en Belgique, à Differdange au Luxembourg et dans un pensionnat religieux à Arlon en Belgique. Il semble avoir cherché très tôt à quitter son milieu et sa région, tout en prenant conscience de sa vocation littéraire. En 1934-1935, alors qu'il étudie l'agronomie en Belgique, il se qualifie déjà de « poète » et envisage en même temps de devenir « trappeur, ou légionnaire, ou champion du monde, ou aviateur, ou bûcheron, ou fraudeur, ou trapéziste[5] ». Dès cette époque, il a intégré l'idée de la supériorité du modèle « universaliste » français. Toutefois, faute de pouvoir placer ses premiers poèmes dans des revues littéraires françaises ou belges (sa correspondance en témoigne), il se tourne vers *Les Cahiers luxembourgeois*, une revue bilingue et généraliste à

---

les ajustant à cet univers de logiques scripturales, esthétiques, éthiques et éditoriales qu'on a coutume d'appeler "littérature" ("littérarisation secondaire") » (Paul Dirkx, « Éditorial. Corpus et corps de l'écrivain », art. cit., p. 9-10).

1 Paul Dirkx, *Les « amis belges ». Presse littéraire et franco-universalisme*, Rennes, Presses Universitaires de Rennes, coll. Interférences, 2006.

2 Il s'agit de la « cohabitation conflictuelle de deux principes exclusifs », appelés « nomos » par Bourdieu (*id.*, « Langues, littératures et forces antinomiques. Le cas de la Belgique », art. cit. ; Pierre Bourdieu, *Les règles de l'art. Genèse et structure du champ littéraire*, Paris, Seuil, coll. Libre examen, 1992, surtout p. 93-103 et 310-321). Dirkx utilise surtout « antinomie » pour décrire la situation des représentants des littératures dites « mineures » ou « périphériques » qui se soumettent au nomos régissant le « centre » parisien (soit « écrire » de manière « universelle »). Sur ce concept de Dirkx, voir aussi Pierre Halen, « Antinomie », Anthony Glinoer et Denis Saint-Amand (éd.), *Socius : ressources sur le littéraire et le social. Lexique*, Liège / Sherbrooke, 2016, <http ://ressources-socius.info/index.php/lexique/21-lexique/50-antinomie>.

3 Voir notamment Paul Dirkx, « Le corps de l'écrivain, instrument et enjeu de reconnaissance », art. cit., p. 10.

4 Le caractère hybride, « mixte », de la culture locale (« *Mischkultur* ») constitue un élément-clé de l'identité collective luxembourgeoise (voir Claude D. Conter, « Mischkultur », Sonja Kmec, Benoît Majerus, Michel Margue et Pit Péporté (éd.), *Lieux de mémoire au Luxembourg / Erinnerungsorte in Luxemburg. Volume 1, 2e édition corrigée et complétée*, Luxembourg, Saint-Paul, 2008, p. 23-28).

5 Lettre d'Edmond Dune à Arthur Praillet du 2 mai 1935 (*Correspondance*, p. 942).

laquelle il collaborera jusqu'au milieu des années 1960[1]. Mais c'est à être publié en France qu'il aspire. Avec Frank Wilhelm[2], on peut voir dans l'échange, en 1934, de son patronyme germanique de naissance (Hermann) contre le pseudonyme à consonance française (Dune) une des premières tentatives pour adapter son état civil au nomos[3] auquel il s'est soumis.

La correspondance confirme les efforts consentis, notamment au cours des années 1950-1960, pour gommer ses origines ainsi que son lieu de résidence, qu'il considère comme des obstacles à son projet. Il lui arrive ainsi d'interdire explicitement à des responsables de revue de le présenter comme Luxembourgeois[4], ou il leur envoie des notices bio-bibliographiques dans lesquelles il omet la mention de sa nationalité luxembourgeoise[5]. En 1955, il demande à un ami parisien d'aller déposer en personne à une adresse parisienne la pièce qu'il destine à un concours dramatique, convaincu qu'un timbre luxembourgeois le disqualifierait d'avance[6]. Ayant tout au long des années 1940-1950 accepté les publications à compte d'auteur en France, il préfère, en 1954, garder sa pièce *Les Taupes* dans ses tiroirs plutôt que de la voir créée au Luxembourg[7]. Au milieu des années 1960, il refuse à son éditeur lorrain Jean Vodaine la publication en version bilingue d'un de ses recueils, de peur que les Français ne le prennent « pour un poète allemand traduit en français, soit par ignorance, soit par malice ou méchanceté[8] ». Enfin, dans une lettre de 1967 au poète français René Ménard, il s'interroge sur l'utilité de se faire naturaliser[9]. Il ne franchira toutefois jamais ce pas, et c'est désillusionné que, en 1962, il

1 Voir à ce sujet Myriam Sunnen, « Edmond Dune et *Les Cahiers luxembourgeois* », *Les Cahiers luxembourgeois*, 2017, 3, p. 90-109. Cette revue cesse (provisoirement) de paraître en 1965.

2 Frank Wilhelm, « "Je vous écris d'un café triste." Edmond Dune, "poète clandestin" parmi le peuple de Clausen », [Collectif], *Fanfare grand-ducale de Clausen 1851-1976. 150e anniversaire*, Luxembourg, Imprimerie Saint-Paul, 2001, p. 67-105, p. 69. Pour Frank Wilhelm, le renoncement au patronyme germanique s'expliquerait par le fait que celui-ci lui « rappelait les Allemands méprisés qui lui avaient gâché en partie sa jeunesse ». Le pseudonyme apparaît pour la première fois dans une lettre de Dune à son ami le poète belge Arthur Praillet datée du 21 novembre 1934 (*Correspondance*, p. 630). Le premier poème signé Edmond Dune, « Hivernale / Image », paraît dans le deuxième numéro des *Cahiers luxembourgeois* de l'année 1935.

3 Précisons ici que, dérivé du verbe grec *nemo* (« opérer une division »), le nomos est, chez Bourdieu, le « principe de vision et de division » sur lequel repose un champ (c'est-à-dire notamment l'ensemble de conventions tacitement acceptées permettant l'inclusion et l'exclusion). Voir aussi Patrick Champagne et Olivier Christin, *Pierre Bourdieu : une initiation*, Lyon, Presses Universitaires de Lyon, coll. Hors collection, 2012.

4 Lettre sans date d'Edmond Dune à Jean Vodaine, Fonds Edmond Dune du CNL, L-113 ; II.1.V1-48.

5 Dans l'*Anthologie de la jeune poésie française* éditée par Henri de Lescoët en 1948-1949 (Nice, Revue « Septembre »), Dune figure dans la section intitulée « Poètes français » et non dans celle réservée aux poètes belges, alors même que l'éditeur lui avait demandé des précisions sur sa nationalité (*Correspondance*, p. 635).

6 Lettre d'Edmond Dune à Michel Habart écrite probablement vers le 20 juin 1955 (*ibid.*, p. 504).

7 Voir à ce sujet sa correspondance avec l'ambassadeur luxembourgeois à Paris, Robert Als (*ibid.*, p. 71-93, en particulier p. 78-81). Edmond Dune, *Les Taupes. Drame en quatre actes*, Basse-Yutz, Vodaine, 1955.

8 Lettre sans date d'Edmond Dune à Jean Vodaine, Fonds Edmond Dune du CNL, L-113 ; II.1.V1-45.

9 Lettre sans date d'Edmond Dune à René Ménard, écrite probablement en février 1967 (*Correspondance*, p. 751).

retourne au Luxembourg après un séjour professionnel de deux ans à Paris destiné à lui permettre d'y continuer la carrière théâtrale dont la création des *Taupes* au Vieux-Colombier, en 1957, lui avait fait miroiter la possibilité. Dans sa correspondance, il affirme ne pas avoir su s'« adapter » au milieu parisien[1] et décrit ce que Paul Dirkx considérera comme une « antinomie hétérogène[2] » venant se greffer sur l'antinomie littéraire : l'obligation, en tant que père de famille, de continuer à travailler au Luxembourg pour RTL, alors que, selon lui-même, cet emploi le prive à la fois du temps nécessaire à l'écriture littéraire et d'une certaine liberté d'expression[3]. Très critique à l'égard du Grand-Duché dans sa correspondance et dans des textes inédits (en particulier le roman *Le Chaudron*), il réalise, pour le compte de RTL, des reportages sur les beautés naturelles et architecturales du Luxembourg et de la Grande Région – sous son nom civil, susceptible d'estomper les effets du « dilemm[e] antinomiqu[e][4] ». Quant à son œuvre littéraire publiée, il y évite toute allusion au Luxembourg, toute forme de régionalisme linguistique et tout usage du multilinguisme – ce qui est paradoxal si l'on sait que sa bonne maîtrise de l'allemand lui a permis, dans les années 1950-1960, de devenir un collaborateur régulier de la revue parisienne *Critique*, dans laquelle il a présenté presque exclusivement des auteurs d'expression allemande[5].

En ce qui concerne *Les Cahiers luxembourgeois* et la presse de son pays d'origine, il s'abstient d'y rendre compte de l'actualité littéraire locale et se concentre sur les publications en langue française venant de Belgique et essentiellement de France. Alors même qu'il a traduit des auteurs suisses, allemands, autrichiens, italiens, anglais et américains, il ne semble jamais avoir essayé de faire connaître à l'étranger ses confrères luxembourgeois en les traduisant. Si une certaine distance à l'égard de ceux qui s'expriment en allemand ou en luxembourgeois s'explique par les divisions internes au champ littéraire grand-ducal, profondes dans l'après-guerre et même au-delà[6], l'isolement de Dune au sein même du groupe d'auteurs d'expression fran-

1 Lettre sans date d'Edmond Dune à Pierre Michel, datant probablement de fin novembre 1963 (*ibid.*, p. 800).

2 Par opposition à l'antinomie spécifiquement littéraire que Dirkx appelle « homogène » (notamment dans « Langues, littératures et forces antinomiques. Le cas de la Belgique », art. cit.).

3 Dans une lettre à René Lacôte, le principal critique de l'hebdomadaire communiste parisien *Les Lettres françaises*, Dune affirme être communiste, mais obligé de « cacher [s]a pensée » dans un « pays très réactionnaire dont tous les leviers de commande sont aux mains des cléricaux » (brouillon sans date, probablement février 1952; *Correspondance*, p. 627).

4 Paul Dirkx, « Claude Simon : antinomie et corps écrivant », art. cit., p. 179.

5 Voir à ce sujet le tome 3 de ses *Œuvres*, consacré à la prose, édité par Myriam Sunnen avec la collaboration de Doris Feiereisen (Soleuvre, Phi, 2022; dans la suite : *Prose*).

6 Sur le choix de la langue, les divisions au sein du champ littéraire luxembourgeois et les postures des auteurs, voir, entre autres, Fabienne Gilbertz, « Schriftstellerische Identitätsentwürfe im mehrsprachigen Luxemburger Literatursystem der 1960er bis 1980er Jahre », Hermann Gätje et Sikander Singh (éd.), *Identitätskonzepte in der Literatur*, Tübingen, Narr Francke Attempto Verlag, 2021, p. 25-36.

çaise surprend. Régulièrement brouillé avec le président de la Société des écrivains luxembourgeois de langue française, il a refusé à plusieurs reprises de collaborer à des revues étrangères ou à des anthologies consacrées à la littérature luxembourgeoise d'expression française, en faisant valoir qu'une telle littérature n'était qu'un « fantôme[1] ». Ce triomphe de la « composante hétéronome[2] » de l'antinomie est d'autant plus frappant que d'autres écrivains luxembourgeois d'expression française, comme Paul Palgen, ont ménagé la chèvre française et le chou luxembourgeois[3], en publiant dans des maisons d'édition françaises (et belges) dotées d'un certain capital symbolique, et ce tout en assumant leur statut d'écrivain luxembourgeois.

Si, chez Dune, l'effacement des origines s'explique sans doute essentiellement par des considérations d'ordre éditorial et par l'assimilation de l'« universalisme » français, on ne peut exclure des ressentiments plus personnels à l'égard d'un pays où il se sentait incompris et déçu sur tous les plans et où, en somme, il n'est resté qu'en raison de ses attachements familiaux. D'un point de vue strictement littéraire, l'« incitation tacite du champ à "faire disparaître" l[e] corps[4] », c'est-à-dire la gêne manifeste des auteurs à faire état de leur corps dans sa dimension à la fois physique et sociale, explique sans doute aussi le gommage de toute référence aux origines dans l'œuvre de Dune. Selon Dirkx, il s'agit d'une des lois fondamentales de la création littéraire, que l'auteur luxembourgeois a d'autant mieux assimilée que Baudelaire et Mallarmé, chez qui on trouve l'idée d'une séparation entre le texte et le corps qui l'a produit[5], comptent parmi les poètes qu'il a le plus admirés et cités.

Le « soldat perdu[6] » et le « poète clandestin » : les accommodements

Un élément biographique échappe toutefois à ce gommage : l'engagement de Dune dans la Légion étrangère à la fin de l'année 1938, sous le pseudonyme Hugues Dardenne. Dû probablement au besoin de mettre un terme, par la disci-

1 Brouillon d'une lettre sans date d'Edmond Dune à Paul Palgen, écrite probablement en août 1952 (*Correspondance*, p. 860).

2 D'après Paul Dirkx, cette composante est la soumission au nomos français dans le cas des écrivains belges, qui s'oppose au nomos « écrire en tant qu'écrivain belge de langue française » et à l'autonomie.

3 Pour paraphraser Paul Dirkx, « La France des Belges », Marie-Odile André, Marc Dambre et Michel P. Schmitt (éd.), *La France des écrivains. Éclats d'un mythe (1945-2005)*, Paris, Presses Sorbonne Nouvelle, 2011, p. 219-232, <http://books.openedition.org/psn/549>.

4 *Id.*, « Le corps de l'écrivain, instrument et enjeu de reconnaissance », art. cit., p. 9.

5 Paul Dirkx cite « L'Albatros » (*ibid.*, p. 7).

6 Cf. le titre « Ein verlorener Soldat » choisi par Nic Weber pour deux articles consacrés à Dune publiés dans *Les Cahiers luxembourgeois* (1988, 1) et dans *Lëtzebuerger Journal* (24 novembre 1987).

pline et l'exercice physique, à des épisodes dépressifs[1], il conduit le jeune homme à se battre en Afrique du Nord, puis à rejoindre, une fois son engagement terminé, un bataillon belgo-luxembourgeois de l'armée anglaise au sein duquel il participe notamment à la campagne de Normandie et à la libération de Bruxelles. Après la fin de la guerre, au moment de publier son premier recueil, et plus tard, dans le cadre des hommages qui lui sont rendus, ce passé militaire est systématiquement évoqué. Il apparaît aussi dans des notices biographiques accompagnant ses publications, et sans doute ses éditeurs étaient-ils conscients de l'attention qu'il pouvait attirer. Théophile Briant, le premier éditeur de Dune, qui anime en Bretagne la revue *Le Goéland*, l'encourage ainsi après sa démobilisation à lui envoyer ses « fleurs du gouffre[2] », ainsi que « quelques détails » sur sa « vie à la Légion », sans doute dans le but de les publier[3]. Dans sa réponse, Dune compare ses poèmes à des « fruit[s] desséché[s] » « tombé[s] dans le sable »[4], des mots que l'on est tenté d'associer à son pseudonyme. Choisi quatre ans avant son engagement et sans doute d'abord lié au leitmotiv de ce que Jean Portante appelle « l'ensablement des souvenirs[5] », à la nostalgie d'une enfance endeuillée par le décès de ses parents et de sa sœur, ce nom d'emprunt apparaît comme resémantisé après la guerre, au moment de la parution de la nouvelle « L'Anniversaire », qui évoque l'expérience d'un légionnaire dont le parcours militaire et les blessures physiques ressemblent à ceux de Dune[6]. Paru également en 1946, le recueil *Usage du temps* contient plusieurs poèmes relatifs au désert, ainsi qu'une section intitulée « D'un légionnaire ». En y citant Rimbaud, qui s'était engagé dans l'armée coloniale néerlandaise[7], et surtout Apollinaire, poète d'origine étrangère ayant servi sous le drapeau tricolore, Dune s'inscrit dans une généalogie littéraire française. Dans un des rares aphorismes dans lesquels il emploie la première personne, son engagement pour la langue française est d'ailleurs mis en relation avec son passé militaire, très présent aussi dans son œuvre théâtrale :

> J'appartiens à cette Légion étrangère d'écrivains français qui combattent aux avant-postes pour défendre les marches de ce qu'on appelle la « francité ». Somme toute, je fais partie de ces soldats perdus auxquels il arrive de se sacrifier pour une cause sans objet ou en désespoir de cause, mais toujours pour la beauté

1 Lettre d'Edmond Dune à Jean David, datée par le destinataire du 19 février 1939 (*Correspondance*, p. 218).

2 Lettre de Théophile Briant à Edmond Dune du 28 août 1945 (*ibid.*, p. 170).

3 Lettre de Théophile Briant à Edmond Dune du 18 septembre 1945 (*ibid.*, p. 173).

4 Lettre d'Edmond Dune à Théophile Briant du 1er septembre 1945 (*ibid.*, p. 172).

5 Voir Jean Portante, « Poésie de l'existence et existence de la poésie », Jean Portante (dir.), Edmond Dune, *Œuvres. Tome 1 : Poésie*, Differdange, Phi, 2011, p. 9-76, p. 16 (dans la suite : *Poésie*).

6 Edmond Dune, *Prose*, p. 63-73, ainsi que les notes 1 à 5, p. 71-72.

7 Pour aussitôt déserter. Voir, sur cet épisode peu connu de la vie de Rimbaud, Jean Rocher, *Arthur Rimbaud dans l'herbe d'où l'on ne peut fuir; pourquoi s'engager pour déserter*, *s.l.*, Kindle Direct Publishing, 2019.

du geste, un de ceux qui n'attendent même pas que la République des Lettres leur accorde une quelconque médaille de la reconnaissance, voire celle des poètes tombés au champ d'honneur de l'oubli[1].

Si ce portrait témoigne d'une forme d'« accommodement[2] » permettant de limiter le tiraillement entre l'hétéronomie littéraire « universelle » et l'autonomie littéraire locale, c'est aussi parce qu'il représente, sur un mode ironique, le poète solitaire, méconnu, véritable thème-clé de la correspondance et de l'œuvre publiée. « Le poète clandestin » et « Lettre / Je vous écris d'un café triste » sont sans doute les poèmes en prose les plus connus de Dune, qui y apparaît sous les traits du poète vivant en marge de la société, alors que ses échanges épistolaires contiennent de longs développements sur les éditeurs, notamment français, qui refusent de le publier et sur les critiques qui ignorent ses textes. Que, dans ses études publiées dans *Critique* ou en tant que traducteur, il s'intéresse surtout à des auteurs marqués par la maladie, la folie ou l'alcoolisme, morts avant d'avoir atteint la célébrité (Wolfgang Borchert, Georg Büchner, Friedrich Hölderlin, Jakob Michael Reinhold Lenz, Joseph Roth, Robert Walser, etc.), laisse à penser qu'il s'est en partie reconnu en eux. Dès les années 1950-1960, il semble même avoir adopté la posture du poète méconnu, voire « maudit », tel que le comprend Nathalie Heinich : l'auteur qui privilégie le « régime de singularité » par rapport au « régime de communauté », ou encore « l'isolement » par rapport à la « compromission »[3]. C'est ainsi que l'on pourrait expliquer sa décision, en 1952, d'abandonner un reportage sur Paris et ses poètes plutôt que de poser pour une photo avec un sportif d'élite luxembourgeois, comme le lui avait demandé le commanditaire[4]. Dans sa correspondance, il se qualifie régulièrement d'« ours » ou déclare ne pas être assez « homme du monde » pour participer à des réunions de poètes telles les Journées de Mondorf organisées par sa consœur Anise Koltz, qui auraient pu lui permettre de nouer des liens avec des éditeurs étrangers[5]. En partie grâce aux photos prises par Wolfgang Osterheld, dont il a du moins autorisé, sinon favorisé la diffusion, c'est sous les traits du poète solitaire hantant les faubourgs de la ville qu'il est resté dans la mémoire collective (Illustration 1).

1 Edmond Dune, *À l'enseigne de Momus* [1984], repris dans *Prose*, p. 206, § 7.

2 Paul Dirkx emploie le verbe « s'accommoder » pour évoquer une trajectoire « plus ou moins marquée par des dilemmes antinomiques » (Paul Dirkx, « Claude Simon : antinomie et corps écrivant », art. cit., p. 179).

3 Nathalie Heinich, *Être écrivain. Création et identité*, Paris, La Découverte, coll. Armillaire, 2000, p. 34-41.

4 Lettre sans date d'Edmond Dune à Franz Hellens, écrite probablement en septembre 1952 (*Correspondance*, p. 562-563). Grâce à sa correspondance, on sait que Dune avait déjà interviewé notamment Francis Ponge.

5 Lettre sans date d'Edmond Dune à Anise Koltz, écrite probablement en été 1966 (*ibid.*, p. 614). Notons que Dune a tout de même fait des apparitions à ces Journées, dont les premières éditions ont été organisées en partie grâce à son carnet d'adresses et à ses recommandations.

Ill. 1 : Edmond Dune, vers 1986 (photographie Wolfgang Osterheld, © Centre national de littérature)

Dans le cadre d'une interview accordée lors de l'attribution du Prix Batty-Weber, fin 1987, donc quelques semaines avant sa mort, il renvoie curieusement à son état d'« orphelin[1] », suggérant ainsi une continuité entre son enfance endeuillée et son isolement sur la scène littéraire.

Le corps meurtri

Dans le cadre de la même interview, son ami le journaliste Nic Weber fait allusion à la santé fragile du lauréat ainsi qu'à son penchant pour les boissons alcoolisées, et dans un poème d'hommage rédigé peu de temps après son décès, Michel Raus qualifie Dune de « *verlaineverwirrt* » (confus à la Verlaine), tout en évoquant son goût pour le whisky[2]. Dans l'œuvre publiée, l'alcoolisme ne constitue pas un thème central, bien que l'« Autoportrait à la fleur d'absinthe[3] » incite à interpréter

1 Entretien réalisé par Nic Weber et Edmond Zigrand à l'occasion de la remise du Prix Batty-Weber à Edmond Dune, diffusé dans le cadre de l'émission *Hei elei Kuck elei* le 29 novembre 1987 sur RTL (Archives du Centre national de l'audiovisuel (CNA), collection Hei-Elei; voir aussi Frank Wilhelm, art. cit., p. 92-93 et, d'une manière générale sur le rapport du « poète maudit » à son pays d'origine, p. 90-104).

2 Michel Raus, « "Le glas sonne…" », *Les Cahiers luxembourgeois*, 1988, 1, p. 40.

3 Edmond Dune, *XXIV poèmes pour cœur mal tempéré. Gravures de Jean Vodaine*, Basse-Yutz, Vodaine, 1967.

dans le sens de « l'autographie[1] » le motif de la « soif » qui, *a priori*, renvoie d'abord au désir inassouvi, voire à une soif spirituelle. On note même que Dune a retouché un aphorisme concernant son propre rapport à l'alcool[2]. On peut par conséquent s'étonner que, dans sa correspondance, il se soit prononcé de manière très explicite à son sujet. En témoigne ce passage d'une lettre adressée à Robert Sabatier :

> Je viens de traverser une longue, très longue crise. L'ami Rimb[aud] n'avait avalé qu'une gorgée de poison, fameuse il est vrai ; moi, c'est des barriques, que dis-je ?, des foudres de vin, de bière, de whisky, de cognac, de schnaps et autres saloperies que j'ai ingurgitées ces 7 à 8 dernières années. L'an dernier j'ai accéléré le mouvement de ce suicide viscéral qu'est en somme l'alcoolisme. Résultat : j'ai eu droit vers la fin de janvier dernier à deux séances gratuites de délirium tremens endéans quelques heures. Depuis, j'ai cessé de boire catégoriquement. Sur le plan physiologique, dénutrition, « fonte musculaire » des ivrognes, foie atteint, mais pas de cirrhose, manque d'hémoglobine, manque de fer, anémie, troubles de la mémoire, etc., etc. Maintenant, après + de 2 mois de sevrage alcoolique, ça va mieux. Une santé de fer, quoi ! En outre, mon caractère a opéré un virage de près de 180°. Devenu plus affable, plus tolérant vis-à-vis des défauts des *autres* pour avoir reconnu à temps les miens propres[3].

Dans cette même lettre, Dune affirme que c'est « sans doute pour expliquer les défuntes [...] bizarreries de [s]on caractère[4] » qu'il expose ses problèmes de santé. On peut en effet penser que la confidence n'est pas étrangère au désir de se faire pardonner les propos quelque peu irrévérencieux qu'il avait adressés huit ans auparavant à Robert Sabatier, quand, en tant que directeur littéraire des éditions Albin Michel, celui-ci avait refusé les manuscrits que son ami lui avait proposés[5]. Toutefois, on devine aussi un vrai besoin d'épanchement et le désir à peine voilé de s'inscrire dans la lignée des poètes maudits français.

Particulièrement long, ce passage n'est pas isolé. D'une manière générale, le corps malade, souffrant, évoqué à travers un vocabulaire parfois médical, occupe une place non négligeable dans la correspondance de Dune. Dès la fin des années

1 Terme que Dirkx préfère à « autobiographie » pour l'étude de l'écriture du corps de l'écrivain (Paul Dirkx, « Le corps de l'écrivain, instrument et enjeu de reconnaissance », art. cit., p. 9).

2 On lit ainsi dans *À l'enseigne de Momus* : « Certains de ses poèmes ont été écrits entre deux vins, tels des éclairs entre deux nuées » (*Prose*, p. 255, § 426). Or, Dune a employé l'adjectif possessif de première personne dans le manuscrit conservé au CNL (L-113 ; I.1.7-3 ; voir *Prose*, note 155, p. 277).

3 Lettre d'Edmond Dune à Robert Sabatier du 8 avril 1978 (*Correspondance*, p. 1118 ; c'est l'auteur qui souligne).

4 *Idem.*

5 Voir l'échange entre Dune et Sabatier de février 1970 dans *ibid.*, p. 1110-1117.

1940, suite à l'échec d'une liaison amoureuse qui l'a marqué, il mentionne des états dépressifs qui entretiennent des liens ambivalents avec l'écriture. À plusieurs reprises, il évoque sa « répugnance à prendre la plume » et le fait que « [s]a propre écriture [l]e dégoûte »[1]. Mais le travail littéraire, comme d'ailleurs l'activité physique (en particulier la marche), est aussi présenté comme un remède. La création poétique en particulier apparaît comme un « refuge », le « seul » qui lui permette de se libérer de ce dégoût de la vie[2], mais qui lui semble compromis par des circonstances externes telles que l'impossibilité, selon lui, de travailler dans le calme à son domicile (il avait quatre enfants). Peut-être le thème de l'enfermement ou de l'enfouissement, omniprésent dans son théâtre, reflète-t-il le sentiment d'oppression et les états dépressifs[3]. La récurrence des oxymores dans ses poèmes, le thème de la noyade, sans doute à rapprocher de celui de l'enfouissement, et l'importance du motif christique, tant dans l'œuvre du graphiste que dans celle du poète (illustration II[4]), doivent être mis en relation avec le mal-être psychique et physiologique dont témoigne la correspondance.

1 Lettre sans date d'Edmond Dune à Pierre Grison, écrite probablement en octobre 1952 (*ibid.*, p. 401).

2 Voir sa lettre à Pierre Grison écrite probablement le 22 ou le 23 décembre 1951, où on lit notamment que « seule la poésie permet d'écrire ce que l'on voudrait être », qu'elle n'est pas « une évasion, mais un refuge. Le seul. Le retour aux seules sources *réparatrices* » (*ibid.*, p. 393 ; c'est l'auteur qui souligne).

3 On pense en particulier aux *Taupes* (*op. cit.*), pièce qui met en scène des soldats allemands enfermés dans un bunker pendant six ans, à la fin de la Seconde Guerre mondiale.

4 Gravure réalisée en été 1950, parue dans le premier numéro de la revue *Courrier de poésie* (1951) publiée par Jean Vodaine et Edmond Dune.

Ill. 2 : Edmond Dune, *La Tête humaine*, 1950 (photographie Christof Weber, © Bibliothèque nationale du Luxembourg)

L'association entre le motif christique et des images fusionnelles est particulièrement marquée dans *XXIV poèmes pour cœur mal tempéré*[1], recueil de « l'amour finissant[2] » dans lequel le visage effacé de la femme aimée se confond avec celui de la mère[3]. Si très peu de lettres des années 1970 sont conservées, les développe-

1 On peut penser à ces vers tirés de ce recueil au titre lui-même assez explicite : « Ce clou qu'une femme enfonce / Dans son dernier amour » (« Autoportrait à la fleur d'absinthe », *Poésie*, p. 545). Voir aussi le début du poème « Amour » : « Amour, quand tu nous tiens / Cloués sur tes croix roses / La pique dans les reins / Sommes-nous pas un peu / L'épine dans la rose / La bûche dans le feu ? » (*Poésie*, p. 509). Enfin, dans « Quatre mouvements temporels », on voit « un homme crucifié au centre de sa vie » (*ibid.*, p. 525).

2 Jean Portante, art. cit., p. 58.

3 Voir par exemple ce passage du poème « Suite » : « J'ai perdu ton visage / Il doit nager très loin / Dans les

ments sur le corps se multiplient dans les missives des années 1980, favorisés par l'âge et la dégradation de l'état de santé. Parmi les plis comportant des développements particulièrement longs sur le corps, on note des bilans de santé rétrospectifs, dressés au moment de reprendre contact avec un correspondant perdu de vue ou en réponse à des lettres portant également sur le bien-être physique. On note aussi des échanges de conseils d'ordre nutritionnel ou pharmaceutique, des lettres envoyées depuis l'hôpital et surtout des missives écrites en pleine crise, comme ce message adressé à Arthur Praillet :

> Je t'écris, à 4 h du matin. Ne puis dormir. Ai été voir le médecin. M'a refusé les somnifères habituels. Comme je l'avais téléphoné à Furcy[1], j'ai eu une crise d'épilepsie le 7 février dernier, alors que j'étais chez ma femme depuis 5 jours. (Je note tout sur un calepin). [...] 3 crises d'épil[epsie] en une soirée, 1 chez ma femme, une 2e dans l'ambulance, une 3e à l'hôpital. (C'est ma femme, bien sûr, qui m'a tout raconté puisque j'étais inconscient). 5 jours à l'hôpital. Sortie. R[endez]-v[ous] avec un neurologue sur prescription de mon docteur. Pu voir ce dernier seulement 3 semaines après. Électroencéphalogramme. Positif, ou, plutôt, négatif. *Pas de tumeur*, comme le craignait mon médecin habituel. Depuis, j'ai des pertes de mémoire terribles. Je lutte contre autant que je peux. [...] Voudrais mourir, ne voudrais pas mourir, etc. Excuse ce style sténo. Je pense par rafales[2]. [...]

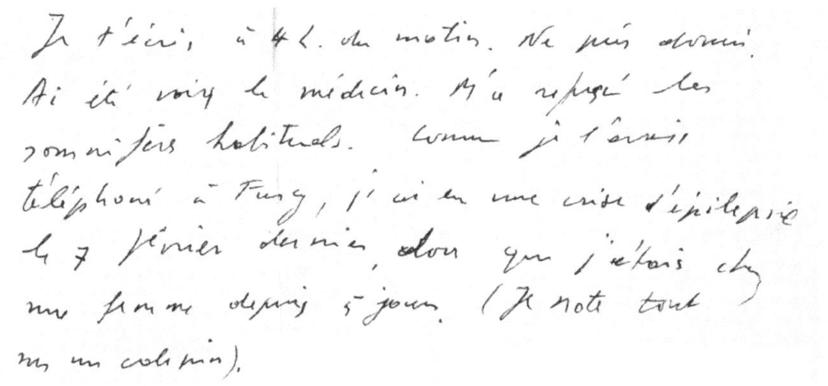
Je t'écris, à 4 h. du matin. Ne puis dormir.
Ai été voir le médecin. M'a refusé les
somnifères habituels. Comme je l'avais
téléphoné à Furcy, j'ai eu une crise d'épilepsie
le 7 février dernier, alors que j'étais chez
ma femme depuis 5 jours. (Je note tout
sur un calepin).

Ill. 3 : Extrait de la lettre d'Edmond Dune à Arthur Praillet du 15 mars 1983, © Centre national de littérature

brumeux parages / D'un souvenir d'enfant » (*Poésie*, p. 505).

1 Épouse d'Arthur Praillet.

2 Lettre d'Edmond Dune à Arthur Praillet du 15 mars 1983 (*Correspondance*, p. 1034; c'est l'auteur qui souligne).

Comme le montre la suite de leur correspondance, Dune a demandé à son ami de lui renvoyer cette lettre, dont la syntaxe décousue et les phrases courtes dépourvues tantôt de verbe conjugué ou d'auxiliaire, tantôt de pronom sujet reflètent son état psychique et physiologique. Curieusement (comme le note aussi Praillet), il s'agit de l'une des rares lettres qu'il ait datées, comme si, d'emblée, il l'avait écrite pour garder une trace d'un état particulier[1]. Est-ce une raison pour l'intégrer à l'édition de ses *Œuvres*? Même avec l'accord explicite des ayants droit – indispensable pour des lettres de ce type –, on se demande, en tant qu'éditeur scientifique, si l'auteur en aurait accepté la publication – et cette question semble d'autant plus pertinente dans ce cas précis que, dans une lettre à Praillet, Dune juge « aberrant[e] » la publication de ses *Œuvres complètes*[2], tout en évoquant, dans une autre missive, les spéculations des « futurologues-généticiens » selon lesquelles « après des millénaires et des millénaires, le corps humain (matériel) aura disparu pour faire place à une intelligence éthérisée »[3]. C'est à cette intelligence « éthérisée » – ou à une poésie libérée du poids du corps – qu'il aspirait de toute évidence, malgré les passages plus euphoriques sur le corps tels qu'on en trouve dans *Corps élémentaires*[4] et *Matière première*[5].

Corps et rythme

Comme cela n'avait pas échappé au destinataire Arthur Praillet, la lettre citée surprend surtout par le rythme saccadé qui, certes, traduit un état pathologique passager, mais que l'on retrouve dans d'autres messages griffonnés dans les années 1980, en général non datés, fortement raturés et en partie illisibles. Surtout, on est tenté de percevoir ce même rythme dans certains poèmes aux vers très courts (figurant notamment dans *Jonchets*, voire dans *Corps élémentaires*) et des poèmes en prose (« Clé ») qui ne datent pourtant pas de la même époque et dont le ton et les images traduisent un rapport au corps différant très largement des lettres en question. Échappant au contrôle du scripteur et aux conventions de la communication écrite, le rythme de la lettre du 15 mars 1983 correspondrait-il à ce rythme qui,

1 Voir la suite des échanges entre les deux hommes dans *ibid.*, p. 1038-1039. Praillet renverra en effet cette lettre à Dune.

2 Lettre sans date d'Edmond Dune à Arthur Praillet, écrite probablement au printemps 1972 (*ibid.*, p. 1031).

3 Lettre sans date d'Edmond Dune à José Ensch, écrite probablement début décembre 1986 (*ibid.*, p. 301).

4 On note en particulier l'insistance sur les parties du corps (mains, lèvres, joues, sang) dans ce recueil où l'on perçoit parfois une résonance existentialiste, comme dans « Le Plaisir d'être » : « Ni ange ni bête / Ici et maintenant / Le plaisir d'être / Sans espoir sans regret / Purement simplement / Parmi l'ordre des pierres / La confusion des arbres / Les corps élémentaires » (*Poésie*, p. 255).

5 « Le feu la nuit l'oiseau l'azur / L'air le soleil le sang le fer / L'arbre le fruit le corps l'amour / La femme l'eau l'enfant le cœur / Matières premières / Nécessaires / Et suffisantes / Nourricières » (*ibid.*, p. 359).

antérieur à tout effort de « symbolisation », serait, d'après Henri Meschonnic, à la base de tout poème[1] ? Sous l'influence du poète français Adolphe Lacuzon, Dune semble avoir adhéré à l'idée d'une base rythmique sous-jacente à toute poésie. Ainsi écrit-il à Arthur Praillet en 1934 : « Ne crois-tu pas que la production s'apparente par exemple à l'amour. On ne peut toujours créer, et tout, je crois, est assujetti au rythme. Tout est rythme. Sang, éros, haleine, marche, vie. Jour, nuit ; soleil, lune ; hiver, été. Vers, musique, tout. Et je suis d'avis avec Adolphe Lacuzon que le "rythme est la condition essentielle de toute poésie"[2]. »

Tout en ayant intégré certaines lois propres au champ littéraire au point de chercher à effacer de son œuvre les traces d'un corps jugé encombrant, Dune semble avoir été conscient des fondements physiques de l'écriture littéraire. D'ailleurs, n'a-t-il pas affirmé avoir « la poésie chevillée au cœur et l'écriture dans la peau[3] » ? Il reviendra à d'autres d'étudier cette continuité entre le corps et la poésie, notamment sur le plan rythmique et prosodique. Pour l'instant, il nous suffit de conclure que la correspondance, où s'exprime un rythme sous-jacent à la poésie et où apparaissent en pleine lumière les « dilemmes » d'un auteur cherchant sa voie vers l'« autonomie » et la reconnaissance, mérite pleinement d'être lue en tant que partie intégrante du *corpus* dunien.

1 « Ni copie du sens, ni symbolisation, le rythme est un représentant non sémiotique du sujet qui est antérieur au sens » (Henri Meschonnic, *Critique du rythme. Anthropologie historique du langage*, Lagrasse, Verdier, 1982, p. 98). Je remercie Claude Bommertz, Isabelle Davy et Sébastian Thiltges pour nos échanges sur le rythme dans le cadre de ce travail.

2 Lettre d'Edmond Dune à Arthur Praillet du 5 février 1935 (*Correspondance*, p. 934). Dans son article « La foi nouvelle du poète et sa doctrine. L'intégralisme », publié dans la *Revue bleue* le 16 janvier 1904, Adolphe Lacuzon écrit que « le rythme, dans l'œuvre du poète, *est le mouvement même de l'inspiration* » (<https://obvil.sorbonne-universite.fr/corpus/critique/lacuzon_integralisme>). Voir aussi la note 19, p. 936 dans *Correspondance*.

3 Lettre sans date d'Edmond Dune à René Ménard, écrite probablement en février 1967 (*ibid.*, *Correspondance*, p. 751).

Chapitre 5

Quelques aspects du corps écrivant dans la correspondance et dans la poésie d'Anise Koltz

Claude Bommertz

> « Pour moi
> la chasse n'est jamais fermée
> mon corps est de bois tendu
> je suis un piège
> prêt à frapper[1] »

L'inapaisée apaisée, l'apaisée inapaisée

« Anise Koltz l'inapaisée » : tel est le titre retenu pour la publication des actes du colloque international consacré à Anise Koltz à l'université de Strasbourg le 24 novembre 2016[2]. Cette journée avait été organisée suite à la publication de l'anthologie de la poétesse luxembourgeoise dans la collection Poésie de Gallimard[3]. Deux ans plus tard, en 2018, le Goncourt de la poésie Robert Sabatier lui sera décerné, consacrant ainsi une vie entièrement vouée à la poésie.

« [L]'inapaisement est le centre générateur de la vie et de la poésie d'Anise Koltz », relève Michèle Finck[4]. Si cet état psychologique sous-tend sans doute la dynamique de l'œuvre, quête d'une âme écartelée en vue d'un apaisement qui se dérobe sans cesse, l'affirmation s'avère plus complexe quand on se penche sur les activités de la poétesse. Force est de constater que, dans ses lettres ou par sa pré-

1 Anise Koltz, *Le Cirque du soleil. Poèmes inédits*, Paris, Seghers, 1966, p. 23.

2 Michèle Finck et Yves-Michel Ergal (dir.), *Anise Koltz l'inapaisée. La poésie entre les langues*, Paris, L'Harmattan, coll. Espaces littéraires, 2019.

3 Anise Koltz, *Somnambule du jour. Poèmes choisis*, Paris, Gallimard, collection Poésie, 2015.

4 Michèle Finck, « Anise Koltz : inapaisement et plurilinguisme », *in* Michèle Finck et Yves-Michel Ergal (dir.), *op. cit.*, p. 11-15, p. 12.

sence, Anise Koltz, plutôt que d'agiter, apaise et illumine. Si, depuis qu'Anise Koltz a publié en allemand son premier recueil de poésie en 1960[1], tous ses amis et toutes ses connaissances se montrent frappés par l'extrême condensation et la violence inouïe de sa poésie, ses poèmes pénétrant le lecteur comme un poignard, intrépide sommation au lecteur de rester vigilant, à l'inverse, ils sont tous enchantés par les lettres qu'elle leur adresse, lettres qui « illuminent », guident et encouragent, et également par sa présence bienveillante et discrète à l'un ou l'autre des innombrables événements autour de la poésie auxquels elle a participé. Déchiré et déchirant dans sa poésie, le corps fictionnel éclaté en mille morceaux de la poétesse se recompose en un corps lumineux au contact de ses semblables.

Ces deux faces opposées qui, comme nous l'avons étudié ailleurs, relèvent chez Anise Koltz d'une pratique du sublime du « haut-dire » ainsi que du « haut-être »[2], constitueront la trame de la présente étude, afin de mettre au jour, dans une perspective « corpogénétique », les relations complexes qui s'établissent entre Anise Koltz, le « corps de l'écrivain », ses correspondants, les « corps des récepteurs », et son œuvre. Ce parcours permettra également de mettre en valeur quelques « antinomies »[3] qui, génératrices de créativité, nourrissent son écriture. Il s'agira en fait de montrer qu'en littérature « il ne saurait [...] y avoir de corpus textuel sans *corpus humanum*[4] ».

Notre travail s'appuie sur les documents contenus dans les archives d'Anise Koltz, l'un des fonds les plus riches et volumineux du Centre national de littérature du Grand-Duché de Luxembourg. Il est composé essentiellement des dossiers concernant l'organisation des Journées littéraires de Mondorf de 1962 à 2003, soit douze rencontres internationales[5], des dossiers de l'Académie européenne de poésie, fondée en 1996 par Alain Bosquet et Anise Koltz et qui fut active jusqu'en 2005, de nombreux dossiers liés à sa correspondance, ainsi que des dossiers concernant les prix littéraires reçus, dix-neuf en tout, dont le Prix Guillaume-Apollinaire 1998,

1 Anise Koltz, *Gedichte*, Luxembourg, Verlag LVB-Der Freundeskreis, 1959, s.p.

2 Ces deux notions rendent bien compte de l'œuvre et de la vie de Koltz : « La personnalité d'Anise Koltz est à la hauteur de sa poésie, ou, inversement, sa poésie est à la hauteur de sa personnalité : inspirée, elle inspire » (Claude Bommertz, « Les échanges épistolaires d'Anise Koltz : reflets d'un engagement épistolaire », *in* Michèle Finck et Yves-Michel Ergal (dir.), *op. cit.*, p. 167-181, p. 172 ; cf. *id.*, « Deux voies opposées du sublime. La poésie d'Anise Koltz et de José Ensch », *Fundstücke / Trouvailles*, 4 (2018-2019), p. 52-59; certaines citations de lettres dans ces deux articles, essentielles pour la compréhension de la personnalité d'Anise Koltz, ont été reprises dans le présent travail).

3 Pour ces concepts, lire Paul Dirkx, « Le corps de l'écrivain, instrument et enjeu de reconnaissance », *Carnets. Revue électronique d'études françaises*, 2, 9 (janvier 2017), p. 45-63, <https://journals.openedition.org/carnets/2024>.

4 *Id.*, « Éditorial. Corpus et corps de l'écrivain », *Sociologie de l'art*, 19 (2012), 1, p. 7-13, p. 9.

5 Ces journées eurent lieu en 1962, 1964, 1966, 1968, 1969, 1972, 1974, 1995, 1997, 1999, 2001 et 2003. Nous incluons celle qui se déroula en 1969 au château de Pont d'Oye à Habay-la-Neuve, en Belgique, propriété de Pierre Nothomb, aïeul de la romancière belge Amélie Nothomb.

le Prix Théophile-Gautier de l'Académie française 2011 et le Prix Goncourt de la poésie 2018. Plus de 5 700 lettres furent adressées à Anise Koltz, datées à partir de 1955 jusqu'à nos jours, dont plus de 5 000 sont actuellement répertoriées[1].

Ces lettres ont été envoyées par plus de 1 000 correspondants différents, artistes, écrivains, musiciens, journalistes, politiciens de plus de cinquante nationalités différentes. Anise Koltz se faisait un point d'honneur de ne laisser aucune lettre sans réponse, comme l'attestent les nombreuses mentions manuscrites sur les enveloppes « répondu le… », suivies de la date. Citons quelques poètes, écrivains et dramaturges reconnus : de nationalité française, Andrée Chedid, Alain Bosquet et Jean-Claude Renard ; de nationalité allemande, Horst Bingel, Margarete Hansmann, Marie Luise Kaschnitz et Hermann Hesse (ayant aussi la nationalité suisse) ; de nationalité autrichienne, Ilse Aichinger, Thomas Bernhard, Christine Lavant et Friederike Mayröcker ; ou encore de nationalité suisse, Vahé Godel. À ce fonds, il faut ajouter de nombreux livres et périodiques issus de la bibliothèque personnelle d'Anise Koltz (comportant plus de 3 200 volumes) qui lui furent envoyés, souvent dédicacés, la plupart étant des recueils de poésie.

Famille et École : les fondements de l'habitus littéraire[2]

Née en 1928 d'une mère luxembourgeoise, Alix Mayrisch, et d'un père belge, Raymond Hubert Blanpain, haut cadre dans la métallurgie luxembourgeoise, Anise Koltz a grandi dans un milieu familial où l'on parlait le français et le luxembourgeois et qui était insensible à toute forme d'activité culturelle. Cette situation familiale particulière marquera à vie la poétesse, qui s'est toujours sentie étrangère aux siens :

> […] je ne ressemblais pas du tout à ma propre famille. Ni physiquement, ni de caractère. Je n'avais pas les mêmes goûts. J'ai lu et écrit dès l'âge de sept ans, dès que j'ai connu toutes les lettres de l'alphabet et je ne me suis plus arrêtée jusqu'à ce jour. J'écrivais en cachette et sans relâche. Je me sentais si différente de mes parents que je pensais être une enfant trouvée et adoptée[3].

1 Le catalogage est axé sur la description du contenu, incluant la transcription de la lettre quand elle contient un commentaire sur sa poésie, sa personnalité ou les Journées de Mondorf, ainsi que le référencement par index de l'ensemble du courrier, comptant actuellement 1 700 entrées.

2 L'habitus littéraire est le produit de la littérarisation, qui « repose sur l'incorporation progressive de schèmes pratiques familiaux, scolaires, etc. sous forme de dispositions propres à être mobilisées dans la lecture ou dans l'écriture de type littéraire (littérarisation primaire), voire dans une activité au sein même du champ littéraire, en tant qu'écrivain, critique ou autre (littérarisation secondaire) » (Paul Dirkx, art. cit., § 19).

3 Anise Koltz, « Anise Koltz entre langues et cultures. Entretien de Michèle Finck avec Anise Koltz », *in* Michèle Finck et Yves-Michel Ergal (dir.), *op. cit.*, p. 17-21, p. 17-18.

Anise Koltz se nourrissait de poèmes de langue allemande et écrivit à quatorze ans ses premiers poèmes, qui révèlent des dispositions déjà bien développées aux formes romantiques de la poésie[1]. C'est dans des cahiers à couverture rigide qu'elle recopiait des poètes comme Goethe, Hugo von Hofmannsthal ou encore Hölderlin; l'un de ces cahiers, intitulé « Gedichte » (Poèmes), qu'elle cachait sous son lit, contient des poèmes recopiés de plus de 70 poètes d'expression allemande[2]. « Il n'y avait ni livre, ni musique. C'était le désert culturellement. J'adorais la lecture », souligne encore Anise Koltz[3]. À ce manque s'ajoutent le désert sentimental, une communication mère – enfant inexistante[4] ainsi qu'une éducation paternelle marquée par la punition corporelle, encore usuelle à cette époque, jusqu'à l'adolescence[5]. L'habitus littéraire d'Anise Koltz s'est donc élaboré dans un contexte de conflit avec son milieu familial, de haine contre ses parents (contre sa mère surtout), la littérature devenant le substitut de la protection et de l'attention que les enfants attendent de leurs parents. Le lien psychologiquement puissant qui lie à vie l'enfant à sa mère et à son père est donc chez Anise Koltz meurtri. Inguérissable, ce manque crée l'une des tensions génératrices majeures de son œuvre, dont la récurrence des sections consacrées à « la mère » et « au père / Dieu » dans les recueils d'Anise Koltz depuis les années 1970, est le signe manifeste.

1 Une soixantaine de poèmes composés par elle ont été transcrits à la main dans un cahier d'écolier à couverture souple d'avril 1943 à 1947, et une dizaine d'autres dans un cahier à couverture rigide, intitulé « Anise Blanpain [nom de jeune fille] / Gedichte » (CNL, Fonds Anise Koltz, L-42) et consacré majoritairement à la transcription de poèmes de langue allemande.

2 Par ordre d'apparition dans son cahier intitulé « Gedichte », citations et poèmes de personnalités, d'écrivains et de poètes du XVIIIe au XXe siècle : Victor Hugo, Napoléon Bonaparte, Johann Wolfgang von Goethe, Franz Grillparzer, Friederich Hölderlin, Käthe Kamossa, Wilhelm Arent, Ferdinand Avenarius, Hans Benzmann, Max Bruns, Carl Bulcke, Walter Calé, Hermann Conradi, Max Dauthendey, Jakob Julius David, Richard Fedor Leopold Dehmel, Otto Falkenberg, Karl Friederich Henkell, Irene Forbes-Mosse, Peter Hille, Hugo von Hofmansthal, Arno Holz, Wilhelm Holzamer, Ricarda Huch, Karl Ernst Knodt, Isolde Kurz, Else Lasker-Schüler, Detlev von Liliencron, Paul Scheerbart, Karl Schloß, Wilhelm von Scholz, Gustav Schüler, Ernst Erich Walter Schur, Margarete Susmann, Robert Walser, Paul Wertheimer, Stephan Zweig, Heinrich Heine, Nikolaus Lenau, Theodor Storm, Rainer Maria Rilke, Hermann Allmers, Wilhelm Raabe, Martin Greif, Ferdinand von Saar, Joseph von Eichendorff, Friederich Wilhelm Nietzsche, Eduard Mörike, Robert Hamerling, Gottfried Keller, Robert Wolfgang Schnell, Cäsar Flaischlen et Albert Samain. Dans « Les derniers sages » (*in Mon royaume pour un livre. 16 écrivains racontent. Avant-propos de Guy Rouquet. Préface de Joël Schmidt*, Bègles, Le Castor Astral, collection L'Atelier Imaginaire, 2013, p. 101-106), Anise Koltz évoque les écrivains qui l'ont plus particulièrement marquée durant sa jeunesse (Hans Christian Andersen, les frères Grimm, Rainer Maria Rilke, Else Lasker-Schüler, Nelly Sachs, Ingeborg Bachmann, Theodor Storm, Hermann Hesse et Franz Kafka) et durant sa vie d'adulte (Thomas Bernhard, Christine Lavant, Christina Busta et Paula Ludwig).

3 Anise Koltz, « "J'avais vraiment très peur." Du Luxembourg à la Belgique en passant par un exode dans le sud de la France, l'écrivain Anise Koltz évoque son enfance, déjà marquée par la passion de l'écriture » [entretien avec Bruno Muller], *Le Quotidien*, 22 janvier 2009, p. 17.

4 La mère d'Anise Koltz dit un jour à sa fille alors âgée de 16 ans que celle-ci n'était pas de sa matière (Michèle Finck, « Anise Koltz l'inapaisée : de la contre-généalogie à la parole insurgée », *in* Michèle Finck et Yves-Michel Ergal (dir.), *op. cit.*, p. 35-59, p. 38).

5 Sujet évoqué en 2016 lors d'une conversation de l'auteur avec Anise Koltz au Colloque international à l'université de Strasbourg (cf. *supra*).

Par ailleurs, à l'adolescence, elle fait une rencontre qui constituera un moment déterminant de sa vie : en 1944, elle voit pour la première fois sa tante Aline Mayrisch-de Saint Hubert, trois ans avant le décès de celle-ci[1]. Pour une adolescente passionnée de littérature, cette rencontre est de nature à tracer un destin. En effet, personnalité remarquable, née en 1874 au Grand-Duché de Luxembourg, épouse du fondateur du groupe sidérurgique Arbed, Aline Mayrisch a consacré sa vie, comme de nombreuses femmes de la haute bourgeoisie, aux bonnes œuvres, mais aussi et surtout à la littérature et à l'art. Dans son château de Colpach, elle a organisé dans l'entre-deux-guerres, à l'instar des Décades de Pontigny[2], en petit comité et sans ordre du jour, des réunions entre artistes et écrivains allemands et français[3]. Ce centre de rencontres européennes, pacifistes, cosmopolites et avant-gardistes, a été fréquenté notamment par André Gide, Ernst Robert Curtius, Jean Schlumberger, Karl Jaspers, Théo Van Rysselberghe, Jean Paulhan, Jacques Rivière, Paul Claudel, Henri Michaux, le maréchal Lyautey, Walther Rathenau, Brigitte et Gottfried Bermann-Fischer et Annette Kolb. Durant la Seconde Guerre mondiale, Aline Mayrisch est venue en aide à quelques-uns de ces écrivains en fuite en les hébergeant dans sa villa en France et, le cas échéant, en les soutenant financièrement[4]. C'est le cas notamment d'André Gide, de Gaston Gallimard, de Roger Martin du Gard et d'André Malraux. C'est dire qu'Aline Mayrisch est « naturellement » pour Anise Koltz une grande dame, et quand, lors de cette première rencontre, sa tante la serre dans ses bras en lui disant « Tu es des nôtres[5] », c'est pour cette jeune fille rejetée par sa mère la reconnaissance de sa passion, de sa « nature » profonde, et la réintégration dans sa famille, mais aussi le premier pas posé dans le grand corps des écrivains.

1 Aline Mayrisch-de Saint Hubert (1874-1947), femme de lettres et mécène luxembourgeoise, défenseure et initiatrice du droit à l'éducation secondaire des jeunes filles luxembourgeoises, fondatrice de la Croix-Rouge luxembourgeoise et des rencontres intellectuelles, politiques et artistiques du Cercle de Colpach dans son manoir à Colpach (Luxembourg).

2 Les Décades de Pontigny étaient des réunions intellectuelles qui se sont tenues de 1910 à 1914, puis de 1922 au début de la Seconde Guerre mondiale. Créées et animées par Paul Desjardins, elles sont le prédécesseur des Rencontres de Royaumont, auxquelles ont succédé les Colloques de Cerisy.

3 Germaine Goetzinger, Gast Mannes, Frank Wilhelm (dir.), *Émile Mayrisch, Aline Mayrisch-de Saint-Hubert, hôtes de Colpach / Colpacher Gäste*, Mersch, Éditions du Centre national de littérature, 1997, p. 20.

4 *Ibid.*, p. 21.

5 Anise Koltz, « Anise Koltz entre langues et cultures. Entretien de Michèle Finck avec Anise Koltz », art. cit., p. 18.

Ill. 1 : Anise Koltz lycéenne, 2e Latine, Lycée de jeunes filles (actuel Lycée Schuman), Luxembourg, juillet 1945 (© collection privée)

Les années de lycée pendant la Deuxième Guerre mondiale se passent dans l'angoisse, avec la haine ressentie à l'égard de l'occupant, qui soumet les établissements scolaires à la propagande nazie[1] et force les élèves à pratiquer le salut hitlérien en classe[2]. À la sortie de la guerre, Anise Koltz a dix-sept ans, et deux ans plus tard elle épouse le médecin René Koltz[3], union heureuse dont naîtront trois enfants. Imprégnée par la culture littéraire allemande, sa première publication en 1953 est un recueil de contes en allemand[4]. Ce n'est qu'en 1959 que sort son premier recueil de poésie, intitulé *Gedichte*. Douze recueils en allemand ont été publiés de 1953 à 1975, dont trois recueils de contes et trois recueils de poésie en édition bilingue, poèmes traduits en français en regard de l'original, sur un nombre total de cinquante-deux œuvres publiées de son vivant[5], le reste étant écrit en français. Ce passage de la langue allemande à la langue française, Anise Koltz l'explique par le décès prématuré de son époux en 1971, à l'âge de 60 ans, suite aux souffrances endurées lors de son internement par les nazis. Incapable de continuer à écrire dans la langue des bourreaux, elle se met à écrire en français[6]. Cette décision n'a pas été facile à mettre en œuvre :

1 Anise Koltz, « Souvenirs d'Anise Koltz-Blanpain », [Collectif], *Une classe de Lycée dans la tourmente, 1940-1947. Histoire d'une classe de jeunes filles au Luxembourg*, Luxembourg, Impression Rapid, 1998, p. 43-44.

2 Anise Koltz précise qu'elle et ses camarades ne disaient jamais « *Heil Hitler* », mais « *Drei Liter* » (Trois litres), phonétiquement proche. Il est à noter aussi que, pendant ces cinq années de guerre, les cours de français et d'anglais furent bannis du lycée, ce qui priva les lycéens d'une grande partie du programme établi au Grand-Duché centré sur les trois langues (allemand, français et anglais) et les trois littératures.

3 René Koltz (1911-1971), médecin, secrétaire du Conseil médical, directeur du Centre Thermal de Mondorf de 1957 à 1971, thermes où ont eu lieu les rencontres littéraires des Journées de Mondorf.

4 Pour la bibliographie d'Anise Koltz, voir le *Dictionnaire des auteurs luxembourgeois* du Centre national de littérature, <https://www.autorenlexikon.lu/page/author/488/4889/FRE/index.html>.

5 Les recueils avec la traduction en regard sont les suivants : Anise Koltz, *Le Cirque du soleil*, *op. cit.* ; *id.*, *Nachahmung des Tages / Imitation du jour. Traduits par Henry Fagne*, Bruxelles, Henry Fagne, coll. Espaces, 1969 ; *id.*, *Vienne quelqu'un / Käme doch jemand. Traduit par l'auteur, avec la collaboration de Andrée Sodenkamp, Anne-Marie Kegels, Vahé Godel et René Ménard*, Lausanne, Rencontre, 1970.

6 Koltz motive le changement de langue par le seul décès prématuré de son époux – les événements vécus par elle

> Le passage de la langue allemande à la langue française a été très laborieux. Il m'a pris entre deux et trois ans de travail assidu. Il y a d'immenses différences entre ces deux langues. Non seulement ces langues sont très différentes entre elles mais la construction des phrases et leurs techniques sont également plus que différentes[1].

Cette tension entre deux langues et cultures est perçue par Anise Koltz comme génératrice d'un style original dans ses poèmes en français, le corpus littéraire allemand faisant éclater les structures attendues de la langue française :

> Nous [Luxembourgeois] assemblons des mots en allemand comme en français, qu'une personne s'exprimant dans sa langue maternelle éviterait. C'est justement cela qui me plaît dans mon travail : je pense que j'ai une sensibilité plutôt germanique, et quand je la transporte dans la langue française, alors cette dernière craque, elle part presque en vrille. C'est cette distance, je crois, qui nous aide à acquérir une certaine originalité[2].

Ces points cardinaux de la vie de la jeune Anise Koltz nous permettent de cerner sa littérarisation, les fondements de son habitus littéraire, marqué par la culture allemande, par un milieu familial à dominante francophone et insensible à la culture en général, ainsi que par le rejet de sa sensibilité par ses parents, engendrant une volonté de cultiver sa différence au moyen d'une pratique poétique régulière. Le lien qui lie l'écrivaine au champ littéraire allemand qu'elle reconnaît comme sien est perturbé par l'occupation nazie et son cortège de vexations, de censures et d'exactions, confirmant la nécessité de cultiver son jardin secret. La première reconnaissance officielle par sa tante Aline Mayrisch lui confère l'assurance qu'elle

---

jeune liés à la langue allemande, nous l'avons vu, sont en effet suffisamment marquants pour laisser des marques profondes et plaider en faveur de cette posture. Toutefois, on peut se demander si d'autres motivations n'ont pas joué : les contacts plus faciles avec le monde littéraire francophone, ses critiques et ses éditeurs (quoique, depuis les années 1970, les éditeurs allemands comme français publiassent moins de poésie), ainsi qu'une plus grande aisance à manier le français, sa langue maternelle partagée avec le luxembourgeois (même si la langue allemande au Luxembourg est la première langue apprise à l'école primaire).

1 Anise Koltz, « Anise Koltz entre langues et cultures. Entretien de Michèle Finck avec Anise Koltz », art. cit., p. 19. Le premier recueil de poèmes en français non traduits, sorti en 1975, quatre ans après le décès de son époux, s'intitule *Le Jour inventé* (Paris, Librairie Saint-Germain-des-Prés, coll. Poésie sans frontière).

2 Anise Koltz, « Über das Glück, zwischen den Kulturen zu leben. Anise Koltz im Gespräch » [entretien avec David Grabis], Irmgard Honnef-Becker et Peter Kühn (dir.), Über Grenzen. Literaturen in Luxemburg, Esch-sur-Alzette, Éditions Phi, 2004, p. 56-64, p. 61 (« *Wir setzen sowohl im Deutschen als auch im Französischen Worte zusammen, die ein Muttersprachler nie zusammensetzen würde. Gerade dies reizt mich besonders bei meiner Arbeit : ich glaube, dass ich eine eher germanische Sensibilität habe und wenn ich diese dann in die französische Sprache transportiere, dann kracht die Sprache, sie gerät fast aus den Fugen. Ich glaube, dass diese Distanz uns zu einer gewissen Originalität verhelfen kann* » ; traduit par nos soins).

est sur la bonne voie dans l'élaboration de son monde. Cette double intégration, familiale et littéraire, déterminera chez Anise Koltz une relation fondamentalement apaisée avec les milieux littéraires européens. Contrairement aux courants qui bataillent pour s'imposer, tel le mouvement surréaliste, Anise Koltz écrit une œuvre qui s'insère sans heurt dans le champ de la poésie européenne : Alain Bosquet la compare à celle écrite par Karl Krolow et Paul Celan[1] ; le poète libanais Salah Stétié voit en elle « une sœur de Guillevic (en plus tendre), de Juarroz (en plus concret)[2] ». Anise Koltz a toujours été ouverte à la diversité des courants littéraires sans parti pris en favorisant le multiculturalisme, la communication entre les poètes de toutes nations, tout en visant la reconnaissance officielle de la poésie au sein de la vie culturelle de l'Europe, notamment à travers la création, avec Alain Bosquet, de l'Académie européenne de Poésie en 1996.

Le corps éclaté d'Anise Koltz

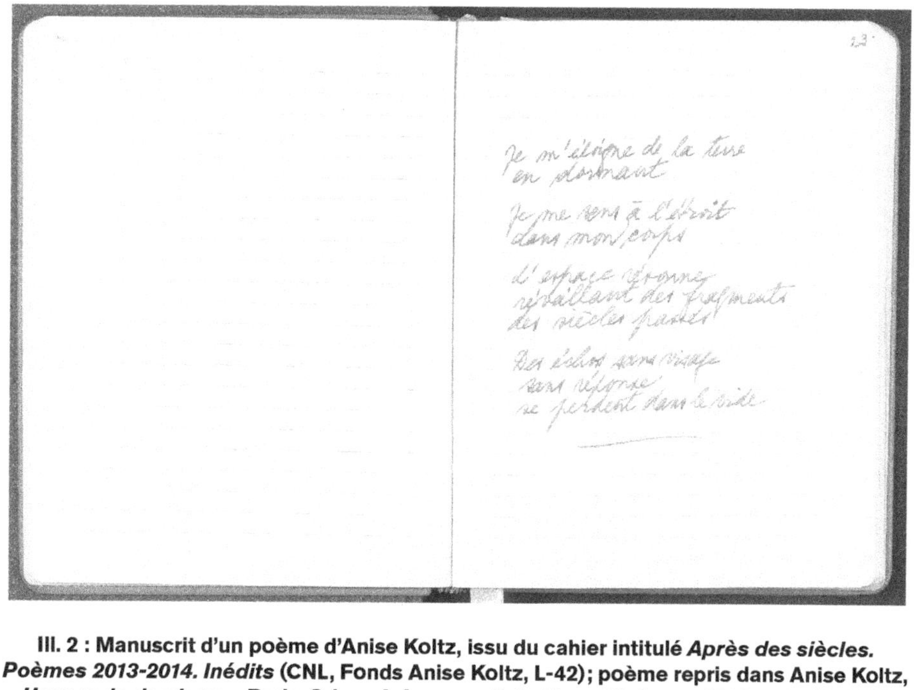

Je m'éloigne de la terre
en dormant

Je me sens à l'étroit
dans mon corps

L'espace résonne
réveillant des fragments
des siècles passés

Des échos sans visage
sans réponse
se perdent dans le vide

Ill. 2 : Manuscrit d'un poème d'Anise Koltz, issu du cahier intitulé *Après des siècles. Poèmes 2013-2014. Inédits* (CNL, Fonds Anise Koltz, L-42); poème repris dans Anise Koltz, *Un monde de pierres*, Paris-Orbey, Arfuyen, coll. Cahiers d'Arfuyen, 2015, p. 22 (© CNL)

1 Alain Bosquet, « Anise Koltz ou l'impossible est toujours proche » [préface], Anise Koltz, *Le Cirque du soleil*, *op. cit.*, p. 7-11.

2 Lettre de Salah Stétié à Anise Koltz du 17 juin 1963, CNL, Fonds Anise Koltz, L-42 ; II.2.S51-03.

En poésie, examiner le travail du corps du poète, c'est être amené, la plupart du temps, à distinguer dans l'œuvre le corps fictionnel du poète de son corps de producteur, la présence du « je » lyrique y étant prédominant. Anise Koltz n'y déroge pas : dans sa poésie, ce « je » est largement présent. Par un travail assidu, revenant sans cesse dans ses recueils de poésie depuis les années 1970 sur les mêmes sujets – son époux, sa mère surtout, Dieu et la religion, la nature, la poésie et le moi –, Anise Koltz crée un corps fictionnel qui fait éclater les limites du corps réel soumis aux lois de l'espace-temps, en lui conférant une dimension religieuse, mythique et universelle[1]. En voici quelques exemples. Tout d'abord, le courroux de la déesse poète dans le recueil *L'Avaleur de feu* :

Je me lève
avec une violence de tempête
Je chasse les fleuves de leurs lits
je fais trembler
lunes et soleils
Tel un dieu démonté
je me cogne aux parois
de la mémoire
du monde[2]

On pense ensuite à la métamorphose du « je » en tel ou tel élément de la nature, très fréquente, comme dans ce poème tiré du recueil *Béni soit le serpent* :

Couchée dans le désert
je suis insomniaque
sous des milliards d'étoiles

Étant de même matière
je commence à émettre de la lumière[3]

1 Michèle Finck relève, entre autres, que, dans la poésie d'Anise Koltz, la terrible figure de la mère est remplacée par celle d'Ève, et que Caïn est le frère de la figure poétique d'Anise Koltz, le frère du « je » (Michèle Finck, « Anise Koltz l'inapaisée : de la contre-généalogie à la parole insurgée », *art. cit.*, p. 37-46).

2 Anise Koltz, *L'Avaleur de feu. Poèmes*, Esch-sur-Alzette / Trois-Rivières, Éditions Phi / Écrits des Forges, coll. Graphiti, 2003, p. 84.

3 Anise Koltz, *Béni soit le serpent. Poèmes*, Esch-sur-Alzette / Trois-Rivières, Éditions Phi / Écrits des Forges, coll. Graphiti, 2004, p. 58.

Mentionnons aussi : « L'immensité de la mer / me traverse // Elle déborde / de mes souliers[1] ». Autres exemples encore : dans le recueil *Un monde de pierres*, le poète conscient de sa nature : « J'ai vécu plusieurs vies / plusieurs morts / La mélodie qui m'endort / réveille les activités / d'un passé d'antan // Je me perds en moi-même / sombrant / dans mes identités multiples[2] » ; les métamorphoses en des personnages bibliques dans *Somnambule du jour* : « Je suis à la fois / Caïn et Abel / Lorsque je meurs / je rêve d'être assassin / Lorsque je tue / je rêve d'être victime[3] » ; l'intimité s'ouvrant à la nature dans ce poème à l'érotisme vigoureux, dédicacé à son époux et tiré du recueil *L'Avaleur de feu* : « Tes reins basculent / comme une barque // Je me transforme / en haute-mer // Pour te porter / pour te couler[4] »). La figure de la poétesse, on le voit, est multiple, relève du mythologique ; elle dépasse les frontières de l'humain, en ce qu'elle représente, avec une force de frappe redoutable, l'irreprésentable. En laissant advenir le poème dans toute sa « monstruosité[5] », Anise Koltz ne fait aucune concession, la liberté absolue d'expression prime, générant un corps fictionnel aux métamorphoses incessantes et stupéfiantes.

Le corps apaisé d'Anise Koltz

À ce corps fictionnel déchiré et multiforme s'oppose, pour ceux qui ont côtoyé Anise Koltz ou qui ont correspondu avec elle, un corps tout en retenue, bienveillant et accueillant, lumineux. C'est l'apaisement qui ici domine, un apaisement régénérant, tout au service de la poésie. Les portraits reproduits dans le présent article permettent de se faire une idée de sa physionomie, depuis les années 1945 jusqu'aux années 2000. Cette constance dans l'attitude, qui se reflète également dans son travail d'écriture, avec ses nombreuses et régulières publications, et, comme déjà mentionné, dans la récurrence de ses thèmes poétiques, se retrouve encore dans les nombreux commentaires de ses correspondants à propos de sa personnalité, personnalité perçue comme riche, généreuse, passionnée et discrète, encourageante et apaisante, ouverte et déterminée. Donnons-en un aperçu par la citation de quelques passages de lettres adressées à Anise Koltz.

1 *Ibid.* p. 64.

2 Anise Koltz, *Un monde de pierres*, Paris-Orbey, Arfuyen, coll. Cahiers d'Arfuyen, 2015, p. 29.

3 Anise Koltz, *Somnambule du jour*, *op. cit.*, p. 166.

4 Anise Koltz, *L'Avaleur de feu*, *op. cit.*, p. 10.

5 Anise Koltz ouvre en 2004 son recueil de poésie *Béni soit le serpent* par cette citation de Diderot tirée *De la poésie dramatique* : « La poésie veut quelque chose d'énorme, de barbare et de sauvage » (Denis Diderot, « De la poésie dramatique », *Œuvres esthétiques*, Paris, Garnier, 2001, p. 179-287, p. 261).

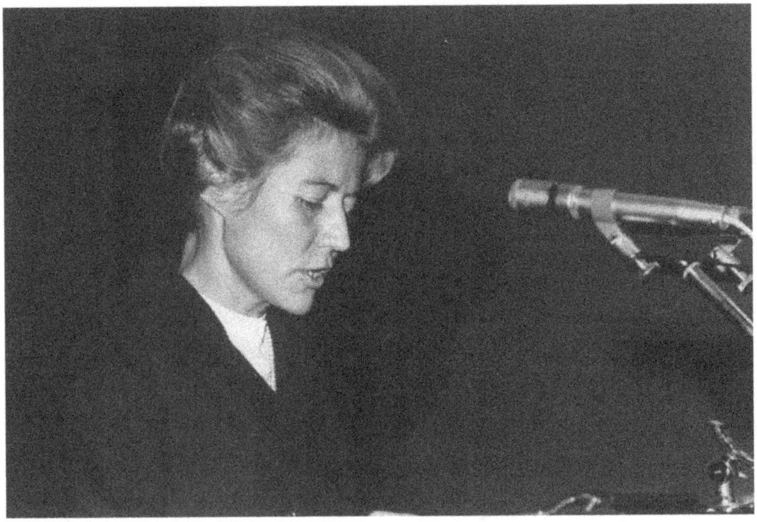

Ill. 3 : Anise Koltz, Journées de Mondorf, 1962 (© Jacques Bohler)

En 1962, dans le cadre des Journées de Mondorf, Thomas Bernhard remercie Anise Koltz pour son accueil : « Anise Koltz, qui invite à un repas d'adieu savoureux – qui sait s'occuper de ses hôtes morts de RIRE et qui les accompagne jusqu'au perron de sa demeure pour leur rendre le départ difficile[1]. » Deux ans plus tard, l'écrivaine franco-syro-libanaise Andrée Chedid lui écrit ceci : « Comment vous remercier de ce séjour, de votre accueil si amical, si sympathique. Vous avez su créer autour de vous une atmosphère d'entente et de véritable simplicité qui m'ont beaucoup touchée[2]. » La même année, Eugène Guillevic, à la suite d'une rencontre poétique à Bruxelles, souligne : « Je garde un bien bon souvenir de notre rencontre à Bruxelles, je me sens bien un peu en dehors, dans ce genre d'assemblées. Vous avez été pour moi le champ de blé, le bois – où je me retrouve. Merci[3]. » Son ami écrivain le baron Michel Dard dit d'elle en 1974 : « Tu es un Rimbaud femme, je tremble[4] », tandis que le poète Raymond Datheil la voit en égérie de l'Antiquité et de l'Art moderne :

1 Lettre de Thomas Bernhard à Anise Koltz du 27 décembre 1962, CNL, Fonds Anise Koltz, L-42 ; II.2.B27-11 (« *Anise Koltz, die zu einer abschließenden genußreichen Delikatesse-Dämmerung einlädt – die mit dem übervollen LACHEN Ihrer Gäste umzugehen weiß und die Dichter auf den Stufen Ihres Hauses verabschiedet, um ihnen den Abschied schwer zu machen* » ; traduit par nos soins). Voir aussi la reproduction intégrale de cette lettre dans Tim Reuter, « *Vaterland, Unsinn* ». *Thomas Bernhards (ent-)nationalisierte Genieästhetik zwischen Österreich-Gebundenheit und Österreich-Entbundenheit*, Wurtzbourg, Königshausen & Neumann, 2013, p. 361-362.

2 Lettre d'Andrée Chedid à Anise Koltz du 30 mai 1964, CNL, Fonds Anise Koltz, L-42 ; II.2.C16-199.

3 Lettre d'Eugène Guillevic à Anise Koltz du 18 décembre 1964, CNL, Fonds Anise Koltz, L-42 ; II.2.G28-17.

4 Lettre de Michel Dard à Anise Koltz du 7 octobre 1974, CNL, Fonds Anise Koltz, L-42 ; II.2.D07-09.

Anise Koltz est en beauté. Quand on évoquera la femme d'aujourd'hui dans les siècles des siècles, Anise pourra être le « meneur de jeu » dans la guirlande de jeunesse du XXe siècle. Belle comme la Grecque et la Latine des amphores. De cette beauté qui est évocation comme la Femme de Picasso. Un ensemble de filles, les jambes en l'air et les bras accrochés au pampre de la joie, telle sera l'image que toutes vous laisserez, filles que j'ai aimées[1].

Ill. 4 : Anise Koltz (en arrière-fond, de gauche à droite : Jean Follain et Andrée Chedid), Journées de Mondorf, 1966 (© Robert Friederici)

En 1976, le poète René Ménard, ami de famille, cerne avec acuité la personnalité d'Anise Koltz, sa façon d'être au monde et de concevoir la vie :

Ce que tu as, en quelque sorte, refusé, c'est le sacrifice de l'essentiel ; de ce que tu as toujours été *vraiment*, qu'il s'agisse des véritables « tiens » – tes enfants – et, plus profondément, du besoin de t'accomplir dans ta propre vie, dans tes aspirations les plus profondes. Car, non seulement tu es une femme essentiellement libre, mais encore tu es, par nature, « créatrice de ta personne » [...][2].

Enfin, l'écrivain et poète Marc Alyn souligne l'adéquation entre la poésie et la personnalité de Koltz, entre le corps de la poétesse et son corpus, quand il commente son recueil *Le Paradis brûle* (1988) en ces termes : « ta haute poésie qui te

1 Lettre de Raymond Datheil à Anise Koltz du 20 juillet 1975, CNL, Fonds Anise Koltz, L-42 ; II.2.D46-01.

2 Lettre de René Ménard à Anise Koltz, du 6 août 1976, CNL, Fonds Anise Koltz, L-42 ; II.2.M18-01.

ressemble[1] ». Marc Alyn exprime bien ici ce que la plupart des correspondants ressentent, ce lien puissant entre l'œuvre et le poète, autour de la beauté et de la simplicité : pour les poèmes, une beauté frappante sous un style pourtant simple, pour la personne, une beauté discrète et accueillante, dévouée et persévérante, tournée vers la simplicité de l'essentiel, le « haut-dire » et le « haut-être », en somme.

En ce qui concerne les lettres écrites par Anise Koltz – le fonds en contient une centaine –, leur contenu fait écho aux propos des correspondants. Les sujets abordés, empreints d'une grande humanité, au ton chaleureux et enthousiaste, sans lamentations ni médisances, reflètent son engagement : commentaires élogieux et critiques constructives d'œuvres reçues, discussions autour de la création poétique, évocations de la vie privée limitées aux événements marquants du quotidien, éducation et évolution scolaire des enfants, mariage, travail, maladie et décès. Il est à noter que son écriture à la main, tout au long de sa vie, est marquée par une forme vive et ample, travaillée par la passion, loin d'une graphie à l'aspect soigné.

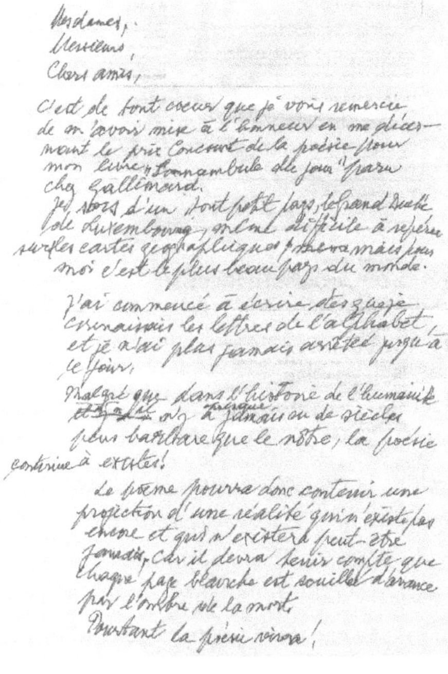
Mesdames,
Messieurs,
Chers amis,

C'est de tout coeur que je vous remercie de m'avoir mise à l'honneur en me décernant le prix Goncourt de la poésie pour mon livre „Somnambule du jour" paru chez Gallimard.
Je sors d'un tout petit pays, le Grand Duché de Luxembourg, même difficile à repérer sur les cartes géographiques, mais pour moi c'est le plus beau pays du monde.

J'ai commencé à écrire dès que je connaissais les lettres de l'alphabet et je n'ai plus jamais arrêté jusqu'à ce jour.

Malgré que dans l'histoire de l'humanité il n'y a jamais eu de siècles plus barbare que le nôtre, la poésie continue à exister!

Le poème pourra donc contenir une projection d'une réalité qui n'existe pas encore et qui n'existera peut-être jamais, car il devra tenir compte que chaque page blanche est souillée d'avance par l'ombre de la mort.
Pourtant la poésie vivra!

Ill. 5 : Manuscrit autographe du discours d'Anise Koltz lors de la remise du Prix Goncourt de Poésie Robert-Sabatier (CNL, Fonds Anise Koltz, L-42), Paris, 2018 (© CNL)[2]

1 Lettre de Marc Alyn à Anise Koltz du 16 avril 1998, CNL, Fonds Anise Koltz, L-42; II.2.A13-02.

2 « Mesdames, / Messieurs, / Chers amis, / C'est de tout cœur que je vous remercie de m'avoir mise à l'honneur en me décernant le prix Goncourt de la poésie pour mon livre « Somnambule du jour » paru chez Gallimard. / Je sors d'un tout petit pays, le Grand-Duché de Luxembourg, même difficile à repérer sur les cartes géographiques; mais pour moi c'est le plus beau pays du monde. / J'ai commencé à écrire dès que je

Pour ce qui est des activités d'Anise Koltz, le temps consacré par elle à la poésie, en termes de création et de défense de sa cause, est considérable et témoigne d'une volonté inébranlable. Dans une lettre de 1965, Anise Koltz s'exprime en ces termes : « [T]oute sévère discipline à laquelle j'ai dû me soumettre, a toujours porté ses fruits, même dans mon travail poétique elle a eu de l'effet, puisqu'à ce niveau-là on n'est jamais assez discipliné[1]. » L'extrait suivant d'une lettre de 1972 d'Anise Koltz à son ami écrivain suisse Vahé Godel, au sujet de sa personnalité et de la puissance de son expression, confirme ce que ses amis pensent d'elle, à savoir qu'elle est une femme déterminée et libre, consciente de ses actes et de leurs conséquences : « L'écriture, c'est ma liberté – pour autant que je prends des égards pour les autres dans la vie de tous les jours – en poésie, je fonce, sans regarder ni à gauche, ni à droite. Là, je suis moi – sans concession aucune, parfois dure et impitoyable, là je vis ! Et les lois de la vie sont cruelles[2]. » « Oui, je reste rebelle… », dit-elle encore à Godel dans une lettre de 2005[3]. Au sujet du milieu littéraire et de ses intrigues, Anise Koltz écarte tout soupçon de calcul prémédité en affirmant dans une lettre de 1974 : « Je n'apprécie guère le milieu littéraire, j'apprécie chaque être humain, en tant qu'individu, j'apprécie l'amitié. J'aime la nature, j'aime les enfants[4]. » En 1962, Anise Koltz confie à Jean-Paul Jacobs, jeune poète qu'elle soutient : « J'essaie de regarder tout avec amour. Chaque être humain, chaque objet même, se révéleront ainsi d'une façon différente que si je les regardais avec indifférence ou mépris. Je me perds chaque fois devant l'immensité d'un être humain. »

La posture d'Anise Koltz dans le milieu littéraire se caractérise donc par une présence tout au service de la poésie. Elle y évolue avec aisance, donne de nombreuses lectures, fréquente les rencontres de poésie, développe le multiculturalisme à travers l'organisation des Journées de Mondorf et des réunions de l'Académie européenne

---

connaissais les lettres de l'alphabet, et je n'ai plus jamais arrêté jusqu'à ce jour. / Malgré que dans l'histoire de l'humanité il n'y a presque jamais eu de siècle plus barbare que le nôtre, la poésie continue à exister ! / Le poème pourra donc contenir une projection d'une réalité qui n'existe pas encore et qui n'existera peut-être jamais, car il devra tenir compte que chaque page blanche est souillée d'avance par l'ombre de la mort. / Pourtant la poésie vivra ! »

1 Lettre d'Anise Koltz à Paula Ludwig du 14 septembre 1965, Franz-Michael-Felder-Archiv der Vorarlberger Landesbibliothek / Vorarlberger Literaturarchiv, N10 :B :2:46:11-21 (« *[J]eder strengen Disziplin, der ich mich bis jetzt unterziehen mußte, hat noch immer ihr Früchte gebracht, auch in meiner lyrischen Arbeit hat es sich sogar ausgewirkt denn dort kann man niemals genügend diszipliniert sein* » ; traduit par nos soins).

2 Lettre d'Anise Koltz à Vahé Godel du 25 novembre 1972, Bibliothèque nationale suisse, Berne, HelveticArchives, Fonds Vahé Godel, 1953-2007, B-2-KOL, <https://ead.nb.admin.ch/html/godel.html>.

3 Lettre d'Anise Koltz à Vahé Godel du 13 mai 2005, Bibliothèque nationale suisse, Berne, HelveticArchives, Fonds Vahé Godel, 1953-2007, B-2-KOL, <https://ead.nb.admin.ch/html/godel.html>. La violence de certains poèmes – au niveau religieux comme sexuel – lui a valu quelques inimitiés de la part du son milieu familial et social.

4 Lettre d'Anise Koltz à Karin Voigt du 3 janvier 1974, Franz-Michael-Felder-Archiv des Vorarlberger Landesbibliothek, N 53 :B :5 (« *Ich halte nichts vom Literaturbetrieb, ich halte etwas von jedem einzelnen Menschen, ich halte etwas von Freundschaft. Ich liebe die Natur, ich liebe Kinder* » ; traduit par nos soins).

de poésie, dispose des avantages que lui procure la reconnaissance de ses pairs et cultive une liberté radicale de ton et de sujet dans ses poèmes. Les nombreux prix littéraires qu'elle a reçus, dont certains de renommée, renforcent sa place dans le domaine de la poésie tant francophone qu'européenne[1]. Recevoir un tel prix était pour Anise Koltz dans l'ordre des choses, en ce que ce type de distinction reconnaissait la qualité de son travail, pérennisait la reconnaissance du milieu à l'égard de son membre, assurait sa légitimité et rendait honneur à la confiance accordée par Aline Mayrisch. Dans une interview pour le journal *Le Quotidien* à l'occasion de l'obtention du Goncourt de la poésie en 2018, Anise Koltz répond à la question de savoir si ces honneurs comptent pour elle :

> Oui, mais je ne les compte plus (elle rit) ! Disons que les honneurs font plaisir, et ça m'a toujours donné un profond sentiment de gratitude. Du coup, on prend la plume, et on écrit à ces gens pour les remercier. Ensuite, il faut passer à autre chose, et surtout ne pas s'arrêter à cela. Là, pour le coup, ça serait se tromper grossièrement[2].

Anise Koltz souligne ici, par-delà le plaisir d'en recevoir un, l'importance de ne pas ériger l'obtention d'un prix en but principal de l'activité créatrice.

Ill. 6 : Anise Koltz, 1988 (© Wolfgang Osterheld)

1 Elle a aussi été membre, notamment, du jury du Prix Mallarmé et du Prix Yvan-Goll, ainsi que déléguée officielle du Luxembourg au comité des Biennales internationales de la poésie de Knokke-le-Zoute, fondées en 1952.

2 Anise Koltz, « Anise Koltz : "La mort, ça me fera un peu de repos!" » [entretien avec Grégory Cimatti], *Le Quotidien*, 11 juin 2018, <https://lequotidien.lu/a-la-une/anise-koltz-la-mort-ca-me-fera-un-peu-de-repos/>.

Les dards koltziens : de quelques antinomies, aiguillons de la création poétique

Quelles sont les traces du corps d'Anise Koltz dans son œuvre et dans le corps des récepteurs, quelles sont les tensions antinomiques qui se sont constituées durant sa jeunesse ? L'approche corpogénétique des archives d'Anise Koltz permet d'affirmer que les traces corporelles sont avant tout d'ordre éthique. Un esprit fort, travailleur et tenace, discret et passionné, ouvert et rebelle, marque sa personnalité : aucune lamentation ni jalousie ou autre ne transparaissent dans sa poésie ou dans sa correspondance. Une volonté inébranlable dans le temps l'anime à organiser des rencontres poétiques internationales de qualité, à affronter le travail assidu lié à l'organisation de tels événements, d'en faire des « hauts lieux » de la poésie à l'égal d'autres rencontres internationales renommées[1]. Il s'agit ici du travail de la grandeur qui l'inspire : en poésie, le haut-dire, le fait de dire ce qui ne peut se dire, et dans sa vie quotidienne, le haut-être, le fait de montrer l'exemple en étant à la hauteur de la tâche. Ces deux dispositions au service de la poésie et, à travers elle, des êtres humains s'appréhendent comme formant le dénominateur commun entre l'œuvre et l'activité de la poétesse.

Quant aux aiguillons qui incitent Anise Koltz à affronter sans cesse la page blanche[2], tensions antinomiques entre désir d'autonomie et d'hétéronomie – chez elle surtout d'ordre éducatif et social –, on peut en relever au moins trois. Ces antinomies interdisent « toute croyance paisible et donc toute pratique d'écriture apaisée[3] ». Anise Koltz, l'inapaisée, l'est, nous l'avons vu, non pas à l'encontre d'un quelconque courant ou canon littéraire, mais bien au niveau de la condition humaine : l'être humain face à la naissance, à la vie et à la mort.

Les antinomies générées par son habitus littéraire établissent toutes une relation étroite entre sa vie privée et son œuvre. D'abord, il y a la haine ressentie à l'égard de sa mère et le rejet de son père face au désir de l'enfant d'être aimé : ces tensions favorisent non seulement l'évasion dans le monde de la littérature allemande et les conditions nécessaires à la reconnaissance familiale et littéraire, mais génèrent également des images poétiques violentes, symboliques de la dimension mythique du

1 Notons à ce sujet qu'Anise Koltz déplorait que la société accordât peu de place à la poésie, mais aussi que les membres de l'Académie européenne de poésie ne parvinssent plus à assurer la continuité de cette institution par l'organisation de rencontres dans leurs pays respectifs.

2 De très nombreux poèmes d'Anise Koltz évoquent l'acte d'écrire.

3 Paul Dirkx, « Le corps de l'écrivain, instrument et enjeu de reconnaissance », art. cit., § 31. Voir aussi *id.*, « Claude Simon : antinomie et corps écrivant », Paul Dirkx et Pascal Mougin (dir.), *Claude Simon : situations*, Lyon, ENS Éditions, 2011 p. 179-197. La notion d'antinomie, qui fait « jaillir les étincelles de l'écriture » (cf. *id.*, « Le corps de l'écrivain, instrument et enjeu de reconnaissance », art. cit., § 19), n'est pas sans rappeler la définition qu'André Breton, dans le *Manifeste du surréalisme*, donne de l'image surréaliste : « *la nuit des éclairs* » (André Breton, *Manifeste du surréalisme*, in *Œuvres complètes. Édition établie par Marguerite Bonnet*, Paris, Gallimard, coll. Bibliothèque de la Pléiade, 1988, p. 309-346, p. 338 ; c'est l'auteur qui souligne).

« je » fictionnel. Il y a ensuite la tension entre, d'une part, l'enfermement quel qu'il soit (provoqué par ses parents, par l'occupant nazi ou par le milieu bourgeois luxembourgeois), le qu'en-dira-t-on particulièrement étouffant dans un petit pays où tout le monde se connaît, qui plus est peu actif d'un point de vue artistique à cette époque, et, d'autre part, une soif de liberté, la liberté absolue d'écrire ce qui advient, la poésie de Koltz illustrant à merveille l'aphorisme de Diderot : « La poésie veut quelque chose d'énorme, de barbare et de sauvage[1]. » Enfin, il faut relever la tension antinomique entre langues, liée au plaisir de la langue et de la culture allemandes souillé par les bourreaux de son mari, et à la différence radicale entre la langue allemande et la langue française : cette tension travaille la syntaxe et les images de ses poèmes en langue française. À ce niveau, une réflexion pourrait s'amorcer sur la position de son œuvre face aux normes littéraires allemandes et françaises. En quoi son œuvre est-elle une œuvre à la fois germanophone et francophone et, plus particulièrement, comment se positionne-t-elle en tant que partie de la littérature luxembourgeoise francophone par rapport à la littérature franco-parisienne, à l'instar d'autres littératures francophones, belge, suisse, antillaise, québécoise, franco-ontarienne, etc. ?

En guise de conclusion, nous dirions que cette première approche corpogénétique permet d'éclairer la position complexe de la poétesse au sein de la poésie germanophone, francophone et européenne. Le corps de l'écrivain est bien présent, physiquement mais aussi éthiquement et littérairement, marqué d'une ambivalence radicale entre œuvre et activités poétiques, deux figures opposées d'Anise Koltz – inapaisée / apaisée, violence / douceur – et pourtant indissociables l'une de l'autre. En termes de posture[2], nous constatons qu'un même éthos détermine l'éthos rhétorique dans son œuvre, le haut-dire, et l'éthos qui anime sa conduite littéraire au quotidien, le haut-être. On gagne à connaître l'inscription du corps d'Anise Koltz dans la vie d'écriture et dans sa correspondance pour mieux comprendre encore sa poésie, comme on mesure mieux également l'apport de sa figure poétique éclatée pour appréhender l'aiguillon qui motive ses activités littéraires. Au crépuscule de sa vie, Anise Koltz écrit :

> Chaque matin
> recréant vie et mort
> mon corps se soumet
> à mon ombre
> et la suit[3]

1 Denis Diderot, art. cit., p. 402.

2 Jérôme Meizoz, *Postures littéraires. Mises en scène modernes de l'auteur. Essai*, Genève, Slatkine Érudition, 2007.

3 Anise Koltz, *Pressée de vivre, suivi de Après*, Paris, Arfuyen, coll. Cahiers d'Arfuyen, 2018, p. 40.

Ill. 7 : Anise Koltz, 2019 (photographie Philippe Matsas, © CNL)

Chapitre 6

Le corps à l'œuvre dans la correspondance d'Albert Camus et Maria Casarès

Valérie Chevassus-Marchionni

Introduction

Avant qu'il ne soit question de contribuer au présent livre consacré au corps dans la correspondance, il se trouve que je lisais depuis déjà plusieurs mois le volume des lettres échangées par Albert Camus (1913-1960) et Maria Casarès (1922-1996) durant les douze années de leur histoire d'amour[1].

Cette correspondance, que je ne me lassais pas de parcourir, d'abandonner puis de reprendre, me subjuguait non seulement parce que j'y trouvais le récit incomparable d'une passion partagée, mais aussi – et c'est là qu'est venu me percuter le thème de ce livre – parce que j'y sentais vibrer, derrière le style, la langue, les faits rapportés, deux corps extrêmement vivants, sensibles, traversés de fureur et de douleurs, tiraillés par le désir et le manque, et s'affrontant à l'acte d'écrire comme si la lettre entrait dans le prolongement de la main pour s'accorder aux pulsations du corps et pour les traduire autant qu'auraient pu le faire les caresses ou les étreintes. Cette présence du corps dans l'écriture, voire cet investissement direct du corps dans l'acte d'écrire, me frappaient d'autant plus qu'ils sont inhabituels dans l'œuvre de Camus, pour ce que j'en connais en tout cas. Sans se départir de la pudeur et de la retenue qui le caractérisent habituellement, Camus va ici cependant plus loin que jamais dans l'expression de ce qu'on pourrait peut-être appeler la chair de l'intime. En cela sa partenaire le rejoint, Maria Casarès n'étant en effet pas en reste dans l'écriture sans filtre des fulgurances du corps. Il ne s'agit pourtant pas d'une correspondance érotique telle qu'on peut par exemple la trouver plus nettement entre

1 Albert Camus et Maria Casarès, *Correspondance (1944-1959). Texte établi par Béatrice Vaillant. Avant-propos de Catherine Camus*, Paris, Gallimard, 2017. Nous citons d'après l'édition en collection Folio parue chez le même éditeur en 2019 et qui sera abrégée en *Correspondance* dans les notes qui suivent. Sur le contexte de cette correspondance et de la relation entre Camus et Casarès, voir plus loin.

Anaïs Nin et Henry Miller[1] : la lettre n'est pas au service d'une recherche d'effets sensuels, voire sexuels sur le destinataire, le corps dont il est question n'est pas le corps érotisé dont les épistoliers font l'objet de leurs missives. La présence du corps dans cette correspondance est plus subtile, plus détournée, et c'est pour cette raison qu'il est intéressant d'essayer de l'analyser en détail.

Quel est le statut du corps dans la correspondance amoureuse ? Si des lettres sont échangées, c'est parce que les corps sont loin, absents. La lettre est le signe de l'absence du corps de l'autre ; elle peut dire aussi l'impossibilité de l'amour dans la réalité présente et donc renvoyer à l'impossibilité de la présence du corps de l'autre. Corps absent, corps lointain, corps impossible, c'est souvent ce que les amants déplorent dans leurs lettres, et c'est ce que la lettre peut se charger de compenser, de réparer. Nous verrons comment Albert Camus et Maria Casarès parviennent, de manière souvent très inventive, à incarner et présentifier leurs corps dans et par leurs lettres.

Dans la correspondance entre Albert Camus et Maria Casarès, le corps des protagonistes est aussi un corps douloureux, chacun à sa manière. Camus est tuberculeux, son corps malade fait souvent l'objet de ses propos ; Maria Casarès, quant à elle, fait part de l'extrême labilité de sa psyché et de ses sensations physiques, et les lettres en comportent les traces. Leur correspondance n'est pas seulement amoureuse, elle est aussi un rapport assez précis des épreuves que leurs corps traversent, et à ce titre, elle est un témoignage de la vie authentique de ces deux êtres.

L'écriture du corps dans les lettres dit sur les deux auteurs bien davantage qu'ils n'en ont conscience. Le corps mis en scène dans les lettres révèle à quel point l'inconscient se sert de lui pour traiter ou exprimer ce qui ne peut se dire : « Je parle avec mon corps, et ceci sans le savoir. Je dis donc toujours plus que je n'en sais », nous dit le psychanalyste Jacques Lacan dans le séminaire *Encore*[2]. Sans chercher à *interpréter,* de manière indue, ce qu'ils disent à leur insu, je serai simplement attentive à ce que souvent leur corps dit qu'ils ne formulent pas eux-mêmes expressément dans leurs lettres. Faisant état des dispositions dans lesquelles se trouve leur corps, ils expriment ainsi une vérité d'eux-mêmes dont ils n'ont pas toujours conscience. En décryptant ainsi le langage du corps, peut-être aurons-nous un plus large accès au noyau incandescent de leur passion, cette passion qui structure leurs lettres.

Le corps amoureux comme opérateur de la correspondance

Il importe, pour commencer, de noter la nature particulière de la correspondance d'Albert Camus avec Maria Casarès et, pour ce faire, de décrire dans quel

1 Anaïs Nin et Henry Miller, *Correspondance passionnée,* Paris, Stock, 2007.

2 Jacques Lacan, *Le séminaire. Livre XX : Encore (1972-1973). Texte établi par Jacques-Alain Miller*, Paris, Seuil, coll. Le Champ freudien, 1975, p. 108.

contexte elle se déroule. Le coup de foudre originel, si l'on peut dire, a eu lieu en 1943 : Camus descend de son exil en Haute-Loire[1] et assiste à Paris à une représentation de *Deirdre des douleurs*, pièce de John Millington Synge dans laquelle Maria Casarès joue son premier rôle. On trouve une allusion à cette première illumination dans une lettre de Camus du 6 juillet 1944 : « Je ne suis pas fait pour aimer dans le rêve, mais du moins je sais reconnaître la vie où elle se trouve – et je crois que je l'ai reconnue ce premier jour où dans le costume de Deirdre tu parlais, par-dessus ma tête, à je ne sais quel amant impossible[2]. » Cette formulation de Camus est remarquable ; qu'exprime-t-elle exactement ? L'image fondatrice de l'amour fou, c'est la vie elle-même incarnée dans une femme s'adressant à « un amant impossible ». Camus dit là toute sa vision de ce que sont la vie et l'amour, et reconnaît que ce qui fera le sens, l'essence même de son amour pour Maria, c'est son impossibilité. Ceci est important pour notre propos : car qu'est-ce qu'écrire une lettre, si ce n'est remédier temporairement à l'impossibilité d'une présence, d'un corps ou d'une relation dans la réalité ?

Le 19 mars 1944, les époux Leiris organisent chez eux une « fiesta » (c'est ainsi qu'on les nommait à l'époque) où se trouvent rassemblés Sartre, Beauvoir, Lacan, Bataille, Queneau, la jeune comédienne Maria Casarès, 22 ans, et Albert Camus ; on y lit une pièce de Picasso : *Le Désir attrapé par la queue*[3]. À cette occasion, Albert propose à Maria de jouer le rôle de Martha dans sa dernière pièce, *Le Malentendu*[4]. Deux mois plus tard, les répétitions commencent au Théâtre des Mathurins. Le 5 juin 1944, nouvelle fiesta chez Sartre et Beauvoir à laquelle sont conviés la comédienne et le metteur en scène. Le 6 juin, Albert emmène Maria dans le studio qu'il loue à André Gide au 1 bis, rue Vaneau. Camus est alors marié, son épouse Francine étant restée en Algérie, tandis que lui-même vit seul à Paris. Albert et Maria entament une vie de couple libre, mais lorsque, en 1945, il lui annonce que Francine est enceinte, elle le quitte. Francine vient s'installer à Paris, les jumeaux Jean et Catherine naissent en octobre de cette année.

Trois ans plus tard, *La Peste* connaît un immense succès[5]. Le 6 juin 1948, Albert et Maria se croisent par hasard sur le boulevard Saint-Germain. La *Correspondance* publiée chez Gallimard ne débute vraiment qu'après cette deuxième rencontre, en même temps que leur passion qui durera jusqu'à la mort accidentelle de Camus le 4 janvier 1960. Le volume – 1 300 pages, 865 lettres, 12 années d'échanges épis-

1 En janvier 1942, Camus est venu s'isoler dans la « maison forte » du Panelier près du Chambon-sur-Lignon, la tuberculose l'obligeant à fuir le climat humide de l'Algérie du nord à Oran où il se trouvait alors.

2 *Correspondance*, p. 23.

3 Pablo Picasso, *Le Désir attrapé par la queue*, Paris, Gallimard, 1948.

4 Albert Camus, *Le Malentendu (pièce en trois actes). Caligula (pièce en quatre actes)*, Paris, Gallimard, 1944.

5 Albert Camus, *La Peste*, Paris, Gallimard, 1947.

tolaires presque quotidiens – témoigne de l'intensité de cet amour, mais aussi de son impossibilité : c'est parce qu'ils sont séparés par la vie et par la distance qu'ils s'écrivent, et c'est sous l'étendard de « l'impossible » que, de la première à la dernière lettre, leur amour se vivra pourtant. Comme je le précisais en introduction, l'éloignement, la difficulté de se retrouver et l'impossibilité de s'aimer librement sont des conditions qui déterminent un statut particulier du corps. Voici un extrait d'une lettre du 7 juillet 1944, d'Albert Camus, et un autre, du 6 août 1948, de Maria Casarès, qui font apparaître une disposition particulière des corps :

> [...] j'ai tant d'appréhension devant l'absence et devant cette séparation stupide où il faut nourrir un amour de chair avec des ombres et des souvenirs. [...] Je me sens si gauche, si maladroit, avec cette sorte d'amour inemployé qui me reste sur la poitrine et qui m'oppresse sans me donner de joie. Il me semble que je ne suis plus bon à rien. Je devrais être habité par ce que j'écris, plein de ce roman et de ces personnages où je suis entré à nouveau. Mais je les regarde de l'extérieur, je travaille distraitement, avec mon intelligence, et pas un seul instant avec cette passion et cette violence que j'ai toujours apportées à ce que j'aime[1].

Quant à Maria, voici ce qu'elle écrit :

> Le bonheur que tu me donnes en existant par le seul fait que tu existes (près ou loin) est grand, mais je dois l'avouer, un peu vague, un peu abstrait, et l'abstraction n'a jamais comblé une femme, du moins moi. Que veux-tu ? J'ai besoin de ton corps long, de tes bras souples, de ton beau visage, de ton regard clair qui me bouleverse[2].

Absence, séparation, ombre, souvenir, vague, abstraction : le corps écrivant est un corps creusé par le manque engendré par l'absence et la séparation qu'imposent les conditions de cet amour. C'est un corps déshabité dont les amants parlent, que le vide oppresse et empêche d'exister pleinement. Le corps écrivant est un corps intranquille, tendu vers l'autre qu'il imagine : « J'essaie de t'imaginer, de te refaire à distance », écrit Camus le 10 août 1948[3]. L'écriture de la lettre se met au service de l'imagination pour tenter de combler le creux du manque. La lettre finit par devenir ce qui remplit le corps, elle remplace le corps absent de l'autre. Camus le formule expressément dans une lettre du 11 mars 1950 : « J'ai ta lettre au creux

1 *Correspondance*, p. 24 et 25.

2 *Ibid.*, p. 52.

3 *Ibid.*, p. 56.

de mon corps comme je t'aurai bientôt, toi[1]. » C'est une fonction singulière de la lettre que souligne ici Camus. Il ne faut cependant pas la confondre avec celle que Lacan a relevée dans ses remarques sur la correspondance d'André Gide avec sa femme Madeleine. Lacan a pu effectivement qualifier de fétiche les lettres de Gide à Madeleine, dans la mesure où elles « remplissent la béance ouverte dans son être », mais pour venir y prendre « la place même d'où le désir s'est retiré[2]. » La lettre chez Gide se substitue au désir vivant, elle n'en est pas la promesse comme chez Camus, le substitut provisoire dans l'attente fervente de sa réalisation. C'est tout ce qui, sous ce rapport, distingue Gide de Camus. Chez Camus, c'est la vie qui prime, c'est la jouissance du corps s'élançant dans le soleil et les vagues de la Méditerranée. Rien n'exprime mieux cet élan vers la vie que ces quelques lignes tirées de *Noces à Tipasa* :

> Je comprends ici ce qu'on appelle gloire : le droit d'aimer sans mesure. Il n'y a qu'un seul amour dans ce monde. Étreindre un corps de femme, c'est aussi retenir contre soi cette joie étrange qui descend du ciel vers la mer. Tout à l'heure, quand je me jetterai dans les absinthes pour me faire entrer leur parfum dans le corps, j'aurai conscience, contre tous les préjugés, d'accomplir une vérité qui est celle du soleil et sera aussi celle de ma mort. Dans un sens, c'est bien ma vie que je joue ici, une vie à goût de pierre chaude, pleine de soupirs de la mer et des cigales qui commencent à chanter maintenant. La brise est fraîche et le ciel bleu. J'aime cette vie avec abandon et veux en parler avec liberté : elle me donne l'orgueil de ma condition d'homme[3].

Ainsi, pour Camus, il s'agit toujours, par tous les moyens à sa disposition, de remplir sa mission de vie. La lettre est au service de cette mission. La place de la lettre, Camus la redit clairement dans ces mots de mai 1950 : « Et pourtant je t'attends, désarmé, les mains vides, et il faut parler, parler pour remplacer les corps, pour préparer leur retour[4]. » Remplacer les corps et préparer leur retour : telle est la fonction de la lettre pour Camus, la lettre qui n'a pas d'autojustification en elle-même, qui n'existe pas pour elle-même. C'est là toute la différence avec la fonction gidienne de la lettre.

Revenons encore, cette fois avec Maria, sur ce corps de l'autre fantasmé, érotisé par son absence. Le corps écrivant est tendu dans l'effort de représentation, de reconstruction du corps aimé, et il est en même temps creusé par cet effort : de même que la douleur accroît la conscience du corps propre, de même le corps creusé par

1 *Ibid.*, p. 503 (cf. p. 518 : « avec ta bonne lettre au creux de mon corps »).

2 Jacques Lacan, *Écrits II. Jeunesse de Gide ou la lettre et le désir,* Paris, Seuil, coll. Points, 1999, p. 240.

3 Albert Camus, *Noces à Tipasa*, dans *Noces, suivi de L'Été*, Paris, Gallimard, coll. Soleil, 1959, p. 11-21, p. 16.

4 *Correspondance*, p. 628.

le manque de l'autre et par l'effort pour le présentifier est un corps démesurément sensible et traversé par une certaine tragédie : le creux est plus tragique que le plein. Maria Casarès exprime ainsi ce qu'elle nomme à l'aide du mot « brûlure », ce creux que le désir fore en elle et que l'écriture d'une lettre adressée à son amant exacerbe :

> Ceci n'empêche pas le printemps de fleurir ce qu'il touche, et mon cœur, mon corps, mon âme de crier après toi, de souffrir après toi, de courir, de hurler, de rire et de souffrir après toi. Et il y a quelque chose qui ne peut décidément pas se résigner à ton absence, c'est mon pauvre petit corps qui s'étire en vain vers toi, qui se tord, qui geint et qui pleure après toi, mon petit corps triste qui se rabougrit de jour en jour et qui demande sans cesse à s'épanouir, à se réchauffer, à battre, à frémir. Ô mon beau, mon cher amour ! Ô brûlure ! Ô ma douce douleur ! Ô ma vie ! Me voici remplie de frissons, d'ondulations mystérieuses, de sons délicats et secrets. Tu voulais que ma lettre t'apporte un peu de chaleur ! Elle a éveillé de nouveau, chez moi, toute cette zone obscure et intime que j'aime tant à sentir naître juste dans mon centre, dans mon milieu, cette zone vibrante qui m'émeut autant que la présence d'un enfant dans mon ventre, ou davantage même, la connaissant mieux. Elle a touché ce point infime qui est en moi, mais que toi seul connais et aimes et j'en tremble tout entière. [...] Je t'attends. Je suis chaque jour dans l'attente de toi[1].

Maria décrit bien « cette zone obscure et intime » de son corps, dont l'écriture de la lettre vient éveiller la sensibilité et accentuer le vide : la lettre creuse le manque en même temps qu'elle formule l'appel à l'aimé, et dans les deux cas c'est le corps qui est aux commandes. Ainsi perçoit-on bien à quel point, dans la correspondance amoureuse, c'est le corps qui guide la main qui écrit. Or le corps creusé est plus créatif que le corps rassasié : ceci explique sans doute que les correspondances amoureuses soient souvent si riches et abondantes.

Comme le montrent les derniers mots de la lettre citée de Maria Casarès, la tension du corps des amants s'exaspère dans l'attente ; avec la séparation, l'absence, l'impossible, toute correspondance amoureuse est conditionnée par l'attente : attente de part et d'autre, d'une lettre et des retrouvailles. Cette attente génère aussi un état particulier du corps : tension du désir, évidement du corps désirant, irritation et brûlure, sensorialité accrue et créativité du corps à l'œuvre. Roland Barthes, dans *Fragments d'un discours amoureux*, souligne une autre di-

1 *Ibid.*, p. 391 (lettre du 10 février 1950).

mension, celle de l'angoisse ; l'attente est un « tumulte d'angoisse[1] », dit-il, et il y a peu de l'angoisse au délire :

> L'être que j'attends n'est pas réel. Tel le sein de la mère pour le nourrisson, « je le crée et le recrée sans cesse à partir de ma capacité d'aimer, à partir du besoin que j'ai de lui » : l'autre vient là où je l'attends, là où je l'ai déjà créé. Et s'il ne vient pas, je l'hallucine : l'attente est un délire[2].

Barthes se réfère ici, sans donner de référence exacte, au psychanalyste Donald Winnicott et à sa théorie de l'espace transitionnel entre l'enfant et la mère : l'enfant tolère et apprivoise la séparation d'avec sa mère dans la mesure où il sait qu'elle va revenir ; il est alors en mesure de se la représenter et d'avoir confiance en son retour ; en attendant, il « l'hallucine », comme dit Barthes. C'est aussi ce que fait l'épistolier « refaisant » en imagination la personne de sa correspondante dans l'attente de la revoir. Ce corps quasi délirant de l'attente anxieuse, Camus le décrit presque littéralement dans une lettre du 12 février 1950 : « Cette attente, c'est bête à dire, est si anxieuse qu'elle finit par me fatiguer même physiquement. Je m'épuise à t'imaginer et à vivre à l'avance notre réunion. [...] Mais la privation de bonheur me fait parfois l'effet d'une sous-alimentation, d'une asphyxie aussi[3]. » Ce terme d'« attente anxieuse » utilisé ici par Camus est celui-là même dont fait usage Freud lorsqu'il distingue, dans un petit texte intitulé « Le traitement d'âme[4] », l'attente anxieuse et l'attente croyante (« *ängstliche Erwartung* » et « *gläubige Erwartung* »). L'anxiété a des échos dans le corps : Camus va jusqu'à dire qu'il se sent privé de nourriture et d'oxygène, éléments indispensables à la vie. C'est un corps dévitalisé qui écrit, mais qui, très vite, dans la phrase qui suit immédiatement celle que je viens de citer, repasse du côté de la vie :

> Tout mon espoir, tout mon courage viennent finalement de ce que j'attends une réunion totale, l'amour, l'émotion, la jouissance, la liberté absolue entre nous, des corps et de l'âme, la transparence et le naturel. Et je ne l'attends pas comme une utopie. Je l'attends parce que j'en suis sûr. Et ce n'est pas si loin, non, ce n'est pas si loin. Car écoute bien : hier dans la montagne j'ai vu les premières fleurs d'amandier. L'arbre était encore noir. Mais aux extrémités des branches une dizaine de fleurs frêles et douces frissonnaient déjà sous le vent. Tu comprends,

1 Roland Barthes, *Fragments d'un discours amoureux*, Paris, Seuil, coll. Tel Quel, 1977, p. 47.

2 *Ibid.*, p. 49.

3 *Correspondance*, p. 399-400.

4 Sigmund Freud, « Traitement psychique », *Résultats, idées, problèmes. 1 : 1890-1920*, Paris, Presses Universitaires de France, coll. Bibliothèque de psychanalyse, 1984, p. 1-23, p. 8.

> mon amour, Maria chérie ! C'était l'extrême pointe de l'extrême début du printemps. Et il m'est venu des larmes aux yeux et dans le cœur un grand élan, que je ne peux appeler autrement qu'un élan d'adoration. J'ai fait un vœu. J'ai longuement regardé les pétales frileux. Et je suis rentré, le cœur plein d'amour[1].

Ce dont Camus parle là, ce n'est plus de l'attente anxieuse, mais de cette sorte d'attente que Freud qualifie de « croyante ». L'attente croyante, ou « foi expectante » comme on a pu traduire aussi, est une « force agissante »[2] que Freud trouve à l'œuvre dans la foi religieuse et qui permet, entre autres, la guérison inexpliquée de maladies psychiques comme organiques. Ici, Camus est empli de ce type d'attente qui est une espérance et même, comme il dit, la certitude de revoir l'être aimé. Elle est aussi empreinte d'une foi en la nature incarnée par la floraison des amandiers, arbre emblématique dans l'œuvre de Camus et qui renvoie à un principe vital du paysage de son enfance. Dans un petit texte de 1940, intitulé *Les Amandiers*, Camus écrit : « Quand j'habitais Alger, je patientais toujours dans l'hiver parce que je savais qu'en une nuit, une seule nuit froide et pure de février, les amandiers de la vallée des Consuls se couvriraient de fleurs blanches. Je m'émerveillais de voir ensuite cette neige fragile résister à toutes les pluies et au vent de la mer[3]. » L'amandier, c'est le symbole de la force vitale nietzschéenne, mais aussi du corps patient, fervent, tendu, malgré les duretés du monde, vers la vie. Camus y est ramené chaque fois qu'il évoque Alger, la mer et le soleil.

D'ailleurs, dans la correspondance avec Maria Casarès, on ne peut manquer de remarquer la place centrale qu'occupe le soleil. Chaque fois que le soleil se montre, c'est le corps qui renaît et avec lui le désir et la foi en l'amour. En même temps, les lettres « rayonnent » à nouveau : on pourrait parler des lettres ensoleillées dans lesquelles le corps s'affirme, apparaît dans sa lumière et habite la lettre de manière presque palpable. La lumière des corps, c'est celle que Camus décrit dans *Noces,* plus précisément dans *L'Été à Alger*[4] ; il y parle d'une vie « près des corps et par le corps » et compare la course des jeunes baigneurs sur les plages de la Méditerranée « aux gestes magnifiques des athlètes de Délos »[5]. Une lettre de fin février 1950 exprime la renaissance de son corps après une journée au soleil : « Quelque chose en moi se réveille enfin. [...] Il me semble que je retrouve mon ancienne force, éclairée et durcie par tout ce que je sais maintenant, plus frugale, plus solide, plus acérée,

1 *Correspondance*, p. 400.

2 Sigmund Freud, « Traitement psychique », *art. cit.*, p. 9.

3 Albert Camus, *Les Amandiers*, dans *Noces, suivi de L'Été*, *op. cit.*, p. 111-115, p. 113.

4 Albert Camus, *L'Été à Alger*, in *ibid.*, p. 32-52.

5 *Ibid.*, p. 36.

à nouveau appuyé sur mon corps[1]. » Le soleil, chez Albert Camus, permet que la vie de l'intellect se reconnecte à celle du corps. Chez Maria Casarès, il replace le corps en osmose avec le corps aimé. Dans une lettre du 16 mai 1950, elle raconte qu'elle s'est allongée au soleil sur son balcon et qu'alors elle a retrouvé son amant tout entier : « Je suis restée comme cela des heures, 6 heures, à attendre, à effacer, à tout confondre dans l'éblouissement du ciel à travers mes paupières, à essayer de faire de la brûlure du soleil un creuset pour les régions glacées de l'âme[2]. » Avec le soleil et ce qu'ils en écrivent dans les lettres qu'ils s'adressent, les amants abolissent la distance qui les sépare, géographique mais aussi mentale; leur activité intense, intellectuelle et professionnelle, les happe aussi loin de leur vie amoureuse; et ce sont leurs lettres, messagères guidées par le soleil, qui leur font reprendre conscience du corps de l'autre, de l'amour et du désir.

Pour en terminer avec le corps amoureux, je voudrais revenir sur un trait particulier de cette correspondance, qui ne peut qu'intriguer et interroger le lecteur, et dont on peut penser qu'il se retrouve communément dans les échanges épistolaires. Il s'agit des notations sur le temps qu'il fait. La plupart des lettres des deux amants contiennent des allusions au temps qu'il fait, voire des descriptions des conditions météorologiques, et chaque fois ce n'est pas sans lien avec l'état de leur corps ou avec leur humeur. Citons par exemple Maria Casarès, le 17 mai 1950 : « Me voici bien désolée, mon cher amour. En ouvrant les yeux j'ai vu le ciel. Gris, plat, morne. Du vent presque froid. [...] Le ciel fait la grimace[3]. » Ou bien Albert, retiré à Cabris, dans l'arrière-pays niçois : « Il fait beau, la lumière est légère, le soleil délicat. Je rêve à toi, à nos réveils, à ton jardin suspendu en plein ciel[4]. » Pour quelle raison parler du temps qu'il fait dit quelque chose du corps? Barthes, dans un commentaire sur le roman *Aziyadé* de Pierre Loti[5], reprend ce thème, auquel il consacrera aussi, le 20 janvier 1979, une séance de son cours au Collège de France intitulé « La préparation du roman[6] ». Il est intéressant de s'y référer, car Barthes tente de montrer que parler du temps n'est pas aussi anodin et ennuyeux qu'on le prétend parfois. Il note par exemple que, dans les trois vers qui composent un haïku, il doit se trouver une référence à la saison et au temps qui lui correspond. « La sensation poétique, dit-il, n'est jamais séparée d'une référence au temps qu'il fait. » Ce « temps-qu'il-fait »,

1 *Correspondance*, p. 462.

2 *Ibid.*, p. 626.

3 *Ibid.*, p. 628.

4 *Ibid.*, p. 673.

5 Roland Barthes, « Pierre Loti : "Aziyadé" », *Le degré zéro de l'écriture, suivi de Nouveaux essais critiques*, Paris, Seuil, coll. Points, 1972, p. 170-187, p. 173-175.

6 *Id.*, *La préparation du roman I et II. Cours et séminaires au Collège de France (1978-1979 et 1979-1980). Texte établi, annoté et présenté par Nathalie Léger*, Paris, Seuil / IMEC, coll. Traces écrites, 2003, p. 71-79, p. 71-74 (cf. l'enregistrement sonore de ce cours en ligne, <https://www.ubu.com/sound/barthes.html>).

qu'il note avec des traits d'union pour signifier un « syntagme figé » (Saussure) et combler un manque de la langue française qui n'a pas de mot pour différencier le temps qui passe et le temps qu'il fait, Barthes le considère comme un « sujet sous-estimé ». Car il n'assure pas seulement une fonction phatique du langage, c'est-à-dire qu'il ne sert pas seulement à maintenir un contact avec le locuteur. Dire le temps qu'il fait est aussi « une communication pleine, l'information requise par la pratique du paysan, pour qui la récolte dépend du temps[1] ». Parler du temps qu'il fait contient des affects, dit Barthes, « une charge existentielle » et la sensation d'être vivant : « [L]e temps renvoie à une sorte d'existence complexe du monde (de ce qui est) où se mêlent le lieu, le décor, la lumière, la température, la cénesthésie, et qui est ce mode fondamental selon lequel mon corps est là, qui se sent exister [...][2]. » Ainsi, il semble clair que, lorsqu'Albert et Maria parlent du temps qu'il fait, c'est de leur corps qu'ils parlent, de leur cénesthésie, de leurs sensations intimes en accord ou en désaccord avec le ciel et le monde ambiant. Parler du temps dans une lettre n'est donc jamais sans importance : c'est le corps qui se manifeste toujours derrière la météo.

Le corps malade de Camus et le corps douloureux de Casarès dans leur correspondance

Venons-en maintenant au second aspect qu'il convient d'aborder dans cette étude : entre Albert Camus et Maria Casarès, c'est surtout du corps amoureux qu'il s'agit, mais pas seulement : tous les deux, malgré leur jeunesse, souffrent dans leur corps, et pas uniquement de la séparation et du manque. Camus, en particulier, est toujours sous la menace d'une récidive de sa tuberculose. Il l'écrit sans ambiguïté le 11 juin 1950 : « Relevant de maladie, [j'ai] l'impression constante d'être désormais menacé dans mon existence et d'avoir peu à vivre[3]. » Et c'est souvent son besoin du climat clément du Sud qui l'oblige à quitter Paris et à se séparer de Maria. C'est aussi souvent sa faiblesse physique qui l'empêche d'être plus présent auprès d'elle. Cependant, il importe de se poser la question suivante : quelle fonction a la lettre dans l'expression, voire la « gestion » du corps douloureux ? Certes, la correspondance informe sur cet état du corps de l'écrivain, auquel nous n'aurions pas accès si nous n'avions à disposition que ses essais, pièces ou romans, et elle revêt donc un intérêt biographique pour les critiques et les lecteurs. Mais quel intérêt a-t-elle pour le scripteur lui-même ?

---

1 Roland Barthes, « Pierre Loti : "Aziyadé" », art. cit., p. 174.

2 *Idem.*

3 *Correspondance*, p. 698 (lettre du 11 juin 1950).

D'abord, pour Camus, l'expression de sa faiblesse contribue, paradoxalement, à mettre en relief une potentielle énergie vitale qui, par moments, s'absente et le force au retrait. Mais c'est justement dans ce retrait que s'exalte l'amour, que la sève s'en extrait, vient soutenir le corps affaibli et donner forme plus accomplie encore au « mariage[1] » avec Maria. Ainsi dans cette lettre du 18 février 1951, Camus dit l'exacerbation de l'amour dans l'éloignement imposé par son corps malade et la cure qu'il doit faire à Cabris : « Voilà l'amour, le véritable et profond amour qui veut tout accepter, qui se prête à tout supporter – sa propre douleur – et qui, en fin de compte, à mesure que les jours s'écoulent, vit, au lieu de mourir, d'une énergie chaque heure plus forte[2]. » C'est l'interdit, l'impossible, qui rend l'amour plus invincible, comme on l'a déjà vu, et c'est sa mise en forme littéraire dans la correspondance qui accroît encore son intensité. Comment expliquer cette opération presque magique de l'écriture qui intensifie le vécu, le poids de la vie, et, partant, l'épaisseur du corps, *a fortiori* du corps souffrant ? L'année 1950 est pour Camus l'année de sa retraite presque complète à Cabris : il doit s'y refaire une santé, car la fièvre revient en force : il faut refaire des radios, prendre de nouveaux médicaments, appliquer les conseils de prudence de son médecin, guetter le mieux après d'intenses assauts de faiblesse. Les lettres à Maria remplissent une fonction très précise à ce moment-là : elles permettent à Albert d'oublier son corps malade en se confiant à la « foi expectante » dont il a été question ci-dessus, nourrie par son expression dans les lettres.

L'écriture des lettres permet aussi une mise à distance du corps douloureux en magnifiant le corps vigoureux de l'amoureux. Dans les lettres, Camus présentifie Maria et donne forme à son amour, et sa pensée se polarise alors sur cela, non plus sur la douleur du corps. Il l'écrit ainsi nettement : « Je n'ai qu'une pensée : toi, ton beau visage [...] Merci, mon chéri, bien-aimée ! Ne te fixe pas sur cette fièvre. J'ai, moi, la confiance la plus absolue dans un bon avenir. Je sortirai de tout cela, je le sais. Et notre vie, notre amour, en seront encore grandis[3]. » Ainsi peut-on sans doute affirmer que la lettre permet de dépasser et de transcender la souffrance corporelle : cette écriture de soi particulière, qui consiste ici à s'écrire, écrire son corps, pour l'être aimé, a cette vertu de *soigner* le corps en question. La correspondance aurait ainsi une dimension thérapeutique, curative, pour les souffrances physiques du corps touché par la maladie.

Pour Maria, il semble qu'un autre processus est à l'œuvre. Et c'est ce dont je voudrais parler pour terminer, en me référant plus expressément à la phrase de Lacan, déjà citée : « Je parle avec mon corps, et ceci sans le savoir. Je dis donc toujours

1 *Ibid.*, p. 712 et 800.

2 *Ibid.*, p. 824-825.

3 *Ibid.*, p. 715.

plus que je n'en sais[1]. » Camus a dans ses lettres, on le sent bien, une pratique très maîtrisée de l'écriture : l'écriture est pour lui un moyen d'expression, il raconte son corps, mais on ne peut pas dire que son corps le raconte, car il contrôle parfaitement son écriture. C'est ce qui sans doute la rend si belle, si majestueuse et si mesurée[2]. Mais pour Maria Casarès, il en va autrement : souvent, on a le sentiment qu'elle est emportée par le tourbillon de son amour, de son manque, de son sentiment de solitude et d'abandon. Son corps ne lui appartient plus, son écriture devient alors presque échevelée, elle est le véhicule de ce qui lui traverse le corps, elle traduit son corps sans intermédiaire, sans ce que Lacan appelle « point de capiton ». Dans l'élaboration lacanienne, le point de capiton est « un point de soudure[3] » entre signifiant et signifié; il sert à capitonner le sens, donc à éviter sa fuite, c'est un point d'arrêt dans le discours qui permet au sujet de se redéfinir. Il m'a semblé que, dans l'écriture du corps de Maria Casarès dans ses lettres, ce point de capiton ne jouait plus son rôle, et que son corps n'était pas toujours maintenu dans et par le cadre du langage. Citons quelques passages, et d'abord dans une lettre du 10 juin 1950 :

> Si « l'appareil barbare » [le téléphone] ne me glace pas, si je t'aime comme aujourd'hui, comme hier, comme avant-hier, comme tous ces jours qui coulent depuis ton départ, je te ferai parvenir par le fil un feu qui te brûlera des pieds jusqu'aux tempes. Tu pâliras, car il n'est pas possible que mon désir ne saute pas les distances. Je te veux. Je te veux. Avec mon cœur, avec mon âme, avec mon corps, avec tout de moi. Je te veux merveilleusement et je brille, je brille, je brille je brille comme le soleil quand je pense que tu es là, que tu vis, que tu existes, que tu m'aimes, que tu es à moi comme je suis à toi, dans la splendeur[4].

Le vocabulaire qu'elle utilise est celui de l'extrême et de la démesure, la répétition des termes (« je brille ») contribue à dire l'excès d'une poussée interne qui sort des limites corporelles. Puis, cinq jours plus tard :

---

1 Jacques Lacan, *Le séminaire. Livre XX : Encore (1972-1973). Texte établi par Jacques-Alain Miller*, *op. cit.*, p. 108.

2 Camus, à partir de 1948, entre dans le cycle de la *Némésis*, déesse de la mesure. On distingue en effet généralement trois cycles dans l'œuvre d'Albert Camus : Sysiphe ou le cycle de l'absurde, Prométhée ou le cycle de la révolte, Némésis ou le cycle de l'amour. Camus lui-même fait régulièrement allusion à sa volonté d'assigner à chacune de ses pièces ou romans une place dans le vaste édifice architectural de son œuvre (cf., par exemple, Roger Grenier, *Albert Camus : soleil et ombre. Une biographie intellectuelle*, Paris, Gallimard, 1987, p. 10-11). Sa correspondance avec Maria Casarès, si elle peut sembler démesurée autant que l'est parfois leur amour, témoigne malgré tout d'une certaine mesure dans le style aussi bien que dans l'expression des sentiments.

3 Jacques Lacan, *Le séminaire. Livre III : Les psychoses. Texte établi par Jacques-Alain Miller*, Paris, Seuil, coll. Le champ freudien, 1981, p. 293-306.

4 *Correspondance*, p. 696.

Il est évident que les épreuves se multiplient en ce moment, à une cadence difficile à suivre et à surmonter. Mais ce que je veux que tu saches bien, c'est que tout ceci n'est rien à côté de l'épouvantable douleur qui déchire mon ventre quand je pense à toi – *en toi*, pour dire mieux – et que j'imagine ta fatigue, ton impuissance et ton chagrin[1].

Enfin, dans la lettre du 16 juin 1951 : « [...] je me tais jusqu'au moment où je roulerai dans tes bras. À cette seule pensée, j'ai des éblouissements qui brisent tous les cadres des mots et des lettres[2]. » On pourrait citer encore bien d'autres extraits des lettres de Maria : il n'est pas rare que son corps exulte et dynamite les mots et les lettres, comme elle le dit si bien elle-même. Elle brûle, à l'intérieur comme à l'extérieur, elle n'est plus seulement en elle-même, mais aussi en celui qu'elle aime (« *en toi* »).

Cette façon d'écrire de Maria rappelle les démonstrations de Lacan au sujet de l'être femme, plus précisément à propos de la jouissance féminine. Si Freud s'était heurté au « continent noir[3] » de la féminité, renonçant à comprendre ce que veut une femme, Lacan s'est attaché à tenter de mieux la définir. Dans le séminaire intitulé *Encore,* il rapproche l'essence de la jouissance féminine de la jouissance mystique de sainte Thérèse d'Avila ou de la béguine Hadewijch d'Anvers[4]. Les femmes, et *a fortiori* les femmes mystiques, éprouvent cette jouissance qu'il nommera « supplémentaire » ou « féminine » et à laquelle les hommes n'ont que rarement accès, parce qu'ils sont prisonniers de ce que Lacan appelle « la jouissance phallique ». Les femmes ont une jouissance au-delà du phallus, dont « peut-être elles(s)-mêmes(s) ne savent rien, sinon qu'elles l'éprouvent[5] ». Cette jouissance-là, que Lacan reconnaît sur le visage en extase de la statue de la sainte Thérèse du Bernin, n'est pas canalisée par le signifiant phallique ; elle expose la femme à perdre ses repères de signification et à se trouver livrée, sans savoir ce qui lui arrive, à ce que son corps manifeste. Souvent dans ses lettres, surtout à l'acmé de sa passion pour Albert Camus, Maria fait part de désordres corporels, d'errances psychiques, dans lesquels elle semble faire l'expérience d'une étrangeté à soi-même : « Je suis bouillante, au-dedans,

---

1 *Ibid.*, p. 706.

2 *Ibid.*, p. 709.

3 « La vie sexuelle de la femme adulte est bien encore pour la psychologie un *dark continent* » (Sigmund Freud, *La question de l'analyse profane. Traduit de l'allemand par Janine Altounian, André et Odile Bourguignon, Pierre Cotet* et *Alain Rauzy. Préface de J.-B. Pontalis. Suivi de* La « Question » en débat *par Michel Schneider*, Paris, Gallimard, coll. Folio, 1998 [1985], p. 75).

4 Jacques Lacan, *Le séminaire. Livre XX : Encore (1972-1973), op. cit.*, p. 97.

5 *Ibid.*, p. 95.

au-dehors. Tout brûle, âme, corps, dessus, dessous, cœur, chair », écrit-elle le 8 juin 1950[1]. On croirait lire ce que Thérèse d'Avila rapporte de ses extases.

Conclusion

Il est temps de conclure maintenant sur ces corps à l'œuvre dans la correspondance. Et peut-être cette correspondance, qui fait une part si large au corps, peut-elle éclairer un peu l'énigme d'un tel amour. De quelle mystérieuse alchimie s'est nourrie une telle passion? Camus est un être de combat : l'absolu de l'amour doit être conquis de haute lutte; l'amour, c'est la mer dans son tumulte qui ne peut être atteint qu'en affrontant le doute, l'inquiétude, le manque, conditions du désir. Le corps amoureux s'exprime ainsi dans l'intensité de l'écriture, mais sans se départir de la mesure : Camus a fait sienne cette parole de saint Augustin : « La vraie mesure de l'amour, c'est d'aimer sans mesure. » Camus joint les deux dans sa vie dont il tient les rênes par son écriture. Maria Casarès, quant à elle, incarne le « sans mesure » : dans sa brûlure qu'elle dit de façon constante dans ses lettres, sa brillance, ses fulgurances, cette impétuosité quasi mystique qui habite son style et dont seule l'écriture du corps peut rendre compte, elle a été pour Camus la femme à aimer absolument. Car ce que Camus recherchait, peut-être parfois inconsciemment, dans une femme, c'était cela : qu'elle lui permît de toucher du doigt l'illimité, la démesure, ce qu'il a pu nommer « abstraction[2] » et à quoi, paradoxalement, il ne pouvait avoir accès que par l'union avec le corps d'une femme.

Ainsi, ces lettres nous fournissent une illustration de ce qu'est « l'écriture de l'intime », puisque les deux correspondants s'épanchent sur leurs convictions et pensées profondes, parfois inavouables, aussi bien que sur la vie de leurs corps et sur leurs secrets. On y voit Albert Camus s'exprimer sur son corps douloureux, ce corps malade qui va chercher en Provence le climat propice à une meilleure santé. Maria Casarès elle-même ne cesse de mentionner les états particuliers, quotidiens ou extrêmes, que son corps traverse. Cette étude de la correspondance entre Camus et Casarès nous aura donc permis de mieux comprendre la dimension et la fonction de la présence du corps dans les lettres et de voir aussi dans quelle mesure la lettre peut « signifier » le corps, bien davantage que le journal intime par exemple, qui ne prend que rarement la forme ni n'incarne la substance même du corps. Ce qui se passe pour les deux amoureux qui s'écrivent, équivaut à une véritable « corporéisation » de la lettre, laquelle devient non seulement le vecteur de l'amour et du désir,

---

1 *Correspondance*, p. 689.

2 « Ceux qui aiment toutes les femmes sont ceux qui sont en route vers l'abstraction » (Albert Camus, *Carnets. 2, janvier 1942 – mars 1951*, Paris, Gallimard, 1964; cité *in* Joseph Hermet, *À la rencontre d'Albert Camus. Le dur chemin de la liberté*, Paris, Beauchesne, coll. Beauchesne essais, 1990, p. 134).

mais représente et incarne dans sa matérialité le corps même du correspondant. Nombreuses sont les réflexions des deux épistoliers qui nous ont montré ce rôle extrême que peut jouer la lettre durant les périodes d'éloignement forcé.

Enfin, nous aurons pu aussi mettre en évidence un pouvoir de la *lettre* au sens auquel nous ont sensibilisées les élaborations de Jacques Lacan, en particulier dans son texte intitulé *Lituraterre*[1]. La lettre et avec elle, dans un sens plus général, la littérature se situent dans un rapport particulier à la jouissance : la lettre permet que soit récupéré l'objet perdu, elle célèbre « les noces taciturnes de la vie vide avec l'objet indescriptible », comme Lacan l'écrit en conclusion de son « Hommage fait à Marguerite Duras, du ravissement de Lol V. Stein[2] ». Maria Casarès, dans les lettres les plus brûlantes de sa passion, nous en donne l'exemple le plus frappant.

1 Jacques Lacan, « Lituraterre », *Autres écrits,* Paris, Seuil, coll. Champ freudien, 2001, p. 11-20 ; cf. *id.*, « Leçon sur Lituraterre », *Le séminaire. Livre XVIII : D'un discours qui ne serait pas du semblant [1971]. Texte établi par Jacques-Alain Miller*, Paris, Seuil, coll. Champ freudien, 2007, p. 113-127.

2 Jacques Lacan, « Hommage fait à Marguerite Duras, du ravissement de Lol V. Stein », *Autres écrits,* Paris, Seuil, coll. Champ freudien, 2001, p. 191-197, p. 197.

Troisième partie

Les correspondances comme analyseurs de l'écriture des corps

Chapitre 7

L'écriture du corps dans les correspondances amoureuses de Joë Bousquet

Zhi Bie

Introduction

En mai 1918, sur les champs de bataille de Vailly, une balle allemande traverse les poumons de Joë Bousquet (1897-1950), touche sa colonne vertébrale, lui laisse un corps à moitié inerte et des souffrances sans répit. Depuis, les échanges épistolaires, comme des visites, lui apportent des nouvelles et des inspirations, tout en lui donnant un moyen de se retrouver parmi les autres. Malgré un emploi du temps extrêmement chargé, Bousquet réserve tous les jours des moments à la lecture et à l'écriture des lettres. De nos jours, plusieurs correspondances de sa main sont disponibles, notamment ses lettres à Carlo Suarès, à Jean Cassou, à Simone Weil, à René Magritte ou encore à ses amis Stéphane et Jean Mistler, ainsi qu'un recueil de lettres mêlées, une correspondance générale et cinq correspondances amoureuses.

Les correspondances amoureuses de Joë Bousquet gardent « une grande valeur artistique et même théorique[1] ». Elles couvrent toute sa carrière d'écrivain et forment une trilogie avec ses œuvres romanesques et ses œuvres fragmentaires. Les *Lettres à Marthe*, *Un amour couleur de thé* (les lettres à Fanny), les *Lettres à Ginette*, les *Lettres à Poisson d'or*[2] et les *Lettres à une jeune fille* sont éditées entre 1978 et 2008[3]. Ces lettres transforment la distance en espace de suscitation et répondent à l'absence du corps réel par la représentation idéalisée. Elles consignent aussi une

1 René Nelli, *Joë Bousquet : sa vie et son œuvre*, Paris, Albin Michel, 1975, p. 10.

2 *Lettres à Marthe*, Paris, Gallimard, 1978 ; *Un amour couleur de thé*, Paris, Gallimard, coll. L'imaginaire, 2007 [1984] ; *Lettres à Ginette*, Paris, Albin Michel, 1980 ; *Lettres à Poisson d'or*, Paris, Gallimard, coll. L'imaginaire, 1999 [1967]. Il existe trois éditions de la dernière correspondance citée. Notre article se réfère à celle de 1988.

3 *Lettres à une jeune fille*, Paris, Grasset, 2008. Dans ce qui suit, les cinq correspondances amoureuses de Bousquet seront signalées par des sigles (suivis ou non de la page concernée) : « *LM* » pour les *Lettres à Marthe*, « *ACT* » pour *Un amour couleur de thé*, « *LGi* » pour les *Lettres à Ginette*, « *LPo* » pour les *Lettres à Poisson d'or* et « *LJ* » pour les *Lettres à une jeune fille*.

lutte quotidienne avec le corps brisé, ouvrant un champ de réflexion où s'approfondit le sens de la création et la connaissance de l'être.

L'écriture épistolaire du corps

Chez Bousquet, le corps et l'écriture épistolaire se transforment et s'éclairent. Le corps souffrant n'est pas seulement l'arrière-plan ou le dynamisme secret d'une écriture qui se cherche : il en est aussi la raison, l'horizon et l'ennemi fatal. L'écriture épistolaire place ce corps au centre d'une réflexion continue et lui accorde de nouveaux sens. Ce rapport complexe se révèle d'abord dans sa perception du corps brisé et ensuite dans sa détermination à lutter contre celui-ci.

Les correspondances de Bousquet contiennent quelques termes récurrents qui renvoient à son corps : « malade », « douleur », « crise » et « fièvre ». Les expressions des états de santé sont relativement nombreuses dans les *Lettres à Marthe* (Marthe Marquié), qui révèlent les premières réactions de Bousquet devant un corps qui lui « refuse tout service » (*LM*, 296). Cette première correspondance coïncide avec les périodes de sa convalescence et de son abandon de l'espoir de guérison ; elle expose ses souffrances assumées, sa frustration ainsi que son appréhension de l'image de la déchéance. Bousquet y évoque son corps pour informer son amante sur sa vie perturbée par des complications consécutives à la blessure qui entravent souvent son écriture : « Je travaillais beaucoup, et avec goût ; mais dès que mes fièvres commencent, il n'y a plus rien à faire. Je ne suis plus bon qu'à dormir » (*LM*, 63). Son état de santé est aussi un sujet de conversation que Bousquet aborde dans l'objectif de toucher son amante : « [J]e sens que déjà me reprend la douleur insupportable qui me fera rouler toute ma nuit ma fièvre dans les oreillers. [...] [J]e suis un petit peu lâche devant la souffrance moi aussi » (*LM*, 62).

Après l'époque de Marthe, Bousquet renonce à la tentative d'adoucir sa nouvelle amante Ginette[1] par des plaintes, sachant qu'il est « capable [de] compenser l'absurdité d'aimer du fond de [son] lit » en introduisant l'autre dans son image idéalisée et dans la « folie poétique » (*LGi*, 200). Des crises et des fièvres sont alors évoquées surtout pour justifier son silence ou expliquer le décousu ou le retard de sa lettre. Par exemple, Bousquet note dans une lettre à Poisson d'or[2] : « Et voyez comme cette lettre continue après des jours et des nuits longs comme des siècles d'enfer. Une crise m'a arraché à la vie et le retour à la santé me ramène à ma lettre. »

1 Ginette Augier, destinatrice d'une correspondance intense qui s'étend entre 1929 et 1950, est considérée par Bousquet comme la femme-enfant, son double féminin. Jusqu'à son dernier jour, il éprouvera le besoin de lui écrire et de lui exprimer son amour.

2 Bousquet rencontra Poisson d'or, alias Germaine Muhlethaler, en 1937, lorsque celle-ci fêtait ses 21 ans. Cette jeune fille inconnue lui sembla familière, connue et attendue depuis toujours. Leur correspondance s'étend entre 1937 et 1949.

(*LPo*, 60) Enfin, l'évocation de son corps souffrant apparaît aussi dans la dernière lettre que Bousquet écrit à la veille de sa mort : « [U]n corps rompu et le contact quotidien avec des maux physiques que tu n'imagines pas » (*LGi*, 258). Cet aveu, précédé d'une courte réflexion sur le sens de son amour pour Ginette, met un point final à l'écriture de Bousquet comme à sa vie.

Enracinée dans sa révolte contre la déchéance, soumise aux contraintes liées à sa santé, l'écriture épistolaire de Bousquet consigne pendant trente ans sa réflexion sur son corps : « [T]errible en soi, ma blessure change selon le courant de pensée et d'inspiration dont elle est dans ma conscience l'image et la condition » (*LPo*, 48). Les *Lettres à Marthe* donnent l'image d'un corps jeune et vaillant qu'il expose au feu et au danger mortel, poussé par le patriotisme et l'amour courtois : « Mon corps plein de vie et que j'aimais tant maîtriser, et raidir debout aux minutes les plus terribles parce qu'un tel enthousiasme l'opposait à la mort. [...] J'adorais mon pays et ma dame » (*LM*, 262). Ensuite, *Un amour couleur de thé* mentionne son corps comme un équilibre dangereux entre la vie et l'anéantissement : « La mort, me semble-t-il, qui m'enlaçait déjà s'est endormie dans mes membres, et si je ris un peu trop haut, je la réveillerai peut-être » (*ACT*, 26). Plus tard, dans ses *Lettres à Ginette*, Bousquet raconte sa jeunesse fourvoyée interrompue par la blessure qui est le « faux mouvement de la mort qui [l]'avait visé » (*LGi*, 99). Il y confie que son corps brisé, n'ayant plus le même rapport avec l'espace, demande un nouveau lien avec le monde extérieur qui lui rappelle qu'il est, cruellement, « sans action réelle sur la matière de la vie » (*LGi*, 135). Dans les années trente, l'écrivain décrit longuement à Poisson d'or les circonstances de sa blessure, le choc subi, les soins reçus, sa mi-convalescence et sa souffrance : « J'avais des yeux, non plus pour voir les choses, mais pour mesurer en elles la profondeur de ma chute » (*LPo*, 142). Ces considérations montrent que la réflexion continue sur la blessure est une façon de dévoiler la profondeur enrichissante que celle-ci enferme : « [P]ar son lien avec la mort dont elle ajoute à tous mes instants la menace, elle enrichit ma vie de tout le mystère enfermé dans l'événement qui doit la finir » (*LPo*, 48).

En effet, la blessure de guerre et son corps brisé ne sont pas des événements au sens déterminé du mot. Leur redéfinition répond chez Bousquet à un besoin crucial :

> Ma blessure, d'autres épreuves aussi dures demeureraient sans signification si je ne m'accordais avec la Providence pour exiger de moi-même ce que les événements semblent en avoir exigé. Superstition ? Folie ? Je ne sais. Je ne peux pas avoir été frappé en vain. [*LPo*, 185]

Le corps disloqué lance un défi perpétuel : il n'est pas seulement la menace de l'anéantissement, mais aussi l'espoir de s'inventer une nouvelle existence ainsi exprimée : « Frappé d'un malheur unique et en apparence absurde, j'ai quelques forces et un peu de vie pour faire la preuve qu'il était la condition indispensable d'une vérité à révéler » (*LPo*, 159). En donnant du sens à sa blessure, Bousquet récuse le hasard du destin, pour devenir soi-même la lumière de sa vie, puisque « *rien n'était un hasard* dans une vie vouée à son but[1] ».

La perception de la nécessité de réinterpréter la blessure assimile l'écriture à une transmutation, qui exige beaucoup de courage et de sacrifice, comme l'avoue Bousquet : « Mais personne au monde ne sait, encore que deux ou trois hommes le soupçonnent, ce qu'il faut de qualités, de défauts inconnus, de barbarie pour préserver l'œuvre d'un homme immobile, et sans aucune source extérieure de renouvellement » (*LGi*, 237). Ses correspondances reflètent donc sa « solitude forcenée où [il voit], de jour en jour, l'invention répondre à [son] parti pris aveugle de sacrifice » (*LPo*, 154).

L'écriture épistolaire de Bousquet est donc une mise en abyme de sa détermination à « répondre par une œuvre poétique à la bizarrerie de [son] sort » (*LPo*, 157). Par l'écriture, Bousquet essaie de résister à la paralysie qui perturbe en lui le sentiment de l'espace : « J'avais connu l'horreur de m'éveiller sans mon corps, d'émerger de guingois dans une forme-sœur où je me reconnaissais à peine et avec le dégoût de résider cependant dans cette chair désertée, creuse comme une ornière[2]. » Ainsi, l'écriture épistolaire place l'acte d'écrire au cœur du désir d'être et semble suggérer que le travail littéraire intéresse notre écrivain non par son contenu ou son art, mais plutôt par sa possibilité de justifier sa vie : « Il s'agit d'un acte de foi, et je veux que mes écrits soient comme la réhabilitation d'un malheur comme le mien » (*LPo*, 158). L'écriture épistolaire retrace pour Bousquet sa ligne d'évasion, son chemin de conquête et recèle un approfondissement continu de « [c]ette grâce d'écrire à quoi [il doit] de vivre encore et où [il s'est] élevé au-dessus de [son] sort » (*LPo*, 52). Les passages précédents nous montrent qu'« il n'y a pas de réalité si douloureuse que l'homme ne trouve en lui-même une hauteur pour la dominer[3]. »

1 *LPo*, 197 ; c'est l'auteur qui souligne.

2 Joë Bousquet, *Le Sème-Chemins*, Mortemart, Rougerie, 1981 [1968], p. 31-32.

3 *LPo*, 48 ; c'est l'auteur qui souligne.

La correspondance ou la fonction existentielle de l'écriture

À travers sa réflexion continue sur le corps, Bousquet se détache de cette réalité douloureuse pour aller conquérir sa liberté et sa force dans un autre ordre. « Le malheur, par suite d'un renversement, deviendra la substance qui, au fond du creuset, va se transmuer non pas en un contraire (le bonheur) mais en une compréhension qui sera, sans but, sa propre raison d'être[1]. » Ses correspondances nous révèlent l'espoir et les aspects essentiels d'une telle entreprise qui renouvelle le sens de l'écriture.

En 1929, dans une lettre adressée à Ginette, Bousquet définit explicitement l'écriture comme une quête d'identité : « Écrire, c'est se chercher à travers ce don qui vous est donné de vous exprimer » (*LGi*, 48). Il en est de même pour son écriture épistolaire. Elle dévoile les coulisses de la vie et de la création de l'écrivain et découvre la fonction existentielle de l'acte d'écrire.

La fonction existentielle de l'écriture épistolaire pourrait se comprendre en distinguant deux niveaux. D'un côté, certaines lettres montrent le fait que l'écriture signale le désir d'être manifesté par l'impulsion à s'exprimer et à éclairer. Les pages écrites sont censées laisser transparaître l'être profond de l'homme écrivant : « À travers la présence presque irréelle de cet écrivain, battait la voix dont mon être le plus réel est l'habitant secret » (*LPo*, 107). Bousquet affirme faire partie des écrivains « *qui ne sont pas des écrivains*, ou qui ne sont tels qu'accessoirement. Ils sont des preuves vibrantes de la vie, l'apothéose de toute douleur, de toute solitude[2] ». Pour lui, l'acte d'écrire ne consiste guère à acquérir un rôle social plus ou moins emprunté, il s'agit d'expérimenter profondément et sincèrement la condition humaine, de mettre en relief son espoir infini.

De l'autre côté, « [l]a fonction être se prolonge par la fonction *créer*[3] ». L'écriture épistolaire souligne l'identification de l'acte d'écrire au mouvement d'être : « Privé de ma réalité physique, j'ai vu ma pensée, ma vie, mon amour ne faire qu'un. C'est ma vie qui est mon être de chair » (*LJ*, 142). C'est dire que l'écriture présente la construction d'une vie singulière, le cheminement vers soi-même, et incarne sa capacité de percevoir, de faire se manifester l'être individuel. En réfléchissant à cet aspect de l'écriture, Bousquet cherche à vérifier sa capacité d'être dans le domaine de l'esprit. L'être est le fruit des efforts soutenus, d'une lutte sans répit menée au cœur de l'écriture. L'écrivain le réaffirme dans *Mystique* : « Je veux me bâtir, devenir l'objet de mes sensations et de mes idées. Pétrir ma vie comme un pain[4]. » Par ailleurs,

1 Marc Thivolet, « Préface », Joë Bousquet, *Lettres à Carlo Suarès*, [Limoges], Rougerie, 1973, p. 17.

2 *LJ*, 49-50 ; c'est l'auteur qui souligne.

3 Joë Bousquet, *Mystique*, Paris, Gallimard, 1973, p. 44 ; c'est l'auteur qui souligne.

4 *Ibid.*, p. 36.

la fonction existentielle de l'écriture contient aussi un autre sens : l'acte d'écrire devient une sorte de mesure intérieure de la vie de Bousquet, il en est le repère et la perspective comme il le dit aux dernières années de sa vie : « De dix ans en dix ans, j'ai mentalement calculé avec des projets littéraires la date de ma mort » (*LJ*, 176).

La fonction existentielle de l'écriture fait de celle-ci un mouvement toujours tendu vers la hauteur, et elle donne un ordre intérieur à la vie de l'écrivain, comme le suggère Bousquet : « [J]'avais cherché dans mon activité la raison d'être de mon état, et [...] creusé, creusé ma vie jusqu'à son essence spirituelle » (*LPo*, 155). Cette phrase nous montre que l'écriture fonde pour Bousquet la cohérence intérieure de sa vie et en révèle les sources profondes. L'écriture réintroduit l'homme dans la vie : « Et quand j'apprends qu'il m'est donné une vie indépendante de ce corps si lourd à porter, je me sens pris de nouveau par le bonheur des vivants comme par une mer[1]. »

La dimension existentielle de l'écriture implique la dualité entre l'esprit et la réalité apparente[2] ressentie de la manière suivante : « [U]ne blessure comme la mienne a ruiné en moi les sources mêmes de la vie. Par une conséquence, en de certaines occurrences, heureuse, elle a enfoncé dans un bloc de glace tout ce qui en moi n'était pas esprit, et j'ai souvent traîné ma chair comme un boulet » (*LPo*, 53). Cette affirmation de Bousquet constitue la condition préalable de tous ses mouvements intérieurs en confirmant la possibilité de renoncer à la vie ordinaire pour pénétrer dans le domaine de l'esprit. Elle prépare aussi une connaissance plus intime de la réalité : « Il ne faut pas prendre les choses pour ce qu'elles se donnent » (*LPo*, 21) ; « [l]es choses ne me sont réelles que si elles ont rêvé en moi de m'apparaître » (*LPo*, 206). Ce rapport est susceptible de renverser complètement sa situation, de justifier sa liberté : « L'homme est libre : c'est-à-dire libre d'annuler son corps avec son esprit et d'atteler son esprit à son corps[3]. » L'acte d'écrire est la mise à l'épreuve de la liberté intérieure en lui donnant un espace de manifestation : écrire, c'est « réaliser dans son cœur, cette liberté dont la vie ne veut pas. N'être attaché par rien » (*LGi*, 47-48). L'écriture de Bousquet révèle donc son cœur épris de la hauteur et de l'infini ; elle est l'acte de s'élever à la hauteur pressentie en soi, une façon d'élargir la conscience par le langage : « *[J]e me suis indifférent en tant qu'écrivain*, mais attiré par tout ce que j'ai aperçu de plus grand que moi[4]. »

1 Joë Bousquet, *Lettres à Jean Cassou*, [Limoges], Rougerie, 1970, p. 98.

2 Cependant, l'antagonisme corps-esprit est relatif. Il est une conviction que Bousquet oppose au regard désolé de l'autre, à savoir que, à ses propres yeux, le corps n'est plus la réalité extérieure à exclure, mais l'objet que l'esprit cherche à transformer et à enrichir. Autrement dit, l'esprit doit chercher à « envelopper » le corps : un « corps n'est rien s'il cesse d'être la proie d'un esprit » (*LJ*, 75).

3 Joë Bousquet, *Notes d'inconnaissance. Préface de René Nelli*, Mortemart, Rougerie, 1981 [1967], p. 47.

4 *LGi*, 241 ; c'est l'auteur qui souligne.

L'expression de la liberté intérieure conduit donc à l'expérience de la liberté d'être : « Le moi n'est pas le sommet de notre personne, mais la faculté de surgir, intact, aux antipodes de ce qu'elle vient de créer ; le don d'apparaître à l'horizon alors que la nuit déjà nous recouvre avec nos œuvres ; le génie révolutionnaire de tourner, d'un seul coup, tout ce qui existe contre celui qu'il [*sic*] nous avait fait » (*LJ*, 93-94). La conscience de l'écrivain brille dans les surgissements des idées, dans la confrontation entre la conscience du moi et ce moi tourné toujours vers ailleurs. L'objectif principal de l'écriture est de saisir ce moi dans son élan. Le moi, loin d'être un ensemble d'images et d'impressions, est la faculté de transgresser, de passer outre, voire de se mettre aux antipodes des acquis, de contredire ce qu'il a lui-même écrit. Il brille toujours à l'horizon de l'esprit, se situe au-delà de toutes les expériences et donne à Bousquet une image plus grande de soi : « [V]ivre, voir, sentir, c'est se trouver, à travers tout ce que l'on perçoit, inférieur à soi-même » (*LPo*, 24) ; « [j]e n'étais pas né pour devenir celui que je suis, mais pour le dépasser » (*LJ*, 161). Cet amour de la hauteur est l'image d'un désir d'être toujours grandissant.

Comme le montrent les extraits précédents, les correspondances amoureuses de Bousquet retracent sa vie dans le domaine de l'esprit et révèlent la fonction existentielle de l'écriture. Ce faisant, elles avancent une nouvelle vision de l'être, ainsi formulée dans *Papillon de neige* : « Respecter l'acte d'écrire. Il est le produit et comme le couronnement des mystères qui te font homme[1]. » Cette vision implique une nouvelle perception de l'œuvre, c'est-à-dire celle d'une expérience de créer qui éclaire le mouvement d'être et qui, réalisée, suggère la possibilité d'un nouvel espace d'être, puisque l'aventure intérieure attend toujours le regard curieux de l'autre.

Bousquet considère que la vision ordinaire de l'être est une vision faussée par des savoirs hérités, des désirs dictés et des élans dénaturés : « [T]out, même en nous, est fruit maladif de l'imagination ; et [il] faut accepter cette irréalité pour nous retrouver dans notre être de chair qui nous donne enfin une vue sur elle » (*LJ*, 274). Par son regard critique et son écriture transcendante, l'écrivain devient le cœur éclairant de l'être : « Chacun veut que l'intelligence de ce qu'il est soit la clarté suprême de l'être[2] » ; « Un être de grande classe, c'est, uniquement, un être représentatif, entièrement voué à rendre intelligible ce qu'il est, et à donner à chacun le sentiment profond de ce qu'il rend intelligible. » (*LJ*, 105) Ces considérations traduisent une connaissance plus personnelle de l'être, elles se fondent sur la certitude que c'est la faculté de susciter qui ouvre un nouveau domaine. « Tandis que j'écris encore ces ouvrages je ne vois que la nudité de la lumière où ils me feront entrer. Ils sont la forêt dont je sors pour être le sens de l'espace dans l'espace où

1 *Id.*, *Papillon de neige. Journal 1939-1942. Préface de Maurice Nadeau*, Lagrasse, Verdier, 1980, p. 39.

2 *Id.*, *Mystique*, *op. cit.*, p. 80.

je vais entrer » (*LPo*, 79). Bousquet réaffirme ici sa liberté d'agir, son pouvoir de susciter et d'éclairer, pouvoir qui fait de lui la source du sens, de la connaissance, de la vie. Autrement dit, l'expérience du langage incarne le sommet de l'expérience existentielle : comme dit le narrateur de son roman *Le Meneur de lune*, « [l]'homme n'est pas un point dans l'existence de tout. Il est l'existence de tout en un point[1] ».

Dans le domaine de l'esprit, l'acte de donner sens est une manière de donner la vie, alors que le mouvement de la suscitation met au jour un équivalent de la réalité. L'écriture épistolaire de Bousquet ne laisse pas d'exprimer les tentatives de renommer, de redonner du sens aux choses de la vie. « Le spirituel n'est riche que de ce qu'il peut arracher à la terre, de ce qu'il peut emporter de concret dans les airs » (*LGi*, 33). L'écriture poétique vise donc à établir l'équivalence entre les mots et la réalité, à accorder aux premiers la puissance, l'expressivité et la séduction de la seconde. En d'autres termes, l'écriture accorde aux choses une vie intense et inépuisable dans le domaine de l'esprit. Ce faisant, le poète essaie d'unifier la subjectivité des perceptions à l'objectivité des choses. Ainsi, il écrit dans son œuvre posthume *Le Bréviaire bleu* : « Les poètes ont réussi à se connaître dans un objet : quand une pensée ne se distingue plus d'un fait, le mot pour la dire a les dimensions de ce fait et ne se distingue plus de lui[2]. » À partir du moment où le poète réussit à s'intégrer dans ce nouvel ordre de réalité, à dissiper la dualité entre l'objectivité et la subjectivité, le langage devient un fait consubstantiel à la réalité, cesse d'être un simple instrument d'expression ou de désignation.

Un constituant important de la nouvelle connaissance de l'être est le langage nouveau. Le langage ordinaire dissimule davantage qu'il ne révèle : « Le langage n'est que cachettes, jalousies, soupiraux. Comme le corps, il cache ou révèle; et, avec les mêmes mots, regarde, entend, se trompe[3]. » Les correspondances amoureuses de Bousquet expriment à maintes reprises sa tentative de « forger un langage à [lui], mais que tout le monde comprenne, et d'une parole confidentielle faire la voix de toutes les peines » (*LPo*, 61). Il essaie de découvrir dans le langage nouveau « l'âme de ce qui est » (*LPo*, 29). Ce langage nouveau est à la fois intime et essentiel, il diffère fondamentalement du langage ordinaire. Il constitue un champ de métamorphose pour des mots qui se heurtent et se renouvellent dans la parole, générant des images profondes au-delà de la connaissance commune. Le sens de ce langage réside non seulement dans une nouvelle structure syntaxique, mais aussi dans sa liberté d'expression, sa capacité de briser la connaissance commune.

1 *Id.*, *Le Meneur de lune. Roman*, Paris, Albin Michel, coll. Bibliothèque Albin Michel, 1989 [1946], p. 86; c'est l'auteur qui souligne.

2 *Id.*, *Le Bréviaire bleu*, Mortemart, Rougerie, 1977, p. 43.

3 *Id.*, *Notes d'inconnaissance*, *op. cit.*, p. 85; c'est l'auteur qui souligne.

Le langage nouveau se forge dans l'imagination poétique. Selon Bousquet, l'imagination est une expérience intime qui réorganise des matières fictives ou réelles, restructure la pensée de l'écrivain ; elle transforme des images ordinaires en modifiant leur expression et leur perception. L'imagination de Bousquet se nourrit et se renouvelle dans ses amours, puisqu'« [i]l y a une profondeur du génie amoureux qui permet de tout métamorphoser en images » (*LJ*, 191). La transformation de la réalité par l'imagination signifie la possibilité de l'enrichir en l'introduisant dans le monde intérieur. L'imagination enrichit « le réel d'un peu de songe » (*LPo*, 170) ; « la poésie n'a jamais été que *la contamination effective* de la vie par le rêve[1]... » Les œuvres romanesques de Bousquet, s'appuyant sur la même imagination amoureuse, se réfèrent souvent à ses échanges épistolaires et reprennent certaines idées formulées d'abord dans des lettres. Dans l'expression et l'élaboration continue de son amour, l'épistolier Bousquet éprouve constamment « le besoin de mêler [l'autre] à ce qu['il] fai[t] » (*LJ*, 77), car « tout ce qui existe, tout, est comme un chant endormi et n'attend que le passage d'un regard assez pur pour se ranimer » (*LJ*, 44-45). L'évocation de l'autre lui permet de clarifier ses idées, car « [t]oute pensée s'élève dans l'idée de l'être à qui elle sera communiquée » (*LPo*, 19). Le corps de l'autre est « une lampe de vérité » (*LPo*, 40), « [l]'incarnation du songe » (*LPo*, 158), « le symbole même de [s]on imagination amoureuse » (*LPo*, 82). En somme, le corps aimé réalise l'imagination du poète, élargit son champ de connaissance et diversifie considérablement ses moyens d'expression.

La nouvelle vision de l'être appelle un nouvel ordre de réalité où tout s'enrichit et se renouvelle par l'imagination, qui est un instrument de connaissance, comme le révèle le passage suivant : « Mes livres à écrire, ma pensée, mon œuvre ? Justement, un monde nouveau voulait s'y faire jour, repoussant le paysage qui s'édifiait selon le mode prévu » (*LJ*, 91-92). La perception d'un nouvel ordre existentiel renouvelle la façon de connaître et réconcilie l'homme et le monde ; le monde nouveau doit être complètement neuf, différent du monde ordinaire fondé sur des savoirs hérités et des images faussées. Sa construction vérifie la capacité à la révolte, à l'évolution et à la transformation d'une écriture consacrée à l'amour du monde et de l'être.

Dans une telle perspective, les œuvres semblent revendiquer un nouveau mode de lecture : la lecture continue des œuvres comme une constante remise en question, une quête ardente et inlassable :

> Écrire, c'est apprendre, dans l'élaboration d'une œuvre nouvelle, à mépriser celle qu'on vient d'achever. Être à soi-même son propre élève, son propre enfant [...] son propre ennemi. Une page de prose, un poème, ne sont jamais que la trace

1 René Nelli, *op. cit.*, p. 29 ; c'est l'auteur qui souligne.

d'un développement douloureux, la commémoration d'une victoire sur soi-même ou d'une défaite [...] [*LGi*, 48]

Cette lecture continue de ses œuvres implique chez Bousquet une attitude critique qui assure l'originalité et l'actualité de sa création. Elle invite à souligner le dynamisme intérieur de l'écriture, à unifier l'expérience de l'invention et celle de la réflexion, c'est-à-dire à associer, d'une part, l'imagination, l'expérience sensuelle et la quête de la nouveauté à la restructuration du langage et au renouvellement des sources et des méthodes d'invention, d'autre part. Enfin, cette lecture invite à retracer une ligne d'évasion tendue vers l'infini et vers l'essentiel, permettant d'ouvrir un nouvel espace d'être. Selon cette vision, l'acte de créer implique une image autre du corps agissant : celui-ci n'est pas seulement l'abri de l'expérience spirituelle, mais aussi sa perspective et son objet de reconquête.

Conclusion

« Ton corps ne fut d'abord que le prétexte de ton expérience : il est le lieu où ton expérience est devenue ton asile[1]. » Inscrite profondément dans la lutte contre le corps brisé, l'écriture épistolaire de Bousquet révèle la fonction cognitive et existentielle de l'acte d'écrire, qui enrichit le réel par l'imagination et transforme le corps en proie de l'esprit. Elle dépasse ainsi la dualité apparente entre corps et esprit, constitue une quête inlassable de la liberté, d'un nouvel ordre existentiel où le corps devient l'objet de transformations incessantes, le lieu d'une existence toujours renouvelée.

Quand les lettres identifient l'acte d'écrire au mouvement d'être et à la raison d'être, l'œuvre n'est plus une simple fiction, elle est « un document inédit sur la peine et la joie de vivre » (*LPo*, 143), le signe du désir d'être, l'image du corps poétique, la preuve qu'il est un espoir intact dans toutes les blessures, qu'il existe des « ressources illimitées de l'humain » (*LJ*, 44) au cœur de la vie et au-delà du corps, car le poète est un élan libre d'agir, de susciter le mouvement de l'esprit dont il est l'origine, l'horizon, le sens.

---

1 Joë Bousquet, *Notes d'inconnaissance*, *op. cit.*, p. 49.

Chapitre 8

Le corps dans les lettres de Georges Perros : « objeu » d'une posture complexe

Samia Gadhoumi

> « Que va faire le poète chez le peintre ?
> Se rafraîchir les idées. »
> Georges Perros[1]

Parler du corps dans la correspondance d'un écrivain, c'est soulever une question cruciale dans les tiroirs des écritures du moi, étant donné que lettre et corps ont un facteur commun, l'intime. Ce dernier prend ici son sens étymologique (*intimus*) : « ce qui est le plus en dedans, le plus intérieur[2] ». Ainsi, quand le genre devient propice aux confidences les plus intimes, le corps s'y dévoile au point de devenir une constante esthétique et une matrice qui nourrit toute la texture épistolaire.

Georges Perros (1923-1978) est poète, aphoriste, preneur de notes, essayiste, comédien, mais aussi grand épistolier. Ses correspondances entretenues avec des intellectuels tels que Lorand Gaspar, Michel Butor, Brice Parain, Jean Grenier, Jean Paulhan, Maxime Caron, Bernard Noël ou encore Anne et Gérard Philipe constituent un terreau fécond sur lequel le corps de l'épistolier modélise son écriture, oriente ses choix esthétiques et structure sa pratique scripturale.

Le titre de notre contribution met en place une conception tridimensionnelle de l'écriture épistolaire : lettre – objeu – posture, où « objeu » soude deux termes, « je » et « jeu ». Le corps est l'objet « médiatisé » à travers la correspondance réelle, confidentielle et intime de Georges Perros, dans laquelle « objeu », néologisme ima-

1 Georges Perros, *Dessiner ce qu'on a envie d'écrire. Œuvres graphiques. Préface de Michel Butor*, Bordeaux, Éditions Finitude / Musée des beaux-arts de Bordeaux, 2005, p. 22.

2 Félix Gaffiot, *Dictionnaire latin-français. Nouvelle édition revue et augmentée sous la direction de Pierre Flobert*, Paris, Hachette, 2001, Paris, p. 394.

giné par Francis Ponge à partir de « objet » et « jeu », est révélateur d'une véritable création poétique[1]. Cette contraction lexicale assume une représentation subjective de l'objet décrit[2]. Nous en aurons une approche intermédiale[3], qui nous permettra de contribuer à éclairer le rapport entre corps et médias.

Nous tenterons de répondre aux deux questions suivantes : comment le corps se transfigure-t-il en un « objeu »? Et comment cet objet précaire et impensé s'affirme-t-il comme un autre langage, un médium et une interface langagière, en vue de dépasser l'insuffisance de la parole? Pour répondre à ces questions, l'étude s'articulera autour de trois axes. Dans un premier temps, nous nous focaliserons sur le corps comme « objeu » dévoilé et picturalisé à travers les échanges épistolaires. Nous nous intéresserons ensuite à la scénographie du corps pathologique perrosien et à sa mise en scène, qui sont deux aspects étroitement liés. Dans une troisième et dernière partie, nous essayerons de montrer comment le corps, « objeu » d'interactions esthétiques dans les lettres, ouvre la voie à une « corpogénétique[4] » de toute l'œuvre. Autrement dit, nous montrerons en quoi la poétisation et l'artistisation de cet « objeu » motivent fondamentalement les choix esthétiques de Georges Perros.

Écrire avec et à travers le corps picturalisé et sculpté

Le corps dans les lettres de Perros est reconstruit, exposé et caricaturé à la manière d'un artiste. La place prépondérante qu'il reçoit au fil des lettres grâce au langage pictural et sculptural témoigne d'un arrière-fond artistique chez Perros. Ainsi écrit-il au poète Lorand Gaspar :

> J'ai lu vos poèmes, qui sont là, près de moi. Vécu avec eux. Ils sont étrangement plastiques, dans leur nudité de chaux. Leurs « mains » passent de la lumière à l'ombre, dans un bruit de terre de travail. On a envie de les pétrir, de les « tour-

1 Francis Ponge, *Le Soleil placé en abîme. Eaux-fortes originales de Jacques Hérold*, Paris, M. Pouderoux, coll. Drosera, 1954. Voir Michel Collot, « Manuscrits inédits du *Soleil placé en abîme*. Présentation », *Genesis (Manuscrits-Recherche-Invention)*, 2 (1992), p. 151-182. « Mettre dans l'arène du langage l'objet en jeu tel est le pari de Ponge. [...] D'où la série de poèmes qui concernent des objets apparemment insignifiants, comme la lessiveuse. Il s'agit à la fois de mettre l'objet en jeu, donc de le faire circuler, et de mettre, si j'ose dire, du "jeu", et du "je", dans l'objet lui-même » (Joseph Rouzel, *Parole d'éduc. Éducateur spécialisé au quotidien,* Toulouse, Érès, coll. Érès poche, 2011, p. 237).

2 Voir surtout Georges Perros, *Papiers collés. Notes*, Paris, Gallimard, coll. Le chemin, 1960 ; *id.*, *Papiers collés 2. Notes*, Paris, Gallimard, coll. Le chemin, 1973 ; *id.*, *Papiers collés 3. Notes*, Paris, Gallimard, coll. Le chemin, 1978.

3 Éric Méchoulan, « Intermédialités : le temps des illusions perdues », *Intermédialités / Intermediality*, 1 (printemps 2003), p. 9-27, p. 11; c'est l'auteur qui souligne.

4 Paul Dirkx, « Le corps de l'écrivain. Pour une corpogénétique des textes », conférence non publiée dans le cadre du cycle annuel « Pardon my French » de l'Institut français de Luxembourg, université du Luxembourg, 28 mars 2019.

ner ». Très haut placés, graves, ils vous restent dans l'œil et l'oreille comme fragments détachés d'un désastre blanc[1].

L'« objeu » du corps est impliqué fortement dans ce passage dont le caractère est sensoriel et, plus généralement, corporel. En vue de faire une critique des poèmes de *Gisements*[2], Perros recourt à un jeu d'analogies, nourri par un essai pictural fortement suggestif où la métaphore du corps sculpté est le médium. La « main », synecdoque du corps humain et spécialement du corps de l'écrivain, est une source de création et le lieu de surgissement d'une sensorialité accrue. Ce terme qui, omniprésent dans la poésie de George Perros, prend le relais du « corps difficile à traîner » et révèle « l'expression du poète impuissant »[3], prend une autre teneur dans ses lettres. Ici, la sculpture du corps, « objeu » et matière d'art, favorise l'imagination du poète-épistolier.

Toute la scène décrite dans l'extrait cité est concentrée sur le travail, le geste, les mouvements des mains dont « pétrir » et « "tourner" » s'avèrent les principales techniques. La mise entre guillemets du verbe « tourner » produit une charge sémantique suggestive qui, liée à l'étymon latin *tornare* (façonner au tour, modeler, donner forme), crée un mouvement ininterrompu et malléable. En effet, ce geste corporel est le dénominateur commun entre l'entreprise scripturale et la dynamique sculpturale. C'est à travers lui que le poète façonne les mots, matière première de son poème, et que le sculpteur, selon l'imaginaire créatif de l'épistolier, façonne la « chaux », matière première de son art. Le faisceau de sensations tactiles, auditives et visuelles citées dans l'extrait participent de cette esthétique de la sensualité. L'évocation du passage « de la lumière à l'ombre », du blanc au noir revêt une symbolique dynamique qui rappelle « l'ombre interne » de Marguerite Duras ou « la chambre noire intérieure » de Marcel Proust[4]. Cette technique d'ombre n'est pas l'équivalent du vide : elle « contient au contraire le tissu du trop-plein, le dense réseau des histoires, des ombres intra-, intertextuelles et biographiques[5] ».

1 Lettre de Georges Perros à Lorand Gaspar d'avril 1966 (Georges Perros et Lorand Gaspar, *Correspondance : 1966-1978. Introduction de Lorand Gaspar. Édition établie et annotée par Thierry Gillyboeuf*, Rennes, La Part commune, 2007, p. 46-47).

2 Lorand Gaspar, *Gisements*, Paris, Flammarion, 1968.

3 Georges Perros, *Une vie ordinaire*, Paris, Gallimard, 1967 ; cité *in* Estelle Piolet-Ferrux, « "Faire corps avec notre fragilité essentielle" : quête de soi et gestes du poème dans la poésie de Georges Perros », Caroline Andriot-Saillant et Thierry Roger (dir.), *Les gestes du poème. Actes du colloque organisé à Rouen en avril 2015*, Rouen, université de Rouen, s. d., <http://publis-shs.univ-rouen.fr/ceredi/index.php?id=341, p. 11>.

4 Marguerite Duras, *Le Camion, suivi de Entretien de Michelle Porte*, Paris, Minuit, 1977, p. 105-106 ; Marcel Proust, *À la recherche du temps perdu. Édition établie par Jean-Yves Tadié*, Paris, Gallimard, coll. Bibliothèque de la Pléiade, 1987-1989, p. 227.

5 Alexandra Saemmer, « Le blanc et le noir chez Marguerite Duras et Roman Opalka », Serge Gaubert et Radu Toma (dir.), *Littérature et peinture*, Bucarest, Babel / université de Bucarest, coll. Périféeries, 2003, p. 69-76, p. 73.

Autrement dit, c'est le corps de Perros, déchiré par la maladie, qui se miroite dans cette interface iconique. L'épistolier-sculpteur met son corps au prisme de ses modes de perception : il utilise tous les sens pour saisir et se saisir, comme nous l'avons vu, de ces « fragments détachés d'un désastre blanc ». Les fragments écrits, peints et sculptés coïncident avec l'esthétique fragmentaire cubiste, qui implique la décomposition et un certain brouillage dans la forme de l'objet. Or le cubisme est un courant fondateur de l'art moderne. Procéder par bribes ou par touches permet cette mise en forme de l'esthétique du désastre, du fragmentaire, caractéristique majeure du processus créateur chez Perros.

Une autre modalité de l'intermédialité chez Perros est celle de son corps caricaturé. Ainsi, en 1956, il écrit à son ami Jean Paulhan :

> Puis, en ce moment, je suis couvert de manuscrits, très longs, très ennuyeux, qui m'abrutissent. Ma chambre en est pleine, sous le lit, sur la table, dans tous les coins caricaturant mon désordre habituel. J'ai la tête bourrée d'intrigues à deux sous, d'histoires sans queue ni tête, dans l'intestin desquelles je me perds en râlant[1].

Le métalangage du corps produit une image ironique renforcée par l'hyperbole, une image à visée satirique. La faiblesse du corps est décrite de manière réflexive par le corps lui-même, mais dans un langage autre. Le sujet décrit est l'objet lui-même[2]. « Tête bourrée d'intrigues », « sans queue ni tête », « râlant » : ces expressions relativement familières redoublent l'idée d'un corps en proie au désordre, ce qu'exprime à lui seul le verbe « se perdre ». L'évocation du corps fait apparaître les points cruciaux sur lesquels se fonde l'écriture de Perros, notamment la mise à distance où l'épistolier se place dans la position d'un caricaturiste de soi-même pour montrer ses propres faiblesses au moment même de son écriture.

Scénographie du corps

Les matières sculpturale et picturale ne sont pas les seuls vecteurs de représentation du corps. D'autres traces s'exposent et se chevauchent au fil des lettres. En effet, le corps constitue aussi une interface donnant lieu à une mise en scène théâtrale. Perros confie à un autre de ses amis chez Gallimard, Brice Parain : « Il est sûr

1 Lettre de Georges Perros à Jean Paulhan de janvier 1956 (Jean Paulhan et Georges Perros, *Correspondance 1953-1967. Avant-courrier de Roger Judrin; dessins de Jean Bazaine*, Quimper, Calligrammes, 1982, p. 125).

2 Selon la sémiologue Josette Rey-Debove, « le langage étant apte à parler de tout système, [il] se trouve dans la situation de parler de lui-même » (Josette Rey-Debove, *Le métalangage. Étude linguistique du discours sur le langage*, Paris, Armand Colin, coll. U, 1997, p. 1).

que le langage a quelque chose de théâtral. D'où, sans doute, la douleur des conversations, quand elles se veulent à poil. Toutes nues. Il y a toujours un tiers silencieux. Ce peut être le public[1]. » Ce dévoilement à Brice Parain coïncide avec une mise en scène corporalisante du langage : Perros y expose sa définition du langage à travers les pulsions et les pudeurs de son propre corps. La personnification du langage à travers le vocabulaire de la nudité a un effet allégorique[2]. De même que, étymologiquement, le mot nudité vient du latin *nudus*, qui a trait à ce qui n'est pas recouvert, à ce qui est dépouillé, de même la parole de Perros est également dépouillée, inachevée et concise. Le corps donne accès à l'imaginaire à travers un langage « à poil », dénudé, voire un langage qui souffre. Alors, le langage devient la scène d'une mise en scène théâtrale de lui-même, de ses « poils » surgissant sur la surface de sa peau, de ses carences, de ses inadaptations, de son ornement sophistiqué. C'est dans ce sens que les douleurs naissent et montent à la surface. Par ailleurs, le langage, à travers la nudité du corps, expose et met en scène le caché. Il se transforme en un corps textuel qu'il faut pénétrer, contempler, traduire ou même s'approprier. Cette image, qui renvoie à l'allégorie du langage dépouillé, implique nécessairement le manque du langage, l'inachèvement et le silence.

Dans le même esprit, Perros confesse toujours qu'il écrit « à mi-voix » avec une « bouche cousue » et à travers un langage « anesthésié »[3]. Ces leitmotivs relèvent d'un mode d'expression qui favorise une distanciation par rapport à son propre corps. La locution adverbiale « écrire à mi-voix » dénote un combat perpétuel entre le geste corporel d'écrire et l'acte même de son accomplissement. Pour Aristote, cette voix, localisée dans les poumons et dans le cœur, est déjà en quelque sorte le miroir de l'âme[4]. La voix est le médium entre une prédilection pour la conversation et l'aspiration à l'écriture. Elle constitue une forte nécessité pour Perros d'écrire et de concrétiser ses pensées. Ayant souffert d'un cancer du larynx en 1976, il a subi l'ablation de ses cordes vocales. Privé de sa voix, l'épistolier a perdu le pivot autour duquel s'organisent son être et toute sa création littéraire. Le langage « anesthésié »

---

1 Lettre de Georges Perros à Brice Parain de janvier 1962 (Brice Parain et Georges Perros, *Correspondance 1960-1971. Éditée avec un avant-propos, des notes et un index par Pierre et Yaël Pachet*, Gallimard, Paris, 1999, p. 119).

2 Dans le sens où l'allégorie « présente une pensée sous l'image d'une autre pensée, propre à la rendre plus sensible et plus frappante que si elle était présentée directement et sans aucune espèce de voile » (Pierre Fontanier, *Les figures de discours. Introduction par Gérard Genette*, Paris, Flammarion, coll. Champs, 1977, p. 114).

3 Lettre de Georges Perros à Carl Gustaf Bjurström de 1963 (Georges Perros, *Lettres à Carl Gustaf Bjurström 1958-1976. Préface de Maxime Caron. Édition annotée par Thierry Gillyboeuf*, Rennes, La Part Commune, p. 74) ; lettre de Georges Perros à Bernard Noël de septembre 1977 (Bernard Noël et Georges Perros, *Correspondance 1960-1977. Préface et notes de Hervé Carn*, Draguignan, Éditions Unes, 1998, p. 122 ; Georges Perros, *Lettre préface. Partition musicale de Henri Sauguet. Dessin de René Quéré*, Quimper, Calligrammes, 1983, p. 16.

4 Gabrielle Konopczynski, « Les enjeux de la voix », Marie-France Castarède et Gabrielle Konopczynski (dir.), *Au commencement était la voix. Préface d'André Green*, Ramonville-Saint-Agne, Érès, coll. La vie de l'enfant, 2005, p. 33-50, p. 33.

(cf. *supra*) est une métaphore de ce corps souffrant. Il indique la présence d'une théâtralité[1], tout en renvoyant à une absence de l'intégrité corporelle et à un mode d'expression qui dépasse le langage parlé et tend vers le muet, le silence, le mimétique et le gestuel.

L'objeu « se pétrifie (aux sens neutre et péjoratif du verbe) en un objet autre. Tout se passe comme si l'envie de l'objet débouchait… sur son remplacement[2] ». Il devient un langage à part entière, « un objet textuel[3] » autonome qui se charge d'une puissance révélatrice. Alors, cet objet, fétiche mais poétisé, ne demeure pas ce « parti-pris des choses », comme disait pour sa part Francis Ponge en parlant de la poésie consacrée aux objets de ce monde, mais un « objeu »-miroir qui cultive une symétrie entre l'image du soi et le langage. Recourir à la scénographie du langage répond à un désir exigeant de l'épistolier de s'affranchir de cette incapacité du langage à dire la réalité et à décrire ce qu'il ressent.

Dans le même ordre d'idées, Perros écrit ceci à Jean Paulhan : « Les notes? J'ai plutôt l'impression que chaque note est malade, contagieuse, et rattrape son microbe à n'en plus finir[4]. » Dans ce passage, Perros décrit ses pensées notulaires comme des entités incurables et pathogènes (« malade, contagieuse […] à n'en plus finir »). La note, forme d'écriture, est substituée à un état d'âme. Que penser d'une telle attitude chez un auteur qui cultive assidûment cette forme « lacunaire » et qui en fait toujours l'éloge? La note chez Perros, comme son corps, est fragile, faible, susceptible de toute déformation. Elle est contagieuse, c'est-à-dire transmissible, communicable et ouverte à tous les avatars. Comme le corps est sujet à diverses mutations, la note est « ouverte », pour reprendre le terme d'Umberto Eco[5], c'est-à-dire sujette à plusieurs interprétations. Cette corrélation corps-note rime avec corps-esprit dans une sorte de scénographie. Le corps quitte sa nature matérielle pour se faire jouer, se faire évoquer dans un autre espace figuratif et symbolique.

Le sujet-épistolier est dépossédé de son corps pétri, qui se voit détourné en un objet signifiant, lisible et visuel – qui se voit symbolisé. C'est une forme d'esthétisation, une mise en image de sa propre fragilité, une forme de poétisation. C'est comme s'il réinventait un corps qui lui était devenu étranger, voire hostile, et qu'il le remplaçât par un autre, labile, fluide, au fur et à mesure de son implication dans la page. On voit ainsi apparaître ce que le texte « contient du corps

1 Cf. Anne Ubersfeld, *Les termes clés de l'analyse du théâtre*, Paris, Seuil, coll. Mémo : lettres, 1996, p. 83.

2 Alain Romestaing, « L'objet chez Francis Ponge : du "Parti-pris des choses" à "l'objeu" », Roger Navarri (dir.), *Écritures de l'objet*, Pessac, Presses Universitaires de Bordeaux, coll. Modernités, 1997, p. 125-145, <http://books.openedition.org/pub/4934>.

3 *Ibid.*, p. 11.

4 Lettre de Georges Perros à Jean Paulhan, été 1962 (Jean Paulhan et Georges Perros, *op. cit.*, p. 305).

5 Umberto Eco, *L'œuvre ouverte. Traduit de l'italien par Chantal Roux de Bézieux, avec le concours d'André Boucourechliev*, Paris, Seuil, coll. Pierres vives, 1965.

de l'écrivain, voire fait au corps de l'écrivain[1] ». Le corps constitue l'anatomie de l'entreprise scripturale de l'écrivain. Celui-ci est alors apte à générer une image auctoriale spécifique.

La posture complexe et ambivalente de Perros épistolier

Le texte épistolaire est la matière première avec laquelle se construit une image de soi peu ou prou authentique, en tant que lieu des confidences les plus intimes où le « je » et la personne biographique sont deux niveaux d'une même instance auctoriale. Selon Jérôme Meizoz, les écritures autobiographiques, à l'instar des correspondances, « créent une posture, une construction de soi à envisager selon l'état du champ artistique considéré. Il ne s'agit pas du soi civil ou biographique, du moins pas seulement, mais d'un soi construit que l'auteur lègue aux lecteurs dans et par le travail de la lettre[2] ». Le corps biologique de l'épistolier s'inscrit dans ce champ d'autofiguration qui structure le rapport entre le « je » épistolier et la posture. Perros est un écrivain de la frange : son œuvre façonne inlassablement l'image d'un homme en marge liée à une œuvre où le silence, le fragment et la note cohabitent et dont l'absence, la négation, la solitude, la réclusion, la dénégation et le mal-être sont les principaux thèmes sur lesquels repose toute son esthétique[3]. La question se pose alors de savoir comment la représentation du corps biologique malade, une certaine poétisation, traduit la posture complexe de l'épistolier.

Tout au long de ses correspondances, Perros donne l'image d'un être socialement situé à l'écart, « désocialisé au point zéro », avoue-t-il à Brice Parain[4]. Cette adhésion sociale présentée comme inexistante, ce degré zéro de la socialisation est actualisé à travers la représentation d'un corps fragile, chétif et faillible. En fait, Perros se montre comme l'épistolier précaire et travailleur à la fois qui souffre de conditions matérielles liées à des problèmes éditoriaux insurmontables. Il est obligé de traduire et de publier des articles dans *La Nouvelle Revue Française* pour gagner de l'argent, lui dont le corps constitue un obstacle majeur. Il ne cesse dans ses lettres de signaler cette faiblesse physique qui entrave, voire empêche toute production. « Si la carcasse s'en mêle, j'abdique. [...] Je me traîne, présente au monde un sque-

1 Paul Dirkx, « Éditorial », *Sociologie de l'art*, 20 (2012), 2, p. 7-9, p. 7.

2 Jérôme Meizoz, *Postures littéraires. Mises en scène modernes de l'auteur. Essai*, Genève, Slatkine Érudition, 2007, p. 28.

3 Ariane Lüthi, *Pratique et poétique de la note chez Georges Perros et Philippe Jaccottet*, Paris, Éditions du Sandre, 2009.

4 Lettre de Georges Perros à Brice Parain du 25 novembre 1963 (Brice Parain et Georges Perros, *op. cit.*, p. 212).

lette voûté, sans énergie[1]. » Tout un lexique péjoratif traduit le peu de valeur que Perros attribue à son propre corps. Celui-ci constitue un obstacle à son intégration sociale et notamment professionnelle. « Luttant contre le mal physique, il se donne le mérite d'une écriture conquise en dépit du corps. Sa santé fragile ne fait d'ailleurs que dramatiser sa puissance verbale[2]. » Les lettres succombent alors à cette lutte contre la négativité, voire contre le dysfonctionnement du corps biologique, pour mieux concrétiser dans le même mouvement ce pur épanchement de l'écriture, cet « engagement somatique entier dans l'acte d'écriture » dont parle Jérôme Meizoz à propos de Jean-Jacques Rousseau, le « je » épistolier s'engageant dans l'écriture en dépit de risques (politiques, etc.) que le corps peut encourir[3]. Il apparaît clairement que l'activité scripturale ainsi que le travail de la créativité de l'épistolier dépendent de la vitalité de son propre corps.

Dans toutes les correspondances qui datent d'après son cancer du larynx, Georges Perros met en scène son corps malade pour mener une réflexion suivie sur son existence, sur sa création et sur sa façon de concevoir sa maladie en rapport avec son activité scripturale. Il écrit ainsi à Michel Butor : « Le chirurgien est assez pessimiste sur mes chances de garder voix [*sic*]. Mais il paraît qu'on peut apprendre à devenir ventriloque. Ce serait le moindre des ennuis. D'ailleurs, il serait temps que j'écrive quelque chose de solide. Belle occasion[4] ! » C'est sur un ton mi-badin, mi-sarcastique que Perros lie son état de santé à son engouement apparemment intact pour une écriture « solide ». La privation de la voix permettrait à l'épistolier de devenir ventriloque et lui donnerait en outre une « [b]elle occasion » d'écrire. Si le paradoxe et l'ambivalence sémantique sous-tendent cette confidence, il s'avère en tout cas que la souffrance physique est indissociable de la création. Ce qui fait la spécificité de la représentation du corps dans les correspondances de Perros, c'est sa posture auctoriale équivoque, non pas à la manière du « gueux philosophe », pour reprendre l'épithète que Jérôme Meizoz réserve à Rousseau qui, en quelque sorte, joue de son corps malade à des fins d'argumentation pathétique, mais en déjouant les obstacles de son corps pour être soi-même, pour se réconcilier avec sa « stupeur organique[5] ». Aussi Perros était-il « un homme qui refusait la pose littéraire[6] ».

1 Lettre de Georges Perros à Gérard Philipe de juillet 1947 (Georges Perros, Anne Philipe et Gérard Philipe, *Correspondance 1946-1978. Présentée par Jérôme Garcin et annotée par Anne-Marie Philipe et Thierry Boizet*, Bordeaux, Finitude, 2008, p. 29).

2 *Jérôme Meizoz, op. cit.*, p. 24.

3 *Id.*, « Les usages sociaux du corps naturel : Jean-Jacques Rousseau », *Sociologie de l'art*, 20 (2012), 2, p. 11-28, p. 21.

4 Lettre de Georges Perros à Michel Butor de 1976 (Michel Butor et Georges Perros, *Correspondance : 1955-1978. Édition annotée par Franck Lhomeau, avec la collaboration de Michel Butor*, Nantes, Joseph K, 1996, p. 522).

5 Jérôme Meizoz, « Les usages sociaux du corps naturel : Jean-Jacques Rousseau », art. cit., p. 56.

6 Marie-Hélène Gauthier, « Georges Perros ou l'écriture de soi », *French Forum*, 42 (2017), 1, p. 19-35, p. 19.

C'est sans cesse que l'épistolier parle de son cancer, de ses analyses médicales, des prélèvements qu'il subit, de ses séjours passés à l'hôpital Laennec de Paris, de son traitement à la bombe au cobalt à Marseille, de la douleur des perfusions et des piqûres qu'il a reçues, ainsi que des tentatives avortées de rééducation de la parole. Ces descriptions méticuleuses au fil des lettres constituent une mise en scène poétisée de sa souffrance physique. À chaque fois que Perros se décrit, il transpose cette image détaillée de la faiblesse physique, verbalisant ainsi son engouement pour l'écriture fragmentée. Dès lors, une image de soi se diffracte de cette rencontre entre corps et écriture, de cette « malédiction littéraire[1] » qui s'empare du tissu épistolaire. Perros a constamment le souci de présenter un corps chétif et vulnérable pour faire un avec soi-même. Il tisse toujours l'image d'un corps qui inhibe toute forme de productivité, de communication et de mouvement, mais en même temps il incarne une écriture qui se révolte grâce à l'actualisation de ce corps « pétri ». Le corps apparaît comme un « objeu » inhibiteur et catalyseur à la fois.

À tout cela s'ajoute que l'épistolier se présente comme ce que nous pourrions appeler un écrivain-parleur à travers son corps malade. Il veut toujours chanter cet hymne de la parole absente, silencieuse. Loin de freiner le corps du malade, la maladie est un catalyseur de cette parole inhérente à la création perrosienne ; s'il est vrai que la maladie l'empêche de parler, il parle encore à travers son écriture : « Muet quoique tonitruant », comme il confie à son ami Bernard Noël[2]. Il se révolte contre son corps et contre sa situation à travers l'écriture, pour se construire sans céder à la fatalité ou au tragique. Dans ses écrits, Perros entretient un rapport difficile avec son corps dont il se fait l'écho dans ses lettres : « Difficile pour un esprit qui se veut libre, qui se pense libre, de buter constamment contre la sombre servitude de cette machine imprévisible qui s'avance vers sa pourriture[3]. » Cette dialectique entre corps et écriture va nourrir l'esthétique de l'épistolier qui s'appuie sur la fragilité de son corps pour forger un « objeu », instrument, support et enjeu d'un travail de sublimation visant à décrire et à écrire son corps malade. Autrement dit, la mise en texte épistolaire du corps malade perrosien revêt une dimension artistique. C'est à travers cette intermédialité verbo-scénographique que Perros se dévoile et parle de son corps souffrant, qui est visualisé et examiné de plus près grâce à cette poétisation du réel.

L'affirmation suivante à son ami Brice Parain vient comme récapituler notre analyse :

---

1 Pascal Brissette, *La malédiction littéraire. Du poète crotté au génie malheureux*, Montréal, Presses de l'université de Montréal, coll. Socius, 2005.

2 Lettre de Georges Perros à Bernard Noël du 7 juillet 1976 (Bernard Noël et Georges Perros, *op. cit.*, p. 105).

3 Lorand Gaspar, « Introduction : la vie ordinaire de Georges Perros », Georges Perros et Lorand Gaspar, *op. cit.*, p. 8-37, p. 17.

> Non, je ne dirai pas qu'un livre remplace son homme, cette présence chair-os-âme, mais enfin c'est mieux que rien. Moins que tout, sans doute, mais participant à ce tout. Bien sûr, il y a un décollage, tout livre valable « posthumise » son homme, on n'est jamais le contemporain d'un livre, surtout quand le puits est profond. Il nous échappe, comme il échappe à son auteur[1].

La métonymie « chair-os-âme » résume amplement ce rapport entre corps et œuvre. Elle dessine cette corpogénétique qui regagne l'espace de l'œuvre et se fait « décoller » avec elle. Bien qu'elle soit relative, l'œuvre contient toujours quelque chose d'une image spéculaire de son auteur. Il est vrai que le livre « posthumise » son homme, qu'il y a un « décollage », mais la corporéité de l'écrivain colle toujours avec ce décollage. L'évocation du corps de l'auteur et le recours à son artistisation font accéder au « mystère » de sa création et au plus intime de sa réflexion. Le corps dans les correspondances de Georges Perros est le réceptacle où s'enchevêtrent les pensées intimes de l'épistolier, sa compétence scripturale et sa vocation artistique. Il est le lieu où résonnent le désordre intellectuel du sujet épistolier, sa déperdition identitaire et ses « déflagrations intérieures[2] », qui apparaissent par la suite en filigrane dans ses écrits.

En guise de conclusion

Le corps chez Perros apparaît comme un objet soumis à la douleur et comme une proie à la maladie, à l'hésitation et au malaise existentiel. Toutefois, il s'avère aussi un objet de quête, de poétisation et un outil déclencheur de la création littéraire. Le corps est le point focal où se concentrent le matériau linguistique, le support technique et le réceptacle esthétique, mettant en valeur l'expérience artistique de l'épistolier, ainsi qu'une image de soi complexe dans la mesure où le corps malade constitue un atout pour définir une esthétique qui lui soit propre. Cet « objeu », qui occupe l'amont et l'aval de la trame épistolaire perrosienne, garantit la reconstruction d'une image de soi complexe et équivoque et révèle des potentialités poétiques insoupçonnées chez le poète épistolier.

---

1 Lettre de Georges Perros à Brice Parain d'octobre 1960 (Brice Parain et Georges Perros, *op. cit.*, p. 52).

2 Georges Perros, *Lettre préface*, *op. cit.*, p. 47.

Chapitre 9

Écrire la chair tremblée. L'art de la correspondance dans *Ice* d'Antoine d'Agata

Nina Bigot

> Février. 2005. Hôtel Lake Side, chambre 13, héroïne. J'avance dans l'obscurité avec la perspective confuse d'un nouvel usage de la photographie par l'excès. La conscience des possibilités extrêmes de la vie passe, dans ma pratique, par la retranscription troublée d'expériences déchirantes, la nécessité de franchir les limites de la transgression, d'explorer les versants du mal, et de témoigner, dans la contrainte, d'épreuves réelles. Je regarde cette image trouvée et j'ai le vertige[1].

Voici les premiers mots écrits par l'auteur-photographe Antoine d'Agata (né en 1961) dans son ouvrage *Ice*, publié en 2012 aux éditions Images en Manœuvres, une fois passés les textes liminaires – une chronologie, une reprise du texte qui clôt son *Manifeste*[2], puis une analyse lexicographique et étymologique du verbe « détruire ». À l'instar de tous les livres d'Agata, *Ice* est un ouvrage photolittéraire, composé de clichés photographiques et de textes. Il est, de plus, polyphonique, comme la plupart de ses ouvrages, tels *Codex*, coécrit avec Bruno le Dantec, *Stasis*, avec Mehdi Belhaj Kacem, ou encore *Atlas*, où Agata se fait rhapsode, collectant les paroles de prostituées de divers endroits du globe[3]. *Ice* est toutefois le seul livre à posséder la structure narrative hybride suivante : il est un journal dont la structure narrative repose sur la correspondance entre l'écrivain Rafael Garido et Antoine d'Agata au cours du voyage qui a mené ce dernier du Mexique au Cambodge, de

1 Antoine d'Agata et Rafael Garido, *Ice*, Marseille, Images en Manœuvres Éditions, 2012, p. 16.

2 Antoine d'Agata, *Manifeste*, Cherbourg, Le Point du jour éditeur, 2005.

3 Antoine d'Agata et Bruno le Dantec, *Codex*, Mexico, Éditions RM, 2017 ; Antoine d'Agata et Mehdi Belhaj Kacem, *Stasis. Géométrie de la cruauté*, Marseille, Studio Vortex, 2019 ; Antoine d'Agata, *Atlas*, Paris, Textuel, 2016.

1999 à 2011, au côté des prostituées, au cœur des bas-fonds[1] des villes, « zones de non-droit, territoires de tous les écarts, refuges de spécimens d'humanité blessée, espaces clos et privilégiés où la bestialité sape la bienséance et les règles sociales[2] ».

Comme l'annonce Agata dans l'incipit, *Ice* sera une « retranscription troublée d'expériences déchirantes » qui seront toutes somatiques. L'épine dorsale de l'art d'Antoine d'Agata, qui considère ne s'inscrire « dans le monde que comme surface tangible[3] », c'est le corps ; son processus poïétique repose sur une mise en condition créatrice du corps par le biais d'expériences extrêmes au cours desquelles il transgresse continuellement les limites de son propre corps. L'œuvre qui découle de cette *poïèsis* affirme alors toute sa corporalité[4]. *De facto*, dans cet ouvrage, l'essentiel des photographies représente des corps, tout comme les textes parlent de corps ou font parler des corps. La première de couverture – la radiographie d'un crâne – est à cet égard éloquente : elle indique que, en plongeant dans ce livre, nous nous apprêtons à entrer dans un corps, sous la surface de l'épiderme. Dans les premières pages, on lit ces mots qui résument la poïétique (le processus de création) comme la poétique (les règles du produit ainsi créé) d'*Ice* : « Octobre 2007 : je ne cherche plus que ce que contient de peur hallucinée un regard chaviré par la jouissance. Tout y est. Là, dans ces brefs instants où la douleur se fond à l'extase et à la conscience de la chair[5]. » *Ice* rend compte d'une quête entreprise par Agata : « la conscience de la chair » que l'extase seule rend accessible. Sa correspondance avec Garido est donc constituée des traces des expériences poïétiques corporelles nécessaires à cette prise de conscience, tout comme elle rend compte, nous le verrons, d'une tentative d'élaborer un langage du corps ; ainsi, grâce à l'*ice* – un des synonymes argotiques de la métamphétamine –, pourra s'écrire la chair tremblée.

Cette étude nous plongera dans les méandres de cet ouvrage, où quatre mains frasent[6] un même corps, corps qui imbibe ce livre, livre qui palpite au rythme de ses vibrations nerveuses, de ses tensions musculaires. Nous nous intéresserons

1 L'expression est employée par Agata dès la page 16 d'*Ice* : « Dans les bas-fonds, les corps baisent, à cœur joie ou dans la douleur. » Elle désigne les lieux en marge où vivent les êtres en marge, qui doivent être cachés (personnes vivant dans la plus grande misère, prostituées, dealers, etc.).

2 Antoine d'Agata, *Anticorps. Édition des textes par Rafael Garido. Préface de Pierre Guyotat*, Paris, Xavier Barral Éditions, 2013, p. 26.

3 Antoine d'Agata et Rafael Garido, *Ice*, *op. cit.*, p. 92.

4 Dans le glossaire qui clôt *Les peaux créatrices*, Stéphane Dumas distingue la corporéité, « le fait d'être un corps », et la corporalité, « appartenant à un corps » (Stéphane Dumas, *Les peaux créatrices. Esthétique de la sécrétion. Préface de Jean-Luc Nancy. Postface de François Dagognet*, Paris, Klincksieck, coll. Collection d'esthétique, 2014, p. 451). Le terme est ici employé dans ce sens.

5 Antoine d'Agata et Rafael Garido, *Ice*, *op. cit.*, p. 17.

6 C'est ici le sens étymologique du verbe « fraser » qui est invoqué : *fresare*, dépouiller de son enveloppe (Centre National des Ressources Textuelles et Lexicales, CNRTL).

d'abord à l'appellation « biographie de chair » qu'utilise Agata pour désigner *Ice*[1], biographie qui repose sur l'intrication entre journal intime et correspondance, avant de nous arrêter à la poétique intéroceptive (c'est-à-dire sensible aux excitations provenant de l'intérieur de l'organisme) à l'œuvre dans *Ice*, poétique inhérente à l'usage des drogues qui altèrent et ravivent simultanément la conscience du corps. Nous terminerons par une analyse de la pratique du paroxysme dont *Ice* est le fruit, pratique qui inaugure une somatognosie[2] par l'excès.

Ice, biographie de chair polymorphe

Dans *Le Désir du monde*, Agata emploie le terme « journal intime » pour qualifier ses ouvrages[3]; dans *Anticorps*, il évoque « la méthode du journal prémédité écrit sur le vif[4] » qui est la sienne; dans son *Manifeste*, il dit tenir « un journal qui tente de révéler la crudité de la chair[5] ». La catégorie générique « journal » met en exergue la coïncidence entre son existence et sa pratique. Il l'affirme : « Ma pratique photographique est indissociablement liée à mes expériences. [...] Je photographie ce que je vis pendant que je le vis[6]. » Antoine d'Agata ne fait aucune distinction entre pratique de la vie, pratique photographique et pratique littéraire. Indiquons d'ailleurs qu'il parle peu de sa pratique littéraire et ne se revendique pas comme écrivain. Cependant, la forme même du journal suppose une appétence pour l'écriture. Comme le rappellent Philippe Lejeune et Catherine Bogaert, « on tient un journal parce qu'on aime écrire[7] », et « [o]n n'a pas la vanité de se croire écrivain, mais la douceur d'exister dans les mots et l'espoir de laisser une trace[8] ».

Ice a néanmoins la particularité d'être un journal à la fois intime et polyphonique, nouant la forme du journal à celle de la correspondance. Toutes deux ont en commun l'une des caractéristiques que Lejeune et Bogaert attribuent au journal : être « une *série* de traces datées[9] ». Dans *Ice*, chaque expérience est temporalisée :

1 Antoine d'Agata et Rafael Garido, *Ice*, *op. cit.*, p. 93.

2 Du grec *sôma*, corps, et *gnôsis*, connaissance, la somatognosie désigne la reconnaissance et la désignation par un sujet de son corps, de l'image et du sens de celui-ci (*Dictionnaire de l'Académie Nationale de Médecine*, disponible en ligne).

3 « Dès que j'ai commencé à photographier, mes images se sont imposées à moi comme un journal intime » (Antoine d'Agata et Christine Delory-Momberger, *Le Désir du monde. Entretiens*, Paris, Éditions Téraèdre, coll. L'écriture de la vie, 2008, p. 11).

4 Antoine d'Agata, *Anticorps*, *op. cit.*, p. 164.

5 *Id.*, « Dépenses », *Manifeste*, *op. cit.*, p. 8-10, p. 9.

6 Antoine d'Agata et Christine Delory-Momberger, *op. cit.*, p. 12.

7 Philippe Lejeune et Catherine Bogaert, *Le journal intime. Histoire et anthologie*, Paris, Textuel, 2005, p. 31.

8 *Ibid.*, p. 34.

9 *Ibid.*, p. 24 (ce sont les auteurs qui soulignent).

date de la rédaction, pour les entrées du journal; date de l'envoi, pour le courriel. Les titres de chapitre sont par ailleurs des dates : « prémices [*sic*] 2005-2007 », « 2008 », « 2009 », « 2012 » et « épilogue [*sic*] 2011 ». Quant aux photographies, le lecteur les situe sur l'axe du temps au regard des chapitres dans lesquels elles s'inscrivent et des textes qui les encadrent. On suppose, par exemple, que la série de photographies située entre un courriel daté du 1e et un autre du 4 juin 2009 a été faite durant ce laps de temps, même si on n'en saura pas davantage. Les dates dans le journal participent à la constitution d'une « authenticité de l'instant[1] » : « Quand minuit sonne, je n'ai plus le droit de rien changer. Si je le fais, je quitte le journal pour entrer dans l'autobiographie[2]. » De même, une lettre ou un courriel, une fois envoyés, ne peuvent non plus être modifiés.

Correspondance et journal conservent donc tous deux des traces, terme dont l'analyse étymologique est éclairante : la trace est « ce qui reste d'une action passée », la « marque laissée par ce qui agit sur quelque chose » (XIIIe siècle), la « quantité très faible d'une substance qui demeure » (1377)[3]. La trace, c'est aussi bien une preuve qu'une empreinte que quelque chose a été, que quelqu'un (ou quelque chose) (s')est passé. La trace fait écho à l'adjectif qu'Agata emploie pour qualifier ses images : « Les seuls points de repère sont quelques images rescapées[4] ». Autrement dit, l'image est une rescapée, à la fois trace, résidu d'un événement antérieur et survivante d'un accident, d'une catastrophe. Elle dépend d'un instant qui l'a précédée et qui l'a marquée. Agata fait partie de ces photographes pour qui « l'acte de création commence bien avant que l'appareil ne soit en place[5] », une approche qui renoue avec « l'ambiguïté avec laquelle la photographie s'est immiscée dans le champ de l'art, à la fois en tant que document sur le geste artistique et en tant qu'œuvre d'art[6] ».

Le journal intime étant à soi – l'usage le définit ainsi : nous y terrons nos secrets, nous l'écrivons presque clandestinement –, alors que la correspondance est partagée, la possibilité d'une fusion entre ces deux formes scripturales peut sembler antinomique. Pourtant, toutes deux relèvent de l'intimité. De l'une à l'autre, l'in-

1 *Ibid.*, p. 23-24.

2 *Ibid.*, p. 24.

3 L'analyse étymologique du substantif « trace » s'appuie sur le CNRTL.

4 Antoine d'Agata, « Situations », Christine Delory-Momberger et Fanny Escoulen (dir.), *Actes. Antoine d'Agata, une présence politique*, Marseille, André Frère éditions, 2014, p. 1-114, p. 3.

5 Charlotte Cotton, *La photographie dans l'art contemporain. Traduit de l'anglais par Pierre Saint-Jean*, Paris, Thames & Hudson, coll. L'univers de l'art, 2005, p. 21. Dans l'art des années 1960-1970, la photographie tendait à aller de pair avec les performances et le Body Art : elle avait souvent pour rôle d'immortaliser des instants éphémères et possédait le « double-statut [...] de document et de preuve de l'art » (*ibid.*, p. 22). Agata est un des héritiers de cette pratique.

6 *Ibid.*, p. 22.

timité varie en degré : le journal relève de l'intime secret, et la correspondance, du partage d'un secret. *A priori*, le cercle est restreint : à rebours du livre, pensé pour être édité et donc lu par des étrangers, la correspondance s'inscrit dans le cercle proche – ce que je ne partage qu'avec une personne plus ou moins proche –, tandis que le journal s'inscrit dans le cercle du caché – ce que je ne partage qu'avec moi, voire ce que je peux ne partager avec personne. *Ice*, en tant qu'ouvrage édité pour un lectorat étranger au cercle restreint des destinataires des courriels, repose sur une mise en scène de l'intimité qui répond au désir d'Agata de « [r]etranscrire la subjectivité d'une expérience[1] » intime et viatique.

Ice a en effet été composé, nous l'avons dit, au cours d'un long voyage entrepris par Agata, du Mexique au Cambodge, en passant notamment par le Japon et l'Amérique Centrale. Néanmoins, les clichés et les textes se concentrent essentiellement sur les corps[2]. Chez Agata, l'espace est corporel : comme l'écrit Garido dans *Agonie*, essai sur l'art d'Agata, « les corps font espace », « [i]ls constituent et incorporent un espace »[3]. Ce postulat se comprend de deux manières. D'une part, tout l'enjeu de la poïétique agatienne est d'éprouver le monde qu'il parcourt, par le biais d'expériences corporelles : comme il l'écrit au début d'*Ice*, « ce n'est pas le regard que je porte sur le monde qui importe, mais le rapport intime que j'entretiens avec lui[4] ». D'autre part, les corps des prostituées sont des corps marqués par l'espace dans lequel elles vivent. Comme le rappelle la critique d'art Dominique Baqué, « [t]oute société, toute culture, on le sait, fabrique, sculpte ses propres corps : en ce sens, rien de moins naturel qu'un corps, tout entier façonné par des paradigmes culturels[5] ». La vie des prostituées dans les bas-fonds de la société a, en effet, sculpté, taillé (*sculpere*) leurs corps. De Tae, il évoque « la peau desséchée et crevassée de ses talons[6] »; portraiturant Vi, il décrit, « sur la peau de son visage, les taches, les boutons, les cicatrices[7] »; quant au corps de Da, il « est couvert de marques funestes, plaques rougeâtres qu'elle gratte, croûtes qu'elle écorche jusqu'au sang[8] ». L'épiderme devient une surface d'« expeausition », néologisme créé par Jean-Luc

1 Antoine d'Agata, « Huis-Clos », *Manifeste*, *op. cit.*, p. 16-17, p. 17.

2 Seuls trois clichés font exception : la photographie d'un espace urbain (p. 12 et 13) et deux photographies de ce qui semble être des chambres (p. 18 et 139).

3 Antoine d'Agata et Rafael Garido, *Agonie*, Arles, Actes Sud, 2009, p. 23.

4 Antoine d'Agata et Rafael Garido, *Ice*, *op. cit.*, p. 17.

5 Dominique Baqué, *Photographie plasticienne. L'Extrême contemporain*, Paris, Éditions du regard, 2004, p. 226. Cf. Marcel Mauss, « Les techniques du corps » [1936], *Sociologie et anthropologie. Précédé d'une* Introduction à l'œuvre de Marcel Mauss *par Claude Lévi-Strauss*, Paris, Presses Universitaires de France, coll. Quadrige, 2003, p. 363-386.

6 Antoine d'Agata et Rafael Garido, *Ice*, *op. cit.*, p. 255.

7 *Ibid.*, p. 262.

8 *Ibid.*, p. 267.

Nancy dans *Corpus*, que Stéphane Dumas définit en ces termes en le reprenant dans *Les peaux créatrices* : l'expeausition « confère à la présence phénoménologique du bord d'un corps la dimension du déploiement d'un sens[1] ». Dans le cliché situé à la page 169 d'*Ice*, les nombreuses entailles, taches, cicatrices sur l'épiderme sont autant de marques laissées par les bas-fonds sur le corps d'une femme. La surface de la peau s'y lit à la façon d'un palimpseste : les cicatrices récentes se mêlent aux traces laissées par les anciennes. Leur forme, leur profondeur, leur emplacement sont autant d'indices qui donnent lieu à des interprétations hypothétiques.

Ice, à la fois journal et correspondance viatique, est donc une biographie de chair, où le corps se montre et se parcourt : celui des prostituées, mais aussi et surtout, nous allons le voir, le corps de l'auteur-photographe lui-même, qui devient un champ d'expérimentation lui permettant d'éprouver le monde.

Le laboratoire corporel[2] : corps expérimental, corps expérimenté

« La photographie s'est greffée sur ma vie, s'en nourrit comme d'une chair vivante[3] » : la pratique d'Agata, qu'elle soit photographique ou littéraire[4], ici représentée sous la forme d'un parasite carnassier, est corporelle. Sa poïétique repose sur une expérience de son propre corps – « le seul matériau[5] » – et de sa propre vie – « la matière même de [s]a parole[6] ». Dans *Praxis*, il emprunte les mots de Pierre Guyotat pour expliciter sa propre pratique : « […] plus j'interviens physiquement dans la langue, plus j'ai la sensation de vivre; transformer une langue en verbe est un acte volontaire, un acte physique. Un débat entre littérature et vie, oui, peut-être, mais pas entre ce que moi j'écris et la vie; parce que c'est la vie, ce que je fais[7]. » La poïétique d'Agata, « une recherche expérimentale qui prend chair dans [ses] actes[8] », est un acte physique, pour parler avec René Passeron[9], acte qui engage sa propre

1 Stéphane Dumas, *op. cit.*, p. 162; Jean-Luc Nancy, *Corpus*, Paris, Métailié, coll. Sciences Humaines, 2000, p. 31-34.

2 L'expression « laboratoire corporel » est empruntée à un appel à communications à l'initiative d'Eugénie Perron-Doutet et d'Anaïs Charles : « Laboratoire(s) corporel(s). Écritures, performances et créations plastiques » (université de Limoges, 12 février 2021).

3 Antoine d'Agata, « A », *Manifeste, op. cit.*, p. 18-19, p. 19.

4 Rappelons ici, à nouveau, qu'Agata se désigne comme photographe, mais jamais comme écrivain. Aussi analyserons-nous sa conception de la pratique littéraire à l'aune de sa conception de la pratique photographique.

5 Antoine d'Agata et Rafael Garido, *Ice, op. cit.*, p. 94.

6 *Id.*, *Agonie, op. cit.*, p. 10.

7 Pierre Guyotat, *Coma*, Paris, Gallimard, coll. Folio, 2007 [2006], p. 31-32; cité dans Antoine d'Agata, *Praxis*, Marseille, Studio Vortex, 2021, p. 96.

8 Antoine d'Agata, « Dépenses », art. cit., p. 9-10.

9 René Passeron, *Pour une philosophie de la création*, Paris, Klincksieck, coll. Collection d'esthétique, 1989. Cet

existence et son propre corps, afin d'agir physiquement dans le texte comme dans l'image. En somme, chez Agata, pas « de corpus textuel sans *corpus humanum*[1] », ni, d'ailleurs, de corpus photographique. Il instaure alors un rituel poïétique dont les principes sont les suivants : l'absorption de drogues qui altèrent son corps et la perception qu'il en a. Ce rituel fait partie intégrante du récit, comme en témoigne ce texte rédigé par Garido :

> Cuillère, koke, eau, briquet, bouillir, enseringuer, piquer, rater, piquer, sortir l'aiguille, piquer, collapser la veine, piquer à nouveau, finir de descendre le piston, sortir l'aiguille, la nettoyer dans le verre d'eau, sucer le sang, attendre, la main sur le papier, rejeter la nuque en arrière, attendre, inspirer, inspirer plus profondément, ouvrir les yeux, se regarder les veines, les piqûres, sucer le sang à nouveau, frotter la peau sur les veines, sucer à nouveau, attendre, préparer la clope mouillée, reprendre l'écriture = 25 minutes, soit 2 cigarettes et une ½ de combustion rapide. 2 piqûres de plus, pas moins de 35 minutes, sûrement plus, tenant compte de ce dont il faut tenir compte, 3 piqûres nous donnent 55 minutes[2].

Pour retranscrire ce rituel, Garido utilise l'infinitif injonctif qui, employé en guise de memento, indique avec une grande transparence les étapes d'une mise en condition créatrice du corps. La minutie de la description nous place dans le crâne d'Agata, nous prêtant ses yeux, ses gestes, tandis que la précision numéraire suppose une expertise, corollaire d'une expérience répétée.

Au cours de ce processus, Antoine devient A, qui est à la fois son double, l'incarnation d'une « tragédie où l'écriture se mêle aux expériences dont elle émane » et un « personnage de fiction sacrifié au réel »[3]. A dont « [l]a fonction est d'agir[4] », explique-t-il, précisant qu'il lui « force la main », qu'il le « pousse à aller plus loin [qu'il] ne le ferai[t] seul »[5]. « J'ordonne. Il exécute. Je m'applique à le suivre[6] » : au moment où Antoine se fait un corps créateur, il se dédouble en A. C'est ce dernier qui « occupe toute la place, se dénude, se drogue, s'envoie en l'air, ressuscite de ses

historien de l'art définit la poïétique comme « la promotion philosophique des sciences de l'art *qui se fait* », et son objet comme « le rapport dynamique qui [unit l'artiste] à son œuvre pendant qu'il est aux prises avec elle » (*ibid.*, p. 16), mettant ainsi l'accent sur l'acte créateur et son déroulement.

1 Paul Dirkx, « Éditorial. Corpus et corps de l'écrivain », *Sociologie de l'art*, 19 (2012), 1, p. 7-13, p. 9, <https://www.cairn.info/revue-sociologie-de-l-art-2012-1-page-7.htm> ; <https://doi.org/10.3917/soart.019.0007>.

2 Antoine d'Agata et Rafael Garido, *Ice*, *op. cit.*, p. 84.

3 Antoine d'Agata, *Anticorps*, *op. cit.*, p. 264-265.

4 Antoine d'Agata et Christine Delory-Momberger, *op. cit.*, p. 24.

5 *Idem.*

6 *Idem.*

excès, de ses cendres[1] », tandis que la vie d'Antoine « touche à la dissolution, que [s]on corps se disloque[2] » au même titre que son identité. « Je ne sais plus dissocier mes choix d'existence de ceux du personnage de fiction qui donne à voir son intimité au grand jour[3] », écrit-il dans son *Manifeste*, semant le trouble. Dans le cas de la correspondance comme du journal persisteront alors certaines zones d'ombre autour de l'identité de l'énonciateur, mais on peut formuler l'hypothèse suivante : dans les cas de narration simultanée, c'est A qui s'exprime ; dans les cas de narration ultérieure ou antérieure, c'est Antoine. C'est ce que nous allons vérifier dans ce qui suit.

Au cœur du *poiein* d'Agata coïncident donc l'acte de créer et l'acte de consommer diverses substances propices à l'ivresse ou à la « défonce », terme employé fréquemment par Garido dans *Agonie*, et qui caractérise un état second, aussi profond que puissant. Une poïétique qui relève de la défonce renoue avec le verbe en ancien français « deffoncier », « ouvrir en enfonçant » : la substance, en s'enfonçant dans l'organisme, l'ouvre – c'est d'ailleurs à cet effet qu'elle est consommée. « [D]e la chair ne coule que de la chair[4] » : ces quelques mots indiquent une interdépendance entre le corps et la façon dont il se montre et se raconte, ainsi que la nécessité d'ouvrir, d'écarter, de trancher la peau afin que coule ce qui se cache sous elle. En témoigne la chronologie qui ouvre *Ice*, où chaque étape spatiale et temporelle correspond à une étape corporelle d'A :

> 1999
> – Mexique, première dose d'Ice.
>
> 2005
> – premier séjour au Cambodge, œuvre à l'héroïne. [...]
>
> 2008[...]
> – janvier-mai : début de l'addiction à l'Ice et au Yama ; prises de vue de plus en plus rares (temps rythmé par le cycle à trois à [*sic*] phases qui caractérise la défonce méthamphétaminique : flash, plateau de charge, écroulement absolu suite à 3 ou 4 jours de consommation ininterrompue) [...][5].

1 Antoine d'Agata, « A », art. cit., p. 19.

2 *Idem.*

3 *Idem.*

4 Antoine d'Agata et Rafael Garido, *Ice*, *op. cit.*, p. 93.

5 *Ibid.*, p. 6.

L'enjeu, c'est l'*ouverture*, d'où surgira l'œuvre, et dont la défonce ou l'ivresse sont les moyens. Aux yeux d'Agata, la drogue « ne dénature pas la perception mais au contraire l'intensifie, la pousse à l'aberration[1] ». Dans un extrait de son journal daté du mardi 22 février 2011, A écrit : « Je ne me sens plus maître de mon corps que sous l'effet du ya'baa ou de l'ice – je perçois jusqu'aux battements du cœur, et le flux de sang qui gonfle dans mes veines [...][2]. » De cette poïétique émerge une poétique corporelle intéroceptive, attentive aux sensations provenant de l'intérieur d'un organisme altéré par les drogues. Le corps sera donc un corps symptôme.

Lors d'un échange de courriels, Agata envoie la liste des symptômes, effets secondaires de l'absorption récurrente de drogues, mais également d'une vie dans les bas-fonds, et ce sous forme d'un paragraphe compact, puis « en versets[3] » (pour reprendre les termes de Garido) dont voici le début :

> étourdissements,
> confusion,
> stress respiratoire,
> perte de coordination,
> engourdissement,
> crampes,
> dépendance,
> hallucinations visuelles,
> hallucinations auditives,
> comportements obsessifs,
> dépression,
> intense colère,
> paranoïa,
> attaques de panique,
> nausées,
> irritabilité,
> perte d'énergie,
> sueurs,
> convulsions,
> douleur thoracique [...][4]

1 Antoine d'Agata, *Anticorps*, *op. cit.*, p. 74.

2 Antoine d'Agata et Rafael Garido, *Ice*, *op. cit.*, p. 255.

3 *Ibid.*, p. 145.

4 *Ibid.*, p. 143-144.

La liste est longue et rend compte des différents états par lesquels le corps d'A est passé. Dans sa réponse, Garido réfléchit à la façon de composer un texte qui fonctionnera « comme prospectus médical ou comme poème à rythme-marteau[1] » :

> [...] pour la note sur l'ice, j'ai pensé à 2 façons d'inclure les symptômes :
>
> – à l'état brut : [...] à mon avis, tous les symptômes peuvent se distribuer dans 2 ensembles : PROSTRATION et HYSTÉRIE. Si l'on fait comme ça, l'accumulation compte, et c'est mieux, je crois, les [*sic*] transcrire comme tu l'as fait dans ce dernier mail, en versets. Pour que l'accumulation marche je pense à juxtaposer : genre INSOMNIE / EXCÈS DE SOMMEIL, PROBLÈMES COGNITIFS / AUGMENTATION DE LA CONCENTRATION, etc. [...]
>
> – selon 3 phases : flash / plateau / écroulement. Cette option exige plus d'organisation, et un choix plus précis des symptômes, qu'il faut distribuer selon les 3 phases. On peut toujours diviser en prostration et hystérie : flash, plateau, écroulement et retour au flash[2].

À ce courriel de Garido, Agata répondra : « Les deux solutions sont ok pour moi, peut-être que je préfère instinctivement la première parce que les différents paliers se succèdent, se mélangent, s'accumulent, s'annulent les uns les autres au fil des prises successives et que ce chaos d'effets secondaires fait partie du quotidien quand on en prend tous les jours[3]. » Pour Garido et Agata, la composition du livre doit se faire au rythme du corps, en respectant les différentes phases qu'il traverse quotidiennement. L'agencement des photographies nous en donne un exemple : des photographies floues de corps en mouvement alternent avec des photographies nettes de corps immobiles, sur le modèle du couple antinomique prostration / hystérie, ou du cycle de l'ice que décrit Agata, où se suivent « phases de flash / intensité » et « journées effondrement [*sic*] »[4]. Plusieurs diptyques suivent ce rythme : un corps de dos, flou, en plein ébat, en face d'un cliché d'un corps également de dos mais prostré, dont les contours sont nets du fait de son immobilité (p. 120-121) ; un visage inerte, face à un corps qui se renverse (p. 166-168) ; le jeu d'écho entre un portrait d'une femme immobile, le regard dans le vague (p. 214) et celui d'un visage déformé par le flou (p. 228), tous deux penchés sur un lit.

1 *Ibid.*, p. 145.

2 *Idem.*

3 *Idem.*

4 *Ibid.*, p. 110.

À l'échelle microtextuelle, les différents états du corps se perçoivent dans la ponctuation utilisée par A :

> Salvador, 24 septembre 2008... molécules artificielles... l'excès comme technique pour explorer les limites du corps... technique de l'intensité, anéantissement... pousser la sensation à son niveau le plus brutal... processus de l'orgasme... la maîtrise de mon propre corps passe par l'apprentissage de l'abandon total... la pensée qui lâche prise comme le corps se tend et retrouve la pleine possession de ses moyens[1]...

Les points de suspension indiquent qu'une phrase est laissée inachevée, de façon volontaire ou à la suite d'une interruption brusque, témoignant ainsi d'une incorporation, par le texte, de l'état second qui s'est emparé de l'organisme de l'auteur. La substance ingérée a en effet la mainmise sur la parole, son débit et sa construction syntaxique. Séparés par ces points de suspension, les mots semblent sortir d'un même souffle, que ces mêmes points prolongent. Leur accumulation laisse supposer un essoufflement progressif, ou un souffle lent, court, continu, au cours duquel les mots se distillent goutte à goutte, comme dans le passage suivant :

> Bangkok. L'ice condamne le corps, expert ou maladroit, à refaire l'apprentissage de la vie, à échapper au sens commun, à se prémunir de sa propre énergie contre l'extinction de l'instinct et la léthargie des sens – mais l'ice épuise la capacité du système nerveux à gérer cette force vitale [...] – je crame mes neurones dans les vapeurs du lithium – chaque geste, chaque mot soulève des enjeux irrésolubles, s'achève dans un cul-de-sac – les blocages psychologiques provoquent paralysie nerveuse et apathie organique – l'effet chimique impitoyable de la méthamphétamine multiplie les obstacles minuscules, m'interdit tout recul [...] – l'ice prend le dessus sur l'instinct de survie, et le corps se désagrège – acidités, aigreurs, brûlures d'estomac, diarrhées, le corps n'est plus qu'une masse de nerfs qu'une raison ne peut plus discipliner [...][2].

On peut dresser un constat presque similaire dans l'usage des tirets ci-dessus, qui donnent la sensation d'un même flux, dans lequel les mots coulent :

> L'espace restreint, la pénombre, l'air épais, comme dans un désert. L'ordre monotone du décor. L'ice n'en finit pas de liquéfier ma pensée anémiée. L'écho

1 *Ibid.*, p. 93.

2 *Ibid.*, p. 258.

d'un cri ancien, monstrueux. La drogue laisse le monde s'insinuer dans mes poumons. L'inhalation devient absorption pure, neutre, passive, par les pores de la peau, les terminaisons nerveuses, les sens exacerbés. [...] Immobilité écrasante du temps. Renoncer aux règles, aux principes. Sans discernement[1].

Quant au point, il suggère une pause forte, marquant une séparation nette entre une phrase et une autre. Plus brutal que les points de suspension, qui instaurent une continuité entre les termes qu'ils séparent, il impose un rythme de lecture dont la scansion – de phrases concises – relève du martèlement, de la coupure nette. Le rythme de lecture est haché, vif. La parataxe de phrase donne l'impression que l'organisation générale est arbitraire, aucun mot de liaison ne venant affirmer l'ascendance ou la préséance d'une phrase sur l'autre, ni le lien logique qui les relie. Quand A raconte son corps sous l'emprise de l'ivresse ou de la défonce, temps et espace se diluent : aucun repère spatio-temporel ne vient ordonner le récit, et l'usage implacablement réitéré du présent de l'indicatif noie toutes les actions dans une seule et même actualité. À chaque ponctuation, un rythme, calqué sur celui du corps d'A : souffle de l'ivresse, de la défonce ; souffle brutal du flash, souffle calme du plateau, souffle long de l'écroulement.

Les phrases lapidaires, caractéristiques du style d'Agata, portent les marques des drogues et de l'épuisement d'un corps qui ne cesse de se les inoculer. Si, au cœur de la défonce, « chaque prise de vue est comme un éclair de conscience[2] », il en va de même pour les mots, qui surgissent à la faveur d'une sensation inopinée, immédiate et saisie dans son immédiateté. L'écriture se calque sur le rythme de l'organisme, et sa caractéristique est qu'elle relève du symptôme du processus poïétique : les signes (les mots comme les signes de ponctuation) prennent racine dans les effets secondaires de ce que la drogue trame à l'intérieur du corps.

On saisit mieux, alors, tout l'enjeu de l'affirmation selon laquelle « [l]a photographie [...] doit être la radiographie d'une présence au monde[3] ». La fonction d'enregistrement de la photographie est insuffisante ; la radiographie est le modèle à suivre, car elle permet d'« obtenir sur une surface sensible l'image d'un objet exposé aux rayons X et de déterminer notamment, à l'intérieur du corps humain (ou de l'animal), l'emplacement, la nature de certaines lésions ou la présence de corps étrangers[4] ». Dans les faits, aucun rayon X n'est impliqué dans la conception des images (sinon pour la 1re de couverture). Cette intromission dans le corps d'A se

1 *Ibid.*, p. 140.

2 Antoine d'Agata, « Dépenses », art. cit., p. 10.

3 *Id.*, « A », art. cit., p. 19.

4 Définition du CNRTL.

fait par le biais de l'appareil photographique, prothèse oculaire d'un « regard acéré comme un outil tranchant[1] », et de l'écriture, qui opère sur le mode du *stripping* :

> Le *stripping*, méthode américaine alors nouvelle en France, c'est l'éveinage, la dénudation des veines, leur isolation avec un couteau de levage ; les veines sont tirées, coupées, raccourcies. [...]
>
> La veille de l'anesthésie générale, un interne trace au feutre violet, avec désinvolture et maladresse, sur l'arrière de mes jambes, le dessin des incisions. Ce tatouage sur le dessus de ce qui sera le lendemain creusé à l'intérieur entre les muscles et les nerfs, s'il me rappelle à la réalité de l'écriture – où est la plus grande vérité, où est la plus grande beauté, dans les mots qui les suivent en surface comme des détecteurs, ou dans la profondeur de notre vie intérieure, de notre art intérieur ? – renforce l'humiliation dans laquelle je vis sans vivre, mais sans laquelle on ne peut oser penser[2].

Le crayon comme ce « feutre violet » qui dessine le dessous du corps avant qu'il ne soit ouvert, l'appareil photographique comme un « outil tranchant » : images et mots s'unissent dans une entreprise d'ouverture du corps. La correspondance actionne ce « couteau de levage » qui dénude, puis isole l'en-dessous de l'épiderme. Résultat d'un rituel poïétique où le corps est devenu un laboratoire – atelier où l'on cultive, où l'on travaille avec peine (*laborare*) une matière. *Ice* ne relève cependant pas uniquement d'une esthésiologie somatique : il est le fruit d'une pratique poïéthique – à la fois éthique et poïétique – du paroxysme.

Pratique du paroxysme

Dans l'expérience poïétique agatienne, l'absorption de drogues s'inscrit dans un paradigme plus large d'une pratique du paroxysme, qui prend pour modèle ce qu'il nomme lui-même, dans un passage d'*Ice* dont nous avons déjà cité le début, le « processus de l'orgasme[3] » :

> [P]ousser la sensation à son niveau le plus brutal... processus de l'orgasme... la maîtrise de mon propre corps passe par l'apprentissage de l'abandon total... la pensée qui lâche prise comme le corps se tend et retrouve la pleine possession

1 Antoine d'Agata, « Kei. Shinjuku, Tokyo, Japon. 2007 », *Atlas*, *op. cit.*, *s. p.*

2 Pierre Guyotat, *op. cit.*, p. 104-105.

3 Antoine d'Agata et Rafael Garido, *Ice*, *op. cit.*, p. 93.

de ses moyens… actif, inquisiteur, il fouille, répand ses fluides, absorbe, intègre les corps étrangers, débordés, excédés, dépossédés de toute volonté propre… jusqu'à ce que le rythme prenne le dessus… jusqu'à ce que les contractions se fassent plus cruelles… guerre des sens […][1].

« État de tension, d'excitation, de turgescence d'un tissu ou d'un organe », « effervescence des sentiments », « mouvement incontrôlable », « point culminant de jouissance » : l'étude sémantique du mot « orgasme[2] » permet de mieux saisir l'intérêt d'Agata pour cette sensation paroxystique. L'orgasme serait donc associé au degré le plus brutal d'une sensation, mais également à l'abandon de son propre corps, qui permet paradoxalement d'en retrouver la maîtrise. Dans son *Manifeste*, Agata indique que ses images « sont réalisées dans un état de perte absolue de contrôle pour que le point de vue ne se fige pas en pratique maîtrisée ou en parole réfléchie[3] ». Si le moment de l'ivresse est un « moment parfait » de « présence au monde pure »[4], l'ivresse qui a rendu l'instant poïétique intense l'a également rendu insaisissable, du moins pour la mémoire. *Ice* porte alors la « mémoire de l'orgasme[5] » et assure une fonction mnémonique, conservant les traces d'images rescapées.

La sensation orgastique donne également lieu à une somatognosie par l'excès. Si « le paroxysme des sens prend rang de programme[6] », c'est pour permettre à Agata d'élaborer une nouvelle forme de pensée, « nourrie, plus que par des idées, par la chimie de [s]on corps : une pensée adrénaline, une pensée phéromone[7] » qui est celle d'A. Un corps abreuvé par une pensée adrénaline est un corps qui expérimente continuellement des émotions intenses. Hormone sécrétée par les glandes surrénales et le système nerveux central, l'adrénaline, libérée dans le sang, se fixe sur des cellules situées dans un grand nombre d'organes : le cœur, dont elle augmente la force et la fréquence des contractions ; les bronches, qu'elle dilate ; les muscles de l'intestin et de la vessie, qu'elle relaxe ; les vaisseaux sanguins, alors en proie à la vasoconstriction. L'adrénaline irriguant l'ensemble du corps tout en le bouleversant, on peut attendre d'une pensée adrénaline qu'elle soit la source de modifications physiologiques constantes.

L'idéal d'une pensée phéromone suppose quant à lui l'abolition de tout langage qui ne serait pas corporel, les phéromones consistant en une sécrétion d'hormones

1 *Idem.*

2 Définitions du mot « orgasme » (CNRTL).

3 Antoine d'Agata, « Dépenses », art. cit., p. 10.

4 *Id.*, « Addiction », *Manifeste*, *op. cit.*, p. 32.

5 Antoine d'Agata et Rafael Garido, *Ice*, *op. cit.*, p. 152.

6 Antoine d'Agata, *Anticorps*, *op. cit.*, p. 14.

7 Antoine d'Agata et Christine Delory-Momberger, *op. cit.*, p. 91.

à valeur communicationnelle. Par l'émission tout comme par la perception de phéromones, les corps communiquent. L'ivresse – dans son sens littéral (« troublé par le vin ») comme dans son sens figuré d'exaltation –, dont les mouvements « échappent à l'abstraction[1] », permet l'élaboration de cette nouvelle forme de pensée, plus corporelle qu'idéelle. Notons que, aux yeux d'Agata, « [l]e seul langage est celui du corps[2] » : il est donc, à ses yeux, le seul mode valable d'expression, de communication et d'interaction avec l'autre.

Dans *Codex*, l'excès, devenu « condition de la décence[3] », « offre un accès privilégié à la conscience du monde[4] », idée que l'auteur développait déjà dans *Le Désir du monde* :

> Être là ne suffit pas. Surtout dans nos sociétés où il s'agit de plus en plus de survivre. Aimer ne suffit plus. Penser ne suffit plus. Parler ne suffit plus. Souffrir ne suffit plus. Le paroxysme est la base nominale de tout comportement décent, le plus petit dénominateur commun d'une humanité à construire[5].

Le parallélisme épiphorique que martèle l'adverbe « plus », qui indique une temporalité révolue, énumère les options qui ne sont plus valables dans la mesure où elles ont échoué dans la construction d'une humanité. Le paroxysme est brandi comme seule possibilité de libération et de redéfinition d'une humanité fondée sur l'interaction, l'échange ou la communication corporels. Comme Agata l'écrit dans *Anticorps*, c'est « l'absorption de la chair de l'autre, de son humanité, pour échapper à sa propre pensée, à sa propre volonté, par la création de situations paroxystiques, érotiques ou guerrières qui arrachent l'être à lui-même et à son inertie, le débordent, le ramènent à la réalité misérable du monde[6] ». Le paroxysme est, dans la pensée d'Agata, gage d'une meilleure perception du monde et de l'autre.

Dans *Le Désir du monde*, il explique avoir « chois[i] la jouissance » en opposition au travail, acte qu'il qualifie d'« idéologique et politique[7] ». Il existe, à ses yeux, une idéologie de l'orgasme, mais également une politique de l'orgasme; une idée qu'il développe également dans *Ice*, quand il écrit avoir, « à partir de l'orgasme où se diluent les corps entremêlés, le pressentiment d'une jouissance nouvelle, purement

1 Antoine d'Agata et Rafael Garido, *Ice*, *op. cit.*, p. 146.

2 Antoine d'Agata et Christine Delory-Momberger, *op. cit.*, p. 18.

3 Antoine d'Agata et Bruno le Dantec, *op. cit.*, page non numérotée (livret).

4 *Idem.*

5 Antoine d'Agata et Christine Delory-Momberger, *op. cit.*, p. 33.

6 Antoine d'Agata, *Anticorps*, *op. cit.*, p. 30.

7 Antoine d'Agata et Christine Delory-Momberger, *op. cit.*, p. 62.

physique, moins égoïste… politique[1] ». L'orgasme symbolise une jouissance dite « nouvelle », dans la mesure où elle est « purement physique » et « moins égoïste », nouvelle jouissance qu'il oppose à l'« injonction de la jouissance »[2] non pas du corps, mais de la marchandise, qui est une « obligation de jouir, sur un mode toujours plus aliénant, des bienfaits de la marchandise[3] ». Lui fait la promotion d'une jouissance qui repose sur « le déchaînement des passions, seule force qui rende la vie digne d'être vécue, en dehors des rapports régis par les principes de la production ; les excès de la chair protègent les esprits et les comportements de la proclamation du profit comme valeur absolue[4] ». Ne l'oublions pas : « Tout y est. Là, dans ces brefs instants où la douleur se fond à l'extase et à la conscience de la chair[5]. »

En guise de conclusion

Biographie de chair, *Ice* relève de la monstration photolittéraire de l'intime corporel – ce qui se trame le plus en dedans du corps (*intimus*) –, au cours de laquelle la forme du journal se mêle à celle de la correspondance. Les échanges entre Garido et Agata donnent à voir l'œuvre en plein *poiein*, une œuvre dont la composition cherche à rendre compte de l'expérience corporelle qui l'inaugure. Ce corps que les deux auteurs frasent, c'est celui d'A, double d'Antoine qui émerge du rituel poïétique.

Dans un texte rédigé par Garido, on apprend que la chute du livre coïncide avec la chute du corps d'Agata :

> Et soudain, le réel coule sur le livre et le livre s'écroule dans le réel : *long distance call*, Antoine d'Agata a été hospitalisé d'urgence au Bumrungrad International Hospital à Bangkok.

---

1 Antoine d'Agata et Rafael Garido, *Ice*, *op. cit.*, p. 94.

2 *Ibid.*, p. 149.

3 Antoine d'Agata, *Anticorps*, *op. cit.*, p. 17.

4 *Ibid.* Cette promotion de la jouissance entre en résonance avec diverses lectures d'ouvrages d'Agata, comme *L'homme jetable. Essai sur l'exterminisme et la violence extrême* de Bertrand Ogilvie (Paris, Amsterdam, 2012), cité dans *Acéphale* (Marseille, Studio Vortex, 2018), ou *La société autophage. Capitalisme, démesure et autodestruction* d'Anselm Jappe (Paris, La Découverte, 2017), cité dans *Praxis*, critiques acerbes de la mondialisation à l'heure du capitalisme et du libéralisme triomphants. En raison de l'intérêt d'Agata pour l'anarchisme, précisons que cette promotion fait également écho au néoanarchisme analysé par Tomas Ibanez dans son ouvrage *Anarchisme en mouvement. Anarchisme, néoanarchisme et postanarchisme* (Montreuil, Nada Éditions, 2014), néoanarchisme caractérisé notamment par la multiplication de foyers de résistance où s'élaborent des modes de vie insurrectionnels, sur le modèle des Zones Autonomes Temporaires (ou TAZ) et Zones Autonomes Permanentes (PAZ) analysées par Hakim Bey (dans *TAZ. Zone autonome temporaire. Traduit de l'anglais par Christine Tréguier avec l'assistance de Peter Lamia et Aude Latarget* [1991], Paris, Éditions de l'Éclat, 1997).

5 Antoine d'Agata et Rafael Garido, *Ice*, *op. cit.*, p. 17.

> Étant dans le livre, le livre est hors du livre : à travers la chute clinique d'Antoine, le livre subit la grâce de l'écroulement et l'écroulement de son écriture. [...]
>
> Les jours s'écoulent. On prend quelques notes, mais la chute est déjà écrite ailleurs, avec des mots en chair et en os, en fièvre[1].

Dans *Ice*, ouvrage qui mêle « [c]orps à l'œuvre et œuvre du corps[2] », on assiste à un affrontement entre ces mots « en chair et en os » d'Antoine et les mots d'encre d'A : l'un ne cesse de l'emporter sur l'autre, au rythme des flashs, des plateaux et des écroulements. La forme hybride de cet ouvrage, entre journal et correspondance, rend particulièrement compte de cette mise à l'épreuve du corps : d'une part, parce qu'Agata détaille, jour après jour, ses états corporels ; d'autre part, parce que Garido commente ce corps qui n'est pas le sien, l'analyse, redoublant ainsi le discours d'Agata. Dans le cadre de la correspondance, cette chair qui tremble, qui s'agite, se phrase à deux mains.

1 *Ibid.*, p. 200.

2 Rafael Garido, « Être l'œuvre (A, entre vie et parole) », Christine Delory-Momberger et Fanny Escoulen, *op. cit.*, p. 159-166, p. 159.

Chapitre 10

Chen Zhen : un corps de l'œuvre comme « vibration immunitaire »

Isabelle Davy

Comme l'a montré Marcel Mauss, le corps humain est toujours culturel[1]. Les œuvres d'art ont la capacité de nous faire réfléchir sur le corps non seulement dans le champ artistique, mais aussi sur le plan anthropologique, en montrant les limites des dualismes courants (comme ceux opposant le sensible et l'intelligible, l'émotion et la raison). Les métatextes des artistes peuvent participer à la critique de ces dualismes. L'œuvre de l'artiste plasticien chinois Chen Zhen (1955-2000)[2], qui s'inscrit dans une forme de résistance aux effets de la mondialisation, propose un corps dans un continuum artiste – œuvre – public, dans la mesure où elle donne à penser un corps-esprit tenant ensemble les plans de l'individuel et du collectif.

Nous approcherons cette œuvre dans une poétique de l'art : une approche qui ne situe pas la valeur d'une œuvre d'art dans une émotion perceptive supposée pré-langagière, mais dans le faire-sens de l'activité de cette œuvre, faire-sens qui affleure par et dans la globalité des discours particuliers[3]. Il s'agira de tenir ensemble l'organisation spatio-temporelle des propositions artistiques et les discours tenus à partir de celles-ci et orientés vers ce qu'elles sont susceptibles de devenir. Nous observerons ainsi ce que nous appelons un *corps de l'œuvre* comme invention d'un questionnement spécifique sur le corps en même temps que sur l'art. La formule ne renvoie pas au « corps de l'œuvre » proposé par Didier Anzieu dans le cadre de sa théorie psychanalytique de la poïétique[4]. Le corps de l'œuvre que nous nous

1 Marcel Mauss, « Les techniques du corps » [1936], *Sociologie et anthropologie. Précédé d'une* Introduction à l'œuvre de Marcel Mauss *par Claude Lévi-Strauss*, Paris, Presses Universitaires de France, coll. Quadrige, 2003, p. 363-386.

2 Né à Shangaï et arrivé à Paris en 1986, Chen Zhen a été naturalisé Français.

3 Nous renvoyons plus précisément aux ouvrages d'Henri Meschonnic sur la poétique et le rythme (Henri Meschonnic, *Critique du rythme. Anthropologie historique du langage*, Lagrasse, Verdier, 1982 ; *id.*, *Politique du rythme. Politique du sujet*, Lagrasse, Verdier, 1996).

4 Didier Anzieu, *Le corps de l'œuvre. Essais psychanalytiques sur le travail créateur*, Paris, Gallimard, coll. Connais-

appliquons à théoriser ouvre sur un champ plus large du corps, dans la mesure où il n'émane pas de l'individualité de l'artiste. En effet, notre approche systémique de l'œuvre considère en celle-ci un potentiel de faire-sens s'exerçant dans un rapport interne du sensible et du langage, c'est-à-dire appréhende une signifiance se réalisant dans l'intersubjectivité des discours qui tentent de rendre compte de cette œuvre. Un corps se découvre et se construit dans la rencontre de la proposition artistique avec son public. Un tel corps de l'œuvre ne relève donc pas de la double élaboration de l'inconscient de l'auteur et de celui du spectateur définie par Anzieu, mais réfère à un processus global de sémantisation et de subjectivation par lequel *du corps* s'invente, qui ne se situe pas sur le plan de l'individualité, mais participe autant du collectif que de l'individuel.

C'est tout d'abord le rapport entre art et médecine dans l'environnement spécifique de l'œuvre de Chen Zhen que nous aborderons, un rapport qui n'est pas tant de type analogique que d'ordre allusif. Sera ensuite envisagée la figure de l'artiste comme « virus culturel », dans une critique de la notion ordinaire d'individu. Nous tenterons enfin de saisir comment les évocations de la transformation des spectateurs énoncées par Chen Zhen contribuent à l'invention d'un corps de l'œuvre de l'allusif prenant en charge la question du public. Le corpus discursif sera composé des entretiens et correspondances dans leur globalité, c'est-à-dire intégrant la distinction de statuts différents des discours de l'artiste, grâce à une poétique.

Un rapport allusif de l'œuvre à la médecine

Dans cette première partie, nous essaierons de montrer la complexité du rapport de l'œuvre de Chen Zhen à la médecine, afin d'être en mesure d'apprécier le questionnement du corps qui s'y joue. Il existe chez Chen Zhen une pensée du corps liée au domaine médical, qui prend sa source dans l'interprétation qu'il fait de la maladie rare incurable dont il souffre, une anémie hémolytique auto-immune[1]. Cependant, si l'individu Chen Zhen fait explicitement référence à la médecine et semble parfois établir une analogie entre pratique artistique et pratique thérapeutique, son œuvre n'est pas nécessairement à envisager selon cette modalité. Certes, certains n'hésitent pas à affirmer l'analogie sur le plan de l'œuvre, comme on peut le lire dans un article de la revue *L'Œil* intitulé significativement « Chen Zhen ou l'art comme guérison du monde[2] », ou dans un texte du catalogue d'exposition *Chen*

sance de l'inconscient, 1981. Cet auteur souligne que « [l]e corps de l'artiste, son corps réel, son corps imaginaire, son corps fantastique sont présents tout au long de son travail, et il en tisse des traces, des lieux, des figures dans la trame de son œuvre » (*ibid.*, p. 44).

1 Il s'agit d'un trouble du système immunitaire qui consiste en la destruction des hématies par les lymphocytes.

2 Thomas Schlesser, « Chen Zhen ou l'art comme guérison du monde », *L'Œil*, 553 (décembre 2003), p. 64-69

Zhen. Invocation of Washing Fire qui perçoit l'œuvre, face à l'évolution de l'ordre mondial, comme une proposition de « recettes rédemptrices » ou de « sauvetage »[1]. Or, établir un lien causal entre, d'une part, l'activité artistique et anthropologique d'une œuvre, efficace d'une rencontre par laquelle s'inventent œuvre et public, et, d'autre part, le discours qu'un artiste formule sur sa démarche est un geste théorique qui implique une pensée de l'art, du sujet, des rapports de l'art et de la société. L'art a-t-il jamais eu vocation à guérir l'homme de ses maux ? Nous pouvons considérer que, tout en étant travaillée par une problématique d'ordre médical, l'œuvre de Chen Zhen ne relève pas nécessairement d'un rapport analogique entre la sphère de l'esthétique et la sphère de la clinique, et nous pouvons ainsi envisager son potentiel d'invention de réalités.

Chez Chen Zhen, la notion de corps s'inscrit dans une interrogation du monde liée à la pensée traditionnelle des lettrés chinois. L'exposition « Chen Zhen : entre thérapie et méditation » organisée à Périgueux en 1999[2] témoignait par son titre d'une mise en rapport de deux visions culturelles de l'humain et de son corps intégrant des conceptions différentes des rapports entre santé et maladie et entre corps et esprit : d'un côté, une opposition de la santé à la maladie (attenante au dualisme du corps et de l'esprit), et de l'autre, un équilibre lié à un continu entre corps et esprit. Pour Chen Zhen, il existe en effet une énergie indissociablement corporelle et spirituelle. L'artiste évoque l'idée de « synchroniser l'esprit et le corps à travers ce qu'on appelle une "méditation d'attention"[3] », un travail de l'énergie méditative que l'individu effectue au quotidien. Il relie cette énergie à la notion chinoise d'« instant par instant » (*nian nian*), par laquelle les lettrés désignaient une qualité d'attention, celle de l'être aux aguets qui ne privilégie aucune propension particulière afin de ménager la virtualité des phénomènes. Chen Zhen souligne l'importance de la manière de regarder la maladie et le patient[4]. On aperçoit la globalité de l'approche traditionnelle chinoise dans la dimension d'équilibre corporel, par opposition à la prise en compte ciblée d'une pathologie effectuée par la médecine institutionnelle occidentale. D'une part, la considération d'un dérèglement du système énergétique dans son ensemble, de l'autre le repérage d'une intrusion par un mal étranger.

(article écrit à l'occasion de l'exposition « Silence sonore », Paris, Palais de Tokyo, 1er octobre – 18 janvier 2004).

1 Hou Hanru, « Chen Zhen, une extraordinaire aventure dans le domaine de la synergie », David Rosenberg et Xu Min (dir.), *Chen Zhen. Invocation of Washing Fire*, Prato-Sienne, Gli Ori, 2003, p. 23-26, p. 24 (première publication : *Chen Zhen. Metaphors of the body*, Athènes, National Museum of Contemporary Art, 2002).

2 « Chen Zhen : entre thérapie et méditation », Périgueux, Espace Culturel François-Mitterrand, 10 février – 2 avril 1999.

3 Chen Zhen *in* Jérôme Sans (dir.), *Chen Zhen. Les entretiens*, Dijon / Paris, Les Presses du réel / Palais de Tokyo, site de création contemporaine, coll. Documents sur l'art, 2003, p. 159.

4 *Ibid.*, p. 216.

Si la conception du corps de Chen Zhen est également nourrie par les recherches médicales contemporaines qui portent sur le système immunitaire, elle conserve la notion d'équilibre[1]. La relation entretenue par Chen Zhen avec la médecine participe d'une symbolique complexe qui résonne avec ce que David Le Breton montre des médecines populaires et de leur potentiel symbolique : le sociologue du corps souligne en effet que les deux grands types de pratiques thérapeutiques que sont l'institution médicale et les médecines nouvelles (« parallèles », « douces », « naturelles », etc.) reposent sur deux conceptions du savoir, du corps, de la maladie et, plus globalement, de l'homme[2]. L'approche institutionnelle, qui s'est développée à travers une spécialisation des savoirs et des techniques, considère un « mécanisme corporel » et fait rupture avec la dimension symbolique du corps. Le Breton oppose ainsi « l'imaginaire cosmique et "optimiste" des médecines parallèles ou populaires aux restrictions d'imaginaire de l'institution médicale et à la connotation plus "pessimiste" de ses prises en charge[3] ». Approcher le rapport global de l'œuvre de Chen Zhen à la médecine nécessite de considérer non seulement les propos de l'artiste sur sa relation individuelle au champ médical, mais également, en lien avec les œuvres, ses discours qui révèlent sa vision d'ensemble des rapports entre l'art et la société. Sa conception du corps est indissociable de son appréhension du monde.

Nous pouvons nous demander si une œuvre comme *Berceau* témoigne de cet aspect « optimiste » – parce que relevant d'une approche plus globale de la personne en situation de maladie – que nous venons d'évoquer : un lit d'hôpital renversé, empaqueté par des bandes de vêtements de tous âges, et diffusant par haut-parleurs des babillages d'enfants et des gémissements[4]. Par le détournement de l'objet, l'univers hospitalier perd de son aspect clinique et désincarné; le lit retourné, devenu moyen de transport imaginaire auquel contribue l'environnement sonore, redonne une place à l'idée d'un corps dans la globalité d'une vie et de son quotidien, à un corps-esprit enfant dans ses interactions multiples. Les personnes qui le regardent se trouvent alors embarquées vers un horizon de questionnements sur le commen-

1 Évoquant par exemple la persistance de programmes dits normaux au sein des cellules malignes, l'artiste remarque : « [D]ans l'aspect négatif de la maladie, il y a encore un aspect positif » (*ibid.*, p. 214).

2 David Le Breton, *Anthropologie du corps et modernité. 5e édition entièrement revue*, Paris, Presses Universitaires de France, coll. Quadrige, 2008. Voir Muriel Guigou, « Corps et société. Mise en perspective d'une sociologie du corps », Claude Fintz (dir.), *Les imaginaires du corps. Pour une approche interdisciplinaire du corps. Tome 2 : Arts, sociologie, anthropologie*, Paris, L'Harmattan, coll. Critiques Littéraires, 2000, p. 177-193.

3 David Le Breton, *op. cit.*, p. 142. Cette dimension symbolique va de pair avec la dimension relationnelle de la consultation. Le champ de l'imaginaire « donne au malade une réserve de sens dans laquelle il puise pour maintenir le mal à distance et désamorcer l'anxiété. Le recours toujours possible à l'imaginaire le préserve du sentiment d'être incompris du praticien et démuni devant la complexité de ses troubles. Prise de distance que le discours médical autorise moins » (*ibid.*).

4 Chen Zhen, *Berceau*, 1995, lit d'hôpital, vêtements d'adultes et d'enfants, système sonore, bois, métal, tubes plastiques, 155 x 175 x 250 cm, collection FNAC, Puteaux, France. Les sons ont été enregistrés dans le service des urgences de l'hôpital Saint-Louis de Paris.

cement aussi bien que sur la fin de la vie, sur la fragilité de l'existence aussi bien que sur les puissances insoupçonnées dont peut faire preuve un être affaibli, etc., mais aussi sur nos conceptions du rapport entre santé et maladie, sur nos approches de la ou des médecines, etc. Plutôt qu'une fonction réparatrice, c'est un potentiel de déplacements du sujet qu'il est préférable d'attribuer à cette œuvre. Même si certaines œuvres portent des titres qui font explicitement référence au domaine médical, comme *Therapeutic / Music Instrument*[1], même si l'individu Chen Zhen peut affirmer sa croyance en une « fonction thérapeutique de l'art[2] » dans une volonté d'explication de sa pratique, l'œuvre considérée dans sa globalité n'est-elle pas irréductible à cette fonction ?

L'attention de l'artiste pour les énergies potentielles se retrouve dans son approche de la société. Dans le texte « Éloge de la magie noire », l'artiste fait le parallèle entre la situation de la maladie et certains problèmes sociaux ou certains problèmes propres au milieu de l'art, en soulignant la nécessité d'« engendrer la potentialité et la vitalité de l'homme[3] ». Cette vision du corps, qui se nourrit d'une approche synergique, qui va donc à l'encontre d'une conception positiviste du corps, est orientée par une éthique et une politique de l'art. Ainsi, les propositions artistiques de Chen Zhen ainsi que les discours le construisant en tant que sujet de son œuvre produisent un questionnement sur l'art, sur les rapports entre l'individu et la société et entre l'homme et le monde. Le titre de l'exposition de 1999, « Chen Zhen : entre thérapie et méditation », constitue selon Chen Zhen lui-même « une métaphore pour interroger le monde » – la préposition « entre » renvoyant au Vide taoïste, à l'aspect éphémère et à la mouvance des choses[4] –, et, précise-t-il, « [i]l y a urgence à confronter la thérapie et la méditation dans notre vie quotidienne[5] ». Cet « entre » témoigne de l'espace-temps dans lequel l'artiste évolue en tant que personne, dans toute sa complexité, l'espace-temps d'une recherche qui est un travail d'interprétation, d'appropriation de la maladie et des diverses médecines, cette recherche étant profondément ancrée dans les versants taoïste et bouddhiste de la pensée traditionnelle chinoise.

Dans ses écrits et correspondances, Chen Zhen souligne la question de l'indirect en tant que spécificité d'une tradition de pensée chinoise, tout en revendiquant un travail sur la métaphore. Une difficulté du discours de Chen Zhen concernant

---

1 *Id.*, *Therapeutic / Music Instrument*, 2000, bois, peau de vache, ficelle, lit, corde, 243 x 311 x 295 cm, collection Kirishima Open-air Museum, Koba, Japon.

2 Chen Zhen *in* Jérôme Sans, *op. cit.*, p. 217.

3 *Ibid.*, p. 214 (extrait d'un entretien avec Alessandra Pace, commissaire d'exposition indépendante, et son père Giovanni Maria Pace, intitulé « Éloge de la magie noire » et reproduit en 2000 dans le catalogue *Éloge de la magie noire* à l'occasion de l'exposition à la Galleria d'arte moderna e contemporanea de Turin).

4 *Ibid.*, p. 158. L'artiste fait référence au philosophe et sinologue François Jullien.

5 *Idem.*

ce langage de l'indirect réside dans l'emploi du terme même de métaphore, en tant qu'il est associé à ceux d'allusion et d'évocation. En effet, le sinologue François Jullien, auquel l'artiste fait référence dans ses écrits, a montré une valeur de l'allusif éloignée de la figure de rhétorique occidentale qu'est l'allusion[1]. Il s'agit d'une distance allusive qui témoigne de la réalité en termes de prégnance et non pas d'essence, qui s'accorde donc à la vision du monde en perpétuelle métamorphose (point de vue chinois de la transformation), c'est-à-dire qui rend la réalité sur un mode évanescent-envahissant, sans la représenter[2]. C'est moins la portée symbolique qui est valorisée que « l'*aura* diffuse du motif ou de la personne, leur atmosphère[3] ». Jullien oppose en effet au fonctionnement symbolique, fondé sur un rapport de représentativité qu'il repère dans l'héritage grec, cette distance allusive qui, dans la tradition des lettrés chinois, relève d'un rapport de corrélation. Selon la formule chinoise, « je montre le mûrier, mais c'est le sophora qui est visé[4] ». L'association effectuée par Chen Zhen entre les termes de métaphore et d'allusion peut ainsi surprendre eu égard à l'opposition des stratégies traditionnelles du sens de l'Occident et de la Chine. Cependant, la métaphore relève chez l'artiste d'une conception générale de la création, liée à la pensée chinoise de l'impermanence. Il conçoit sa recherche artistique selon une « méthode conceptuelle métaphorique », mais aussi comme une « métaphore magique[5] » : il s'agit d'aborder les choses non de front, mais de manière oblique, en recourant à des associations d'idées, à des allusions ou à des citations classiques[6]. Où l'on retrouve le processus de la distance allusive. Dans cette appréhension du réel qui accorde une place privilégiée à l'ambiguïté et à la virtualité des connexions, la métaphore est du côté des énergies potentielles de transformation. Ainsi, énoncer que l'art est *comme* la médecine n'implique pas de les situer dans un rapport d'ordre analogique. Lorsque Gilles Deleuze et Félix Guattari, dans *Mille plateaux*, construisent la question du devenir, ils envisagent notamment le « comme » non à la manière d'une métaphore entendue en termes d'analogie structurale, c'est-à-dire du côté de la ressemblance, mais en termes de composition de mouvement et de repos, de vitesse et de lenteur, de processus créant

1 Définition de l'allusion selon Fontanier : une figure qui « consiste à faire sentir le rapport d'une chose qu'on dit avec une autre qu'on ne dit pas, et dont ce rapport même éveille l'idée » (Pierre Fontanier, *Les figures du discours. Introduction par Gérard Genette*, Paris, Flammarion, coll. Champs, 1977, p. 125).

2 François Jullien, *Le détour et l'accès. Stratégies du sens en Chine et en Grèce*, Paris, Grasset, coll. Le collège de philosophie, 1995, p. 332.

3 *Ibid.*, p. 274; c'est l'auteur qui souligne.

4 *Ibid.*, p. 349.

5 Chen Zhen *in* Jérôme Sans, *op. cit.*, p. 105 et 159.

6 L'artiste rapproche d'ailleurs le processus de création du « diagnostic dialectique » de la médecine chinoise, qui s'inspire de sources philosophiques mais se nourrit aussi de l'observation pratique de la nature, de la vie (*ibid.*, p. 160).

des zones de voisinage[1]. On peut ainsi penser que l'art peut bénéficier d'un détour par une approche de la médecine, dans le sens où il peut être le lieu de pensée d'un corps-esprit tendu vers l'horizon tout à la fois d'un inconnu de l'art et d'un inconnu de la médecine.

Nous pouvons constater que, si les écrits et entretiens de Chen Zhen semblent mettre au premier plan du processus créatif la notion de métaphore, située par la tradition occidentale dans le registre de l'analogie, l'étude des écrits et correspondances de Chen Zhen permet d'entendre une relation entre art et médecine d'ordre allusif ou incitatif, au sens de François Jullien. L'œuvre de Chen Zhen – envisagée dans un continu des installations et des discours qui en témoignent – montre un questionnement fondamental du corps à la faveur d'une critique des dualismes courants. Très prégnant dans les installations, même s'il n'est pas présent visuellement, ce corps ne relève pas du registre de la représentation, mais témoigne du langage de l'indirect propre à la tradition chinoise.

L'artiste comme « virus culturel »

À plusieurs reprises, Chen Zhen a formulé le vœu de devenir docteur en médecine chinoise, notamment en termes d'« utopie concrète » ou d'« utopie "réelle"[2] ». Nous pouvons y entendre le projet personnel de l'individu, en accord avec la démarche de l'artiste qui s'approprie des problématiques d'ordre médical. Cependant, l'artiste Chen Zhen peut également être approché par le sujet Chen Zhen qui est constitué dans et par son œuvre et qui peut apparaître lui aussi dans ses discours. Nous nous référons ici aux travaux, déjà cités, d'Henri Meschonnic sur la distinction du sujet qui produit un discours et du sujet fait par son discours, et à ceux de Gérard Dessons sur l'individuation artistique[3]. En l'artiste, nous pouvons tout d'abord distinguer entre l'individu conscient, volontaire, unitaire, et le sujet qui advient dans le processus de l'œuvre en cours. Ce sujet-artiste se fait dans et par son œuvre, dans la mesure où il se constitue non seulement dans sa pratique, mais aussi, en même temps, dans et par ses discours, non seulement les écrits mais aussi les entretiens et les correspondances. En ce sens, le sujet-artiste émane de l'intersubjectivité des discours, qui ne renvoie pas à une communication de consciences individuelles, mais à la construction d'une subjectivité collective. Chez Chen Zhen, le sujet-artiste est indissociable d'une manière d'interroger nos conceptions du corps,

1 Gilles Deleuze et Félix Guattari, *Mille plateaux*, Paris, Minuit, coll. Critique, 1989, p. 336.

2 Chen Zhen *in* Jérôme Sans, *op. cit.*, p. 252.

3 Gérard Dessons, *L'art et la manière. Art, littérature, langage*, Paris, Honoré Champion, coll. Bibliothèque de littérature générale et comparée, 2004.

qui non seulement investit la question du corps humain, mais pose aussi la question d'un corps culturel et sociétal à l'ère de la mondialisation.

« Mes globules rouges sont considérés comme étrangers à mon corps au même titre que des bactéries ou des virus… Mon intention est de me servir de mon corps comme d'un laboratoire pour élargir ma vision sur le monde et l'art[1]. » Ce que nous appellerions « corps laboratoire » participe d'une pensée du corps, de l'art et du monde, notamment en réfléchissant sur le multiculturalisme. On peut imaginer que le principe de l'équilibre que la médecine chinoise adopte pour le corps, en l'occurrence le choix non pas d'éliminer les cellules qui n'ont pas de comportement habituel, mais de travailler sur les relations entre ces cellules malignes et d'autres cellules en vue de retrouver un équilibre, a pu inciter Chen Zhen à penser une altérité constitutive de l'identité. Cette altérité apparaît dans un de ses propos sur l'individu vivant à l'ère de la mondialisation : « [L]a langue maternelle définit l'identité. Mais en même temps, je me sens des gênes tellement hybrides. C'est la nouvelle "santé" de notre génération.[2] » À travers le lexique de la génétique, qui renvoie à l'engendrement de chaque être humain et à la transmission de facteurs héréditaires, l'identité individuelle est dotée d'origines plurielles. La notion de « santé » vient souligner le potentiel d'appropriation d'une dynamique interculturelle.

Chen Zhen mentionne souvent l'importance des voyages pour sa pratique artistique : « [U]ne fois qu'on voyage, on devient étranger », et d'ajouter : « La position, la rencontre devient très intéressante dans ce cas-là[3]. » Dans une éthique du voyage faisant la critique de l'exotisme, il forge une notion tripartite, celle des « trois R », « Résidence, Résonance, Résistance » : d'abord, « résider mentalement chez l'autre », « essayer d'apprendre la culture du lieu où l'on est » ; ensuite, « résonner, être en écho avec cette culture dans laquelle on vit » ; enfin, « résister […] à ce qui est central, dominant, habituel[4] ». La confrontation avec d'autres cultures, par la déstabilisation qu'elle engendre, permet une prise de distance vis-à-vis des influences culturelles, celles de l'Occident en particulier, et c'est en même temps dans son rapport à ces autres cultures que l'artiste devient. Chen Zhen lutte contre ce qu'il appelle « la culture centrale[5] » et, aspirant à une révision de la définition des « Autres[6] » qui fut formulée par le monde occidental, il conçoit toutes les cultures comme des « autres ». L'activité de création est résumée par le terme de « transexpé-

1 Chen Zhen *in* Jérôme Sans, *op. cit.*, p. 223. Voir aussi p. 278.

2 *Ibid.*, p. 183.

3 *Ibid.*, p. 230.

4 *Idem.*

5 *Ibid.*, p. 120.

6 *Ibid.*, p. 119.

rience[1] », « sorte de fusion / transcendance des expériences[2] ». Dans cette pensée de la rencontre, la « transexpérience » vient critiquer la conception ordinaire de l'individu pour englober les diverses expériences d'une vie, à la fois sur le plan temporel, historique et sur celui des relations et des échanges. « L'artiste en tant qu'individu n'est plus efficace pour penser tout et se renouveler[3]. » Si, dans une société multiculturelle, l'artiste apparaît à Chen Zhen comme « une sorte de sans-abri culturel[4] », c'est peut-être dans le sens où il n'appartient à aucune culture pour mieux jouer des relations avec des cultures autres, et qu'il n'est enfermé dans aucune classification pour mieux inventer ses propres catégories. De même que le rapport allusif entre art et médecine, la notion de « transexpérience » problématise l'identité par l'altérité.

L'altérité dans le processus créatif se manifeste en particulier par le biais d'une réflexion globale sur le contexte socio-culturel de production et de monstration des œuvres. Dans une correspondance échangée avant une exposition au Musée de l'art de Tel Aviv, en 1998, la commissaire Nehama Guralnik pointe l'intérêt de l'artiste pour les « contextes immatériels et transcendantaux[5] », la « solution visuelle » n'intervenant que dans un second temps. Elle se demande si la préoccupation de Chen Zhen pour les relations entre l'homme et son environnement est liée à l'art post-conceptuel de l'Occident ou bien si elle relève de son « vécu de Chinois ». La prédominance, dans l'élaboration d'une proposition artistique, de l'héritage culturel semble éclipser le contexte socio-culturel du lieu d'exposition. Aussi Chen Zhen préfère-t-il parler de « champ » plutôt que de « lieu », de « site » ou de « contexte » :

> En d'autres termes, le lieu n'est pas seulement un espace visible et mesurable, c'est aussi un environnement chaotique, un champ dans lequel tout se fond et s'interpénètre. Il est vrai que, dans le monde de l'art contemporain occidental, ces idées sont débattues depuis près d'un siècle (depuis Duchamp). Mais ce discours a surtout traité du processus créatif, de la relation entre l'œuvre et sa place, du déplacement spatial de l'objet en relation avec son contexte. Dans ce cas, l'artiste est souvent considéré à la fois comme un élément extérieur et un décideur. En parlant de champ, je vois le créateur comme celui qui a un rôle générateur très important, comme un élément intérieur actif qui se positionne dans la réflexion contextuelle. C'est-à-dire que la question du contexte n'est

1 *Ibid.*, p. 86.

2 *Idem.*

3 *Ibid.*, p. 229.

4 *Ibid.*, p. 89.

5 Lettre de Nehama Guralnik à Chen Zhen du 4 janvier 1998 (*ibid.*, p. 71). Il s'agit de *Jue Chang / Fifty Strokes to Each* (Jue Chang / Cinquante coups chacun), installation de 1998 exposée au Museum of Art de Tel Aviv de mai à juillet 1998, puis à la biennale de Venise en 1999.

pas seulement un dialogue entre le concept de l'artiste et l'espace physique réel, mais aussi une rencontre entre l'artiste et sa propre expérience des facteurs invisibles, la vie du site[1].

Le contexte renvoie à toutes sortes de facteurs, non seulement au thème de l'exposition, mais aussi à l'histoire et à la géographie du lieu, aux dimensions sociales, culturelles de ce lieu. Émanant d'une rencontre personnelle, intime avec une culture, avec une communauté, intégrant des questions d'ordre sociétal, le contexte pour Chen Zhen fait partie intégrante du processus de création. Il s'agit pour l'artiste de « dialoguer avec le contexte "intérieur" ou "invisible" du lieu[2] ». Le contexte comme « champ » est ainsi d'abord celui de la « transexpérience », dans une problématique artistique fondée sur l'altérité.

La notion d'altérité intervient également lorsque Chen Zhen compare les échanges culturels à une « infection virale[3] ». « Je suis passionné », dit-il dans un entretien, « par l'idée de me situer en grande partie dans le monde de l'art à travers la médecine, et par mon expérience de patient comme un anticorps humain face à un virus [...] Voilà mon idée de "virus culturel" »[4]. Il évoque aussi, apparemment paradoxalement, le « positionnement de l'artiste qui lutte à contre-courant de ce qu'on pourrait appeler la "culture centrale"[5] », en le comparant à un virus qui envahit un corps humain. Dans ces deux discours portant sur le statut de l'artiste, faisant de celui-ci tantôt un anticorps, tantôt un virus, ce qui est important de retenir, c'est la dynamique de la situation de l'art contemporain marquée par les échanges multiculturels ainsi que, liées à l'idée de transexpérience, par les capacités d'adaptation, de résonance et de résistance de l'artiste. Dans le contexte du multiculturalisme, l'artiste doit opérer des « intériorisations multiples[6] » et contribuer à une dynamique nouvelle, critique de celle qu'il intègre. « Les qualités des virus sont exactement celles que nous devrions posséder aujourd'hui[7] ! » Les virus sont « actifs, infectieux et rampants ». Minuscules mais ayant une puissance d'action phénoménale, ils sont capables de provoquer une réponse du système immunitaire. Les œuvres d'art sont ainsi appelées à *travailler au corps* la culture, celle-ci étant en effet métaphorisée en corps. L'idée de « virus culturel », qui s'inscrit dans un propos

1 Lettre de Chen Zhen à Nehama Guralnik du 10 janvier 1998 (*ibid.*, p. 72).

2 Chen Zhen *in* Jérôme Sans, *op. cit.*, p. 85-123 [première de deux auto-interviews entre l'artiste et un personnage inventé : « Transexpérience – une conversation entre Chen Zhen et Zhu Xian »], p. 94.

3 *Ibid.*, p. 120.

4 *Ibid.*, p. 224.

5 *Ibid.*, p. 120.

6 *Ibid.*, p. 121.

7 *Idem.*

sur le statut de l'artiste dans le processus de mondialisation, suppose l'existence d'un corps de la culture, promis à transformation. « Virus culturel » et « infection virale » construisent ainsi dans le discours de Chen Zhen une dimension politique de l'énergie artistique, qui est ici une énergie corporelle intersubjective, celle d'une faculté d'appropriation, non pas appropriation de l'autre, mais « appropriation de soi comme autre, par l'autre [...] forme de reconnaissance en acte de mon identité comme altérité[1] », et en même temps celle d'un potentiel de transformation des rapports entre l'art et la culture.

Un corps de l'œuvre de l'allusif

Alors qu'elles recèlent souvent une dimension charnelle prégnante, les œuvres de Chen Zhen ne font pas intervenir la représentation du corps humain, préférant mettre en scène des objets du quotidien, appareils domestiques, meubles et autres vêtements. La conservatrice de musée Nehama Guralnik souligne la « référence indirecte au corps humain » : celle-ci « est si évidente qu'elle en devient un trait central » du travail de Chen Zhen[2]. Celui-ci répond que, pour lui, « l'absence de représentation humaine devient un espace vide, où une forte présence de l'esprit humain est suggérée et librement interprétée[3] ».

Dans ce langage allusif ou indirect lié à la pensée du vide taoïste, les objets renferment en effet une richesse d'évocation de la complexité humaine. Transformer des objets, cela consiste pour Chen Zhen, par exemple, à recouvrir de terre l'espace d'une galerie et tous les objets qui s'y trouvent ou à coudre ensemble des drapeaux chinois et américains avec des centaines de morceaux de vêtements, ou encore à transporter une centaine de pots de chambre de Shangaï à New York. Dans le geste de transformation, il s'agit chaque fois de « découvrir la potentialité de l'objet trouvé[4] ». L'appréhension du monde dans l'impermanence des êtres et des choses « oscille "entre" objets et éléments[5] ». Chen Zhen conçoit « une sorte de "non-objet" et de "non-lieu" qui, comme l'a interprété François Jullien, décrit l'éphémère et la mouvance ininterrompue des choses, la fugacité et l'insubstantialité des existences[6] ». Mis en situation et transformés, les objets trouvés peuvent laisser émaner un potentiel autre, sont en passe d'acquérir une existence seconde. Concernant ce potentiel de situation, François Jullien a montré la distance allusive comme l'écart

1 Gérard Dessons, *op. cit.*, p. 274.

2 Lettre de Nehama Guralnik à Chen Zhen du 5 février 1998 (Jérôme Sans, *op. cit.*, p. 80).

3 Lettre de Chen Zhen à Nehama Guralnik du 8 février 1998 (*ibid.*, p. 82).

4 *Ibid.*, p. 83.

5 *Ibid.*, p. 158.

6 *Idem.*

qui existe entre deux manières d'appréhender un paysage, qui fait passer du paysage comme « scène » au paysage comme « monde », d'un aspect bruyant et proche à une dimension plus calme et lointaine[1]. On peut voir dans chacune des installations de Chen Zhen une invitation du spectateur à passer d'une scène composée d'objets à un monde comme cheminement, imprégnation progressive – qui n'est pas un autre monde, qui est ce monde dans lequel nous vivons, mais dans un dépassement de ce qu'il peut comporter de superficiel. Le geste de la distance allusive peut désarçonner un public culturellement imprégné d'une activité de symbolisation, dédoublement du plan du sensible par celui de l'invisible, ou du physique par le spirituel. Au lieu d'une vision par « dédoublement où tout renvoie à soi-même mais sur un autre plan, qu'il imite ou qui l'informe, et dont il tire sa réalité », l'approche indirecte de la tradition de pensée chinoise consiste en un « détour où l'un renvoie à l'autre et communique avec lui, parce qu'ils vont de pair et sont corrélés »[2]. Les propos de Chen Zhen sur les potentialités des objets conduisent à la critique d'une herméneutique des œuvres d'art : ils témoignent de ce désir d'inviter le visiteur non à déchiffrer un sens, mais à découvrir-construire un potentiel de l'objet grâce à un *processus œuvre* chaque fois particulier.

Prenons un exemple plus précis. *Jue Chang / Fifty Strokes to Each* se présente comme un dispositif de lits et de chaises de différentes tailles, suspendus à une armature de grosses poutres en bois, de piliers et de travées. Les meubles évidés ont été transformés en instruments de percussion au moyen de peaux de vaches tendues. Des bâtons mis à disposition incitent les spectateurs à frapper les surfaces de peaux. Si le contexte historique et contemporain du Moyen-Orient a joué un rôle dans le processus de création, l'œuvre, comme le précise Chen Zhen, « met plus généralement en question toutes sortes de disputes et de conflits mondiaux (nationaux, religieux, territoriaux, politiques, sociaux, économiques et culturels)[3] ». Le titre de l'installation mêle en effet une expression de la littérature chinoise, « *Jue Chang* », signifiant « Poème (ou) chant sans pareil » ou « l'absolu de la voix humaine ou de la musique »[4], et une maxime bouddhiste disant « Cinquante coups chacun », c'est-à-dire :

> [I]l faut donner cinquante coups aux deux parties engagées dans une dispute ou un conflit. [...] En termes contemporains [ajoute l'artiste], on dirait qu'il faut faire preuve de retenue pour parvenir à la tolérance [...] Frapper et donner des

1 François Jullien, *op. cit.*, p. 333.

2 *Ibid.*, p. 351.

3 Chen Zhen, sans titre, David Rosenberg et Xu Min, *op. cit.*, p. 306 (ce texte fait partie des citations distribuées dans ce catalogue, extraites de notes, de textes et de documents de travail de l'artiste ainsi que d'entretiens).

4 *Ibid.*, p. 304.

coups n'implique pas ici une violence réelle, mais, tout au contraire, conduit à une sorte de prise de conscience – « Battre le tambour de l'éveil dans l'esprit »[1].

D'autres œuvres ont été réalisées par Chen Zhen sur ce principe de transformation d'objets du quotidien en tambours. Ainsi de cette série intitulée *Un-interrupted Voice* datant de la même année, qui propose des chaises accrochées au mur ou bien un lit légèrement incliné, dotés d'une peau de vache tendue, et mettant là aussi des bâtons à disposition du public. Ce qui est habituellement une surface sur laquelle nous nous posons ou nous reposons, que nous voyons la plupart du temps depuis la position debout, se trouve élevé ou incliné : la perception des objets s'en trouve modifiée. Or, dans l'installation *Jue Chang*, les surfaces sont redressées presque verticalement : les peaux tendues sont ainsi orientées vers nous, s'imposent d'une certaine manière à nous, tout en proposant une invitation au contact, double effet accentué par l'échelle importante du dispositif. Comme le remarque Chen Zhen, « la pièce peut être totalement silencieuse, comme une espèce de temple » : « Lorsque les gens tapent à l'extérieur, l'intérieur conserve une certaine qualité de silence, de concentration rituelle, un vide intérieur ménagé parmi les tambours et les bruits[2]. » La dimension sonore de l'installation varie extrêmement selon les manières dont les membranes des tambours sont perçues et touchées :

> Entre la chair de l'homme et la chair du monde s'étend une continuité sensorielle de chaque instant. [...] Pourtant, la perception n'est pas coïncidence avec les choses, mais interprétation. Tout homme chemine dans un univers sensoriel lié à ce que son histoire personnelle a fait de son éducation. Le monde est l'émanation d'un corps qui le traduit en termes de perceptions et de sens, l'un n'allant pas sans l'autre. Le corps est un filtre sémantique. Nos perceptions sensorielles, enchevêtrées à des significations, dessinent les limites fluctuantes de l'environnement où nous vivons. [...] Une culture détermine un champ de possibilité [*sic*] du visible et de l'invisible, du tactile et de l'intouchable [...][3].

Les modalités du toucher à l'œuvre dans l'installation sont liées à l'incorporation de valeurs sociales et culturelles par les individus[4]. Chen Zhen a constaté qu'une grande partie des visiteurs occidentaux semblaient expérimenter l'installation comme un simple objet de divertissement ou de délassement, et que les di-

1 *Idem.*

2 Chen Zhen *in* Jérôme Sans, *op. cit.*, p. 265.

3 David Le Breton, *op. cit.*, p. 158-159.

4 C'est ce que Marcel Mauss expose dans sa conférence de 1936, « Les techniques du corps » (art. cit.).

mensions que lui explorait étaient ignorées[1]. La perception est déjà de l'ordre de l'interprétation. Le toucher, nous rappelle David Le Breton, est un fil rouge de la sensorialité quotidienne[2]. Dans nos sociétés occidentales où domine le regard, le toucher est très atténué, ce qui peut expliquer que certains visiteurs donnent libre cours à une décharge gestuelle[3]. Une autre composante de l'énergie corporelle humaine est mise en évidence, une « énergie méditative » : grâce à ces membranes faisant résonner une énergie corps-esprit, s'expérimente, pour reprendre les termes de Chen Zhen, « une sorte de prise de conscience » – *Drumming an awakening into the mind* (« Battre le tambour de l'éveil dans l'esprit », cf. *supra*[4]). Le toucher participe bien du geste tel qu'il est présenté par le philosophe Michel Guérin : « un composé de mémoire et de projet[5] ». Le toucher dans cette installation suggère aussi une énergie qui est au travail en chacun de nous sans être limitée au registre de l'individualité. Les peaux diffusent en effet un espace englobant par la résonance des gestes que nous portons sur elles. Au gré de ces phénomènes de résonance, l'installation de Chen Zhen donne à penser les relations entre l'individuel et le collectif. Considéré globalement, le contact charnel des spectateurs avec ces peaux vibrantes ne renvoie pas tant à une pluralité de gestes individuels qu'à un paysage de peau sonore. En effet, les visiteurs de l'installation, spectateurs et auditeurs et / ou personnes qui battent le tambour, tendent à s'effacer en tant qu'individualités derrière la vibration d'une peau collective. *Jue Chang*, c'est un corps sonore aux multiples variations d'intensité et de nuance qui se forme en même temps qu'un corps culturel collectif qui ne cesse de se transformer.

---

1 Chen Zhen *in* Jérôme Sans, *op. cit.*, p. 192.

2 David Le Breton, *op. cit.*, p. 178.

3 Selon David Le Breton, la disparition des sensations tactiles signe la perte de l'autonomie personnelle (*ibid.*, p. 178). Nous pouvons songer au manque cruel de sensations tactiles ressenti durant les confinements qui furent imposés par les mesures sanitaires contre la pandémie de Covid-19.

4 Chen Zhen, art. cit., p. 304.

5 Michel Guérin, *Philosophie du geste. Essai philosophique. Édition augmentée*, Arles, Actes Sud, 2011 [1995], p. 80.

En guise de conclusion

La transformation des spectateurs dans l'expérience des œuvres d'art est une préoccupation chère à Chen Zhen qui, critiquant l'approche conventionnelle de la sensation reposant sur une réalité physique de l'œuvre dans l'espace, s'oriente vers un profond bouleversement du corps-esprit du spectateur dans sa rencontre avec l'œuvre, « quelque chose qui touche l'estomac, la circulation digestive, le centre nerveux et l'esprit. Quelque chose qui déclenche comme une vibration immunitaire[1] ». L'artiste met cette idée en lien avec un proverbe chinois selon lequel « le son est hors de la corde », et aussi avec l'évocation de « la forme en dehors du visuel », le tout « permettant aux spectateurs de réaliser leur propre transformation[2]. C'est là qu'intervient la notion d'"éternel malentendu" » : si dans le constat de Chen Zhen sur la réaction du public occidental, le « malentendu » semble proche de la méprise[3], l'ensemble des entretiens donne à penser un malentendre critique plutôt qu'un comprendre herméneutique. Le malentendu pour Chen Zhen advient en effet d'une rencontre comme relation profonde, indissociable de la question de l'énigme en art : « L'art est une sorte de superstition[4] », car en lien avec un inexplicable. L'art, en tant qu'énigme, suscite en nous une participation qui nous transforme. Le malentendu dans ce cas n'est donc pas un défaut de compréhension, mais s'oriente vers l'historicité d'un comprendre tendu vers un inconnu du corps humain et de la culture.

L'activité de l'œuvre entendue en termes de « vibration immunitaire » suggère la force de propagation d'une énergie. La fonction de défense de l'organisme humain relevant du système immunitaire, cette vibration comme activité de l'œuvre dit à la fois la provocation du visiteur et la réponse de ce dernier au sein du système œuvre. Nous entendons par système œuvre la globalité de l'œuvre comme organisation spatio-temporelle signifiante particulière, intégrant les rapports de l'art à la société, et dont la signifiance est imprévisible. L'œuvre de Chen Zhen donne ainsi à penser un spectateur touché, déstabilisé dans sa confrontation avec la proposition artistique, mais également poussé à répondre, cette réponse nourrissant le système œuvre. C'est finalement l'œuvre comme « virus culturel » en même temps que l'art comme « vibration immunitaire » que l'œuvre de Chen Zhen nous incite à entendre. Dans cette conception de l'art, le corps du spectateur n'est pas un corps

1 Chen Zhen *in* Jérôme Sans, *op. cit.*, p. 224. Ce propos de Chen Zhen sur le bouleversement du spectateur nous évoque celui qu'énonce Antonin Artaud : « une opération véritable, où non seulement son esprit mais ses sens et sa chair sont en jeu » (Antonin Artaud, « Le Théâtre Alfred Jarry », *Œuvres complètes, tome II. Nouvelle édition revue et complétée*, Paris, Gallimard, 1980 [1960], p. 17).

2 Chen Zhen *in* Jérôme Sans, *op. cit.*, p. 282.

3 *Ibid.*, p. 192.

4 *Ibid.*, p. 109.

physique se déplaçant dans une installation, il est un corps-esprit formé dans – et participant à la formation de – la globalité d'une œuvre. Et l'œuvre, considérée dans le champ d'une poétique, apparaît comme une énergie potentielle de transformation intégrant la question d'un corps culturel et sociétal. L'œuvre de Chen Zhen donne à penser un corps de l'œuvre de l'allusif, critique envers les dualismes du corps et de l'esprit, du réel et de l'imaginaire, de l'individuel et du collectif.

Les correspondances et entretiens de Chen Zhen témoignent d'un corps de l'œuvre qui contient en abyme le corps de l'artiste, sous la forme d'une appropriation singulière d'un rapport entre l'art et la médecine, et qui intègre un complexe de contextes à l'ère de la mondialisation. Une poétique de l'œuvre éclaire aussi un corps de l'œuvre de l'allusif, qui montre un processus de subjectivation, processus à la fois subjectif et collectif, qui ouvre sur une portée politique de l'énergie artistique. Cette conception de l'œuvre évoque la réflexion d'Antonin Artaud sur le théâtre, qui convoquait l'idée de la peste pour dire que l'activité de l'art, par laquelle du collectif est impliqué dans l'individuel, possède « la force d'une épidémie[1] ». Nous pouvons en effet voir un parallèle entre cette symbolique du politique liée à la métaphore du corps social et le politique chez Chen Zhen comme corps de l'œuvre se construisant dans le paradigme du « virus culturel », de la « vibration immunitaire » et du « malentendu perpétuel ».

1 « [L]es événements extérieurs [...] en passant sur le plan du théâtre se déchargent dans la sensibilité de qui les regarde avec la force d'une épidémie » (Antonin Artaud, *Le Théâtre et son double*, Paris, Gallimard, coll. Folio, 1964 [1938], p. 37).

Quatrième partie

Champ littéraire, corps et correspondances

Chapitre 11

De la littérature désincarnée à l'écriture incarnée. Prémices d'une enquête corpogénétique

Paul Dirkx

« [...] j'en ai tant vu, de ces filles qui ne sourient que les yeux fermés, en dansant. Comme si bercées, portées peut-être, nous retrouvions quelque chose de perdu, où et quand. Comme si nos corps se rappelaient, quoi. Des gestes très anciens qui nous reviennent. Sans penser, nous habitons chaque temps, enlevées, nos mouvements portent le poids de nos corps. »
Caroline De Mulder[1]

« Écrire, c'est seulement le sentiment et la volonté de sécréter, à force de matins, un squelette externe, comme ces crustacés imprégnés de chitine et caparaçonnés de plaques dorsale et ventrale. »
Régine Detambel[2]

Doxa dualiste et doxa textualiste

Aborder la littérature au prisme du corps du producteur reste chose rare dans le domaine des études littéraires[3]. Les corps des artistes, pour leur part, suscitent

1 Caroline De Mulder, *Ego tango. Roman*, Seyssel, Champ Vallon, coll. Détours, 2010, p. 34-35.

2 Régine Detambel, *Petit éloge de la peau*, Paris, Gallimard, coll. Folio, 2007, p. 69.

3 Voir Paul Dirkx, *Le corps de l'écrivain. Écritures et antinomie dans les littératures de langue « française » (1940-2000)*, Bruxelles, Peter Lang, coll. Documents pour l'histoire des francophonies, 2024. Citons certains travaux, importants, de Bernard Andrieu (notamment *Proust : le corps, malade d'amour*, Paris, Kimé, coll. Philosophie en cours, 2021), Claude Fintz (« Le corps virtuel de l'œuvre chez Bernard Noël. L'intercorporéité de l'œuvre comme figure de l'imaginaire », *Littérature*, 119 (septembre 2000), p. 38-51), Jérôme Meizoz (*La littérature « en personne ». Scène médiatique et formes d'incarnation*, Genève, Slatkine Érudition, 2016) et Pierre Zoberman (*Itinéraires. Littérature, textes, cultures*, 2009, 1 [dossier dirigé par Marie-Anne Paveau et Pierre Zoberman] ; Pierre Zoberman, Anne Tomiche, William J. Spurlin (dir.), *Écritures du corps. Nouvelles perspectives*, Paris, Classiques Garnier, coll. Rencontres, 2013). Mentionnons aussi, véritable hapax, un texte de 2007 dont l'auteur élabore un véritable pro-

depuis longtemps l'intérêt de la recherche sur les arts, ssurtout plastiques[1]. Ce contraste tient à plusieurs facteurs qui se renforcent mutuellement : les œuvres d'art portent généralement les traces plus ou moins manifestes des conditions physiques de leur production, ce qui n'est pas le cas des textes littéraires[2] ; à partir de la fin du XIVe siècle, la mise en scène directe du corps de l'artiste se normalise, donnant le jour à des genres artistiques à part entière (autoportrait, etc.) ; après la valorisation artistique de divers langages corporels au XIXe siècle sous l'effet de nouvelles techniques (photographie, etc.), puis l'intensification des expérimentations sous la houlette des avant-gardes au siècle suivant, un nombre croissant d'artistes font œuvre d'art en utilisant leur corps comme matière première, donnant naissance au *body art* et à ses innombrables déclinaisons[3]. À tous ces facteurs s'ajoute le fait que, du côté des commentateurs et des analystes, les domaines du savoir que sont l'esthétique, l'histoire et la philosophie des arts reposent sur une évolution du rapport à la corporéité à maint égard différente de celle qui a marqué la philologie et les études littéraires.

Approfondissons ce dernier point pour les études littéraires. L'histoire de cette discipline et de ses spécificités mériterait d'être davantage investie et enseignée dans les formations de lettres. Y jouerait un rôle central le sens commun de cette discipline, le système d'évidences qui, intériorisées par les générations successives de critiques et de savants, l'innerve au gré d'une histoire complexe. Cette doxa métalittéraire ou lettrée n'a fait l'objet que d'un nombre fort restreint d'études dédiées[4], alors même que la reconstitution de sa genèse et de son évolution apparaît comme une condition de possibilité de ce qui en constitue ou devrait en constituer l'antithèse : la discipline elle-même, son fonctionnement et ses résultats. Pareille étude aiderait à identifier et à neutraliser au moins en partie les illusions d'optique et les angles morts de la discipline. Ceux-ci entretiennent certains automatismes de lecture, par exemple celui qui consiste à lire un texte de 1830 et un texte de 1930 sur des bases

---

gramme de recherches sur le corps de l'écrivain, mais, tient-il à préciser, « en sa qualité d'écrivain et non d'universitaire » (Philippe Ségur, « Le corps de l'auteur », Paul Carmignani, Mireille Courrent, Thierry Éloi et Joël Thomas (dir.), *Le corps dans les cultures méditerranéennes. Actes du colloque des 30–31 mars et 1er avril 2006 à l'université de Perpignan Via Domitia*, Perpignan, Presses Universitaires de Perpignan, coll. Études, 2007, p. 283–292).

1 Dans les études cinématographiques, historiquement portées sur les approches sémiologiques, la situation ne diffère guère de celle qui prévaut en études littéraires (Paul Dirkx, *op. cit.*).

2 « [...] cette façon de passer sous silence le corps, est déjà le premier geste de qui écrit. On écrit : on abandonne la trace au papier, à la publication, ce qui est une manière de retrancher le corps » (Jacques Derrida, « Scènes des différences. Où la philosophie et la poétique, indissociables, font événement d'écriture » [entretien avec Mireille Calle-Gruber], *Littérature*, 142 [juin 2006], p. 16–29, p. 25).

3 L'œuvre du photographe-auteur Antoine d'Agata, que Nina Bigot étudie au chapitre 9 du présent volume, en est une des expressions les plus poussées de nos jours.

4 On citera ici l'article séminal de Pierre Bourdieu, « La critique du discours lettré », *Actes de la recherche en sciences sociales*, 1, 5-6 (novembre 1975), p. 4-8, ainsi que le dossier « Genèse de la croyance littéraire » publié en juin 1998 dans la même revue.

méthodologiques similaires, ou encore celui qui consiste à présupposer que les textes des (grands) écrivains français échappent davantage à leur « contexte » que les productions des écrivains francophones qui, moins « universelles », en tireraient leurs singularités (la dichotomie français / francophone étant un problème additionnel *sui generis*). Objectiver la doxa lettrée permettrait de remonter à la source de tant de réflexes interprétatifs et de tant de tropismes analytiques motivés par des convictions peu discutées et discutables – par des « prénotions », pour parler avec Émile Durkheim qui désignait ainsi ces « sortes de fantômes qui nous défigurent le véritable aspect des choses et que nous prenons pourtant pour les choses mêmes[1] ».

Ces deux exemples concernent tous deux l'opposition binaire entre « texte » et « contexte », qui structure de nombreuses évidences de la doxa lettrée. Il conviendrait de mieux comprendre dans quelle mesure ce système d'idées et de notions impensées repose sur cette division routinière, et dans quelle mesure celle-ci a partie liée avec la bipartition ordinaire de l'être humain – par exemple, de l'écrivain – entre « corps » et « esprit », le texte étant du côté de l'esprit immatériel et le contexte du côté du corps matériel. Il n'est pas sans conséquences que, dans notre culture (mot qui renvoie de manière approximative à la doxa), la vision courante de l'écriture dépend en grande partie d'une histoire qui remonte aux Écritures avec un É majuscule, les saintes écritures, les écritures sacrées, *désincarnées*, dont, à l'inverse, le contexte, les conditions d'engendrement relèvent du non-sacré, du profane, du corps, de la chair, voire de l'interdit. Jacques Derrida, qui disait vouer une partie importante de son travail de philosophe à la recherche du corps de l'auteur[2], expliquait qu'il ressentait le fait de parler de son propre « corps écrivant » comme « un geste assez indécent [car considéré] comme narcissique, exhibitionniste, voire nudiste »[3].

La désincarnation de l'écriture et de la littérature est donc au moins historiquement liée à une sacralisation du texte ou, plus exactement, à son essentialisation : la doxa lettrée est textualiste. Elle conduit le *lector* à s'exprimer en termes de « le texte », termes souvent anthropomorphisants, comme incarnés par défaut (« ici, le texte dit que », « le texte fait parfois un clin d'œil à », etc.). Cette désincarnation de la littérature, cette *textualisation*, est redoublée par le fait que l'étude « du » texte elle-même reste nettement structurée par certaines coutumes séculaires de l'herméneutique, c'est-à-dire de l'interprétation du Texte, du Livre parmi les livres, *biblia*, en grec.

1 Émile Durkheim, *Les règles de la méthode sociologique*, Paris, Presses Universitaires de France, coll. Quadrige, 1997 [1895]. p. 31.

2 « [...] ce que j'essaie de faire, à ma manière, sans oublier, si possible, le texte écrit, c'est de retrouver le corps. *Qui* est le corps de Heidegger? ou de Nietzsche? C'est ce qui est en général passé sous silence » (Jacques Derrida, art. cit., p. 25).

3 *Id.*, « "Entre le corps écrivant et l'écriture...", entretien avec Daniel Ferrer », *Genesis (Manuscrits-Recherche-Invention)*, 17 (2001), p. 59-72, p. 59.

Une illustration éclairante de la textualisation est l'usage de la notion de narrateur d'après le modèle narratologique de Gérard Genette. Celui-ci a pu élaborer sa narratologie en la concevant comme une « sorte de *balayage* (au sens optique)[1] ». Ce modèle doit beaucoup à son objet d'application premier, À la recherche du temps perdu, œuvre qui est en effet elle-même, comme le souligne Genette en citant Proust, « une espèce d'instrument optique que l'écrivain offre au lecteur afin de lui permettre de discerner ce que, sans ce livre, il n'eût peut-être pas vu en soi-même[2] ». La vue est ici à la fois enjeu et instrument aussi bien de la théorie que de l'œuvre à laquelle elle s'applique. Mais on a moins vu que cela revient à faire reposer en partie la théorie sur un narrateur doté d'une faculté sensorielle exclusive : la vue[3]. Aussi les autres personnages se signalent-ils à son attention comme autant d'« objets d'observation[4] ». Cet être de papier est une « instance[5] » d'autant plus spéculative que, non content de la rendre monosensorielle, le modèle prend en outre soin de dépouiller son unique sens de ce qu'il a « de trop spécifiquement visuel » pour mieux pouvoir utiliser le « terme un peu plus abstrait de *focalisation* »[6].

Genette en viendra plus tard à concéder que sa conception est « purement visuelle, et donc trop étroite[7] ». Son dispositif narratologique devenu canonique n'en consolide pas moins une domination oculaire inhérente à la tradition lettrée. Cet oculocentrisme a eu beau varier dans le temps, il cimente en effet solidement, quoique souterrainement, la logique rhétorique, l'abstraction scolastique, le perspectivisme cartésien, le schématisme kantien et le formalisme structuraliste[8]. Il permet de mieux cerner ce qui a conditionné cette continuité, laquelle à son tour a fini par l'enraciner dans les institutions, dans les esprits et dans les pratiques, à

---

1 Gérard Genette, *Figures III*, Paris, Seuil, coll. Poétique, 1972, p. 270 ; c'est l'auteur qui souligne.

2 Telle est la citation complète du passage de la *Recherche* auquel Genette fait allusion (*ibid.*, p. 267 ; Marcel Proust, *Le Temps retrouvé, in* À la recherche du temps perdu III. Édition établie et présentée par Pierre Clarac et André Ferré, Paris, Gallimard, coll. Bibliothèque de la Pléiade, 1954, p. 689-1048, p. 911).

3 À travers de nombreux exemples tirés de Proust et d'autres auteurs, Genette fait pourtant état de perceptions sensorielles variées, mais il ne les rapporte pas au fonctionnement de son narrateur. Du Stephen Ullmann, il cite, sans s'y attarder, le passage où ce linguiste souligne l'« intérêt de Proust pour les impressions sensorielles » et « l'importance des sensations dans le processus de la mémoire involontaire » (cité *in* Gérard Genette, *op. cit.*, p. 56, d'après Stephen Ullmann, *Style in the French Novel*, New York, Barns and Noble, 1964, p. 197).

4 Gérard Genette, *op. cit.*, p. 264.

5 *Ibid.*, p. 225-226.

6 *Ibid.*, p. 206 ; c'est l'auteur qui souligne.

7 « [I]l faut donc évidemment substituer à *qui voit ?* la question plus large *qui perçoit ?* » (Gérard Genette, *Nouveau discours du récit*, Paris, Seuil, coll. Poétique, 1983, p. 43).

8 Quant à Proust, cet oculocentrisme a longtemps contribué à rendre invisibles des singularités importantes que les recherches récentes sur Proust sont en train de découvrir, notamment son écriture du corps vécu (Cédric Kayser, « Chapitre 5. Au cœur des choses, le noyau cellulaire », Paul Dirkx, Jeanne E. Glesener et Bruno Trentini (dir.), *Le corps à l'œuvre. Créer, vivre, interagir*, Lormont, Le Bord de l'Eau, coll. Documents, 2024, p. 227-239).

savoir un inlassable travail de textualisation et de refoulement des sens et de tout ce qui plus généralement relève du corps.

Voilà donc un exemple qui illustre assez clairement la propension doxique à désincarner les textes littéraires. Il se trouve, de surcroît, que les écrivains, à partir du milieu du XIXe siècle, ont eu tendance, pour ainsi dire, à se débarrasser d'eux-mêmes en tant que corps parlants et écrivants. L'autonomisation de la langue littéraire à partir de 1850, sur fond d'autonomisation du champ littéraire[1], a sans doute achevé d'ancrer le statut secondaire de la corporéité dans la doxa littéraire[2] et dans la doxa métalittéraire. Que les écrivains aient, pour la plupart involontairement, contribué de manière décisive à essentialiser « le texte » et ainsi à redéfinir ce que devrait « être » un texte de « nature » littéraire, se voit de manière presque idéaltypique dans l'usage structuraliste qui a été fait du *Contre Sainte-Beuve* de Proust[3].

Pourtant, ce dernier, comme tant d'autres écrivains consacrés ou non, a montré une autre voie à suivre. Dans son essai et dans les œuvres qui ont suivi, il rapporte la gestation et la motivation de l'écriture à la « mémoire involontaire » issue de l'enregistrement sensoriel, notamment à travers l'épisode de la madeleine dans *Du côté de chez Swann*, et plus exactement dès l'ouverture de ce premier roman :

> Longtemps, je me suis couché de bonne heure. [...] Mon corps, trop engourdi pour remuer, cherchait, d'après la forme de sa fatigue, à repérer la position de ses membres pour en induire la direction du mur, la place des meubles, pour reconstruire et pour nommer la demeure où il se trouvait. Sa mémoire, la mémoire de ses côtes, de ses genoux, de ses épaules, lui présentait successivement plusieurs des chambres où il avait dormi [...] Et avant même que ma pensée, qui hésitait au seuil des temps et des formes, eût identifié le logis en rapprochant les circonstances, lui – mon corps – se rappelait pour chacun le genre du lit, la place des portes, la prise de jour des fenêtres, l'existence d'un couloir [...] Mais j'avais beau savoir que je n'étais pas dans les demeures dont l'ignorance du réveil m'avait en un instant sinon présenté l'image distincte, du moins fait croire la présence possible, le branle était donné à ma mémoire [...][4].

---

1 Gilles Philippe, « Une langue littéraire? », Gilles Philippe et Julien Piat (dir.), *La langue littéraire. Une histoire de la prose en France de Gustave Flaubert à Claude Simon*, Paris, Fayard, 2009, p. 7-56, p. 27; Pierre Bourdieu, *Les règles de l'art. Genèse et structure du champ littéraire*, Paris, Seuil, coll. Libre examen, 1992.

2 Une des rares études consacrées à la doxa littéraire (celle des agents de l'univers littéraire en tant que tel) est le livre de Jean-Pierre Martin, *Les écrivains face à la doxa ou Du génie hérétique de la littérature*, Paris, José Corti, coll. Les Essais, 2011.

3 Marcel Proust, *Contre Sainte-Beuve*, Paris, Gallimard, coll. Folio, 1993 [1954].

4 Marcel Proust, *Du côté de chez Swann, in* À la recherche du temps perdu I. Édition établie et présentée par Pierre Clarac et André Ferré, Paris, Gallimard, coll. Bibliothèque de la Pléiade, 1954, p. 1-427, p. 3-9.

Une relecture de l'ensemble du texte de la *Recherche* montrerait non seulement le caractère éminemment corporel de la narration proustienne[1], mais aussi la virtuosité avec laquelle ce qu'on appelle parfois aujourd'hui « l'instance auctoriale » parvient à rendre sensibles et intelligibles l'organisation et le fonctionnement profondément humains de la sensorialité du narrateur. À ce titre, cette sensorialité, qui suppose une corporéité, gagnerait au moins par hypothèse à être rapprochée du corps de l'auteur en tant qu'opérateur scriptural – et non pas remplacée par un concept « plus neutre » tel que « foyer de perception » proposé par Gérard Genette[2]. En revanche, il paraît plus pertinent de constater, avec Genette, que la poétique du romancier, notamment sa combinatoire métaphorico-métonymique, cherche à mimer l'« expérience capitale de la mémoire involontaire[3] », telle qu'elle est mise en branle par les sens du corps (tantôt par le goût de la madeleine trempée dans le thé, tantôt par le toucher du pied trébuchant sur le pavé disjoint, tantôt par d'autres sens). Car, si tel était le cas, il faudrait en déduire que cette poétique doit une part essentielle de ses propriétés formelles et de son efficace spécifiquement littéraire à la mémoire synesthésique de l'auteur-narrateur-protagoniste (et, on l'oublie trop souvent, lecteur) Marcel Proust[4]. Et rien ne s'opposerait à ce que cette hypothèse soit étendue à d'autres écrivains, à d'autres époques et à d'autres aires géographiques.

Il n'est pas rare non plus que les écrivains nous fassent partager en toutes lettres ce que leur expérience d'écriture leur enseigne sur l'enracinement du langage dans l'organisme, autrement dit sur le corps comme générateur de sens, en l'occurrence de textualité littéraire. On peut citer à ce sujet Jean-Marie Gustave Le Clézio : « Jamais la pensée ne se détache du corps. Le langage meurt en même temps que l'homme ; c'est qu'il n'est, ni plus ni moins, qu'une parcelle de sa chair[5]. » De même, c'est dès le titre de son premier roman, *La Nausée*, que Jean-Paul Sartre

1 Cf. Liza Gabaston, *Le langage du corps dans* À la recherche du temps perdu, Paris, Honoré Champion, coll. Recherches proustiennes, 2011 ; Davide Vago, *Proust en couleur*, Paris, Honoré Champion, coll. Recherches proustiennes, 2012.

2 Gérard Genette, *Nouveau discours du récit*, *op. cit.*, p. 43.

3 *Id.*, *Figures III*, *op. cit.*, p. 55 (cf. p. 215 et *passim*).

4 La critique s'est peu interrogée sur la synesthésie autrement que comme figure de style dans le cadre de tel ou tel « courant littéraire ». Pourtant, s'agissant de corps humain, « [l]a perception synesthésique est la règle », comme y insistait Maurice Merleau-Ponty (*Phénoménologie de la perception*, Paris, Gallimard, coll. Tel, 1997 [1945], p. 265). Ainsi, Roland Barthes, alors qu'il analyse *Le plaisir du texte* (Paris, Seuil, coll. Tel Quel, 1973), omet de la rapporter à la confusion des sens, sens dont son livre ne traite paradoxalement pas. Jean-Pierre Richard, dans son *Proust et le monde sensible* (Paris, Seuil, coll. Poétique, 1974), ne réserve aux phénomènes synesthésiques qu'une attention sporadique. Il faudra attendre 2006 pour que la pratique extraordinaire de Proust en la matière soit mise en évidence par Guillemette Bolens (*Le style des gestes. Corporéité et kinésie dans le récit littéraire*, Lausanne, Éditions BHMS, coll. Bibliothèque d'Histoire de la Médecine et de la Santé, 2006, p. 1-33).

5 Jean-Marie Gustave Le Clézio, *L'Extase matérielle*, Paris, Gallimard, coll. Folio, 1994 [1967], p. 200-201. Cette consubstantialité entre langage et corporéité est thématisée et analysée littérairement dans nombre des fictions du Prix Nobel 2008.

fait jouer aux sens et au corps un rôle déterminant, avant de les soumettre à la dissection philosophique quelques années plus tard[1]. Vers la fin d'une vie dont, à ses yeux, l'« unique but [...] était d'écrire », Sartre expliquera qu'« il n'y a pas de différence de nature entre le corps et la conscience », en ce que « les idées so[n]t des modifications du corps »[2]. Rarement écrivain – on songe aussi à Artaud[3] et à quelques autres – aura affirmé avec autant de concision la corporéité du symbolique et la symbolicité du corps. Ou, comme le dira plus tard Roland Barthes : « pas de langage sans corps[4] ».

Perspective corpopoétique

Ainsi, il est possible de contribuer à réduire les effets de la doxa lettrée en objectivant certains de ses schèmes de vision et de division de « la littérature » qui orientent la recherche au quotidien. Parallèlement, des programmes de recherche *ad hoc* peuvent problématiser le clivage entre texte et contexte en ciblant l'opposition entre corps et esprit (ou sa variante, l'opposition entre auteur et autotélisme textuel). C'est ce qu'a visé le projet de recherche Coréage (« Corps des écrivains et des artistes : génétique et esthétique ») qui a été mené en 2020-2022 à l'université de Lorraine[5]. Ce projet repose, pour sa partie littéraire, sur un travail de conceptualisation qui a été commencé en 2010[6]. Il fallait en effet commencer par donner un sens plus scientifique à deux « mots de la tribu[7] » : « corps » et « écrivain ». Tout d'abord, « le » corps « n'existe même pas »[8] : l'article défini dé-finit, catégorise et, par suite, essentialise. Il n'existe pas de corps humain unique, et nulle part n'existe

1 Jean-Paul Sartre, *L'être et le néant. Essai d'ontologie phénoménologique*, Paris, Gallimard, coll. Bibliothèque des Idées, 1943 (partie III, « Le Pour-autrui », chapitre II, « Le corps ») ; *id.*, *La Nausée*, Paris, Gallimard, 1938.

2 *Id.*, *Situations, X. Politique et autobiographie*, Paris, Gallimard, 1976, p. 135 et 139.

3 Lire Camille Dumoulié, « Le timbre intraduisible du corps (Artaud, Merleau-Ponty, Lacan) », Camille Dumoulié et Michel Riaudel (dirs.), *Le corps et ses traductions*, Paris, Desjonquères, coll. Littérature & idée, 2008, p. 32-39.

4 Roland Barthes, « De la parole à l'écriture », *La Quinzaine littéraire*, 1er mars 1974 ; repris *in id.*, *Le grain de la voix. Entretiens 1962–1980*, Paris, Seuil, 1981, p. 9-13, p. 9. Merleau-Ponty s'était montré plus précis en concluant à un « usage linguistique que nous faisons de notre corps » (Maurice Merleau-Ponty, *Parcours deux (1951–1961). Édition établie par Jacques Prunair*, Lagrasse, Verdier, coll. Verdier philosophie, 2000, p. 24 ; c'est l'auteur qui souligne).

5 Cf. notre Introduction. Soutenu par cette université ainsi que par la région française du Grand Est et l'Union Européenne, ce projet a donné lieu à la publication des premiers résultats *in* Paul Dirkx, Jeanne E. Glesener et Bruno Trentini (dir.), *Le corps à l'œuvre. Créer, vivre, interagir*, Lormont, Le Bord de l'Eau, coll. Documents, 2024.

6 Paul Dirkx, « Claude Simon : antinomie et corps écrivant », Paul Dirkx et Pascal Mougin (dir.), *Claude Simon : situations*, Lyon, ENS Éditions, coll. Signes, 2011, p. 179-197.

7 Stéphane Mallarmé, « Le Tombeau d'Edgar Poe », *Œuvres complètes I. Édition présentée, établie et annotée par Bertrand Marchal*, Paris, Gallimard, coll. Bibliothèque de la Pléiade, 1998, p. 115-116, p. 116.

8 David Le Breton, *La sociologie du corps*, Paris, Presses Universitaires de France, coll. Que sais-je ?, 2010 [1992], p. 25.

ou n'a existé quelque corps-modèle ou corps-origine. Les humains (s)ont des corps qui diffèrent selon les régularités qui organisent les groupes dans lesquels ils vivent. Tout au long du XXe siècle, un nombre assez réduit de chercheurs en sciences humaines et sociales ont essayé de rendre cette diversité sociohistorique intelligible ou du moins pensable, notamment les anthropologues culturalistes Margaret Mead et Gregory Bateson, le fondateur de l'ethnologie française Marcel Mauss, le sociologue Richard Hoggart, l'un des initiateurs des *cultural studies*, ou encore des historiens du corps comme Alain Corbin et Georges Vigarello. Quant à « l'écrivain », il s'agit également d'une catégorie illusoire. Sa définition la plus évidente, « celui ou celle qui écrit », en dit trop – elle exclut, entre autres, Homère et toute la littérature orale – et pas assez – elle inclut tous les autres spécialistes ou professionnels de l'écrit, journalistes, historiens, etc. En outre, dans l'usage doxique, y compris dans une grande partie de la recherche, la notion correspond le plus souvent à « grand écrivain ». « Le corps de l'écrivain » : avec ses deux articles définis, cette formule ne recouvre aucune réalité observable.

La disparité des corps des écrivains tient à la perméabilité spécifique au corps humain, qui passe sa vie à intérioriser, à *incorporer* ce qui l'entoure. Cette capacité à l'incorporation physique et inséparablement symbolique est encore assez peu étudiée en sciences humaines et sociales (de langue française), malgré sa découverte au cours du premier tiers du siècle précédent. Pourtant, le corps humain se présente comme un être d'emblée incorporant. Le langage ne lui vient pas de surcroît, ni ne lui est inné, mais lui est consubstantiel dans la mesure où il y est exposé. C'est, semble-t-il, ce qui *explique* qu'il soit une partie du corps. Dans la mesure où cette partie irrigue l'ensemble de l'organisme, comme le fait le sang, on peut définir le corps humain comme un endroit où circule du langage, un endroit d'où le corps parle. Mais contrairement au sang, cette parole vise le dehors du corps : il s'excorpore.

L'idée antidualiste d'incorporation occupe une position centrale dans la psychanalyse[1], ainsi que dans l'anthropologie culturaliste, qui a théorisé la notion d'« *embodiment*[2] », et dans une partie de la sociologie qui, depuis les fondateurs Durkheim et Weber à Bourdieu, en passant par Marcel Mauss[3], Norbert Elias et

1 « La nouveauté de la découverte freudienne n'a pas consisté [...] dans le rappel de notre base animale, instinctive, biologique, mais, au contraire, dans la rencontre d'un corps qui est homogène au symbole et d'une symbolique qui s'incorpore dans la chair [...] [Autrement dit] le vivant qui entre "en interaction" avec la culture, l'environnement social, etc., est d'emblée "dé-naturé", est d'emblée un corps » (Alfredo Zenoni, *Le corps de l'être parlant. De l'évolutionnisme à la psychanalyse. Préface de Léon Cassiers*, Bruxelles, De Boeck-Wesmael, coll. Oxalis, 1991, p. 71 et 74).

2 Gregory Bateson et Margaret Mead, *Balinese Character. A Photographic Analysis*, New York, Wilbur G. Valentine, 1942.

3 Marcel Mauss, « Les techniques du corps », *Journal de Psychologie*, 32, 3-4 (15 mars-15 avril 1936) ; repris *in Sociologie et anthropologie. Précédé d'une* Introduction à l'œuvre de Marcel Mauss *par Claude Lévi-Strauss*, Paris, Presses Universitaires de France, coll. Quadrige, 2003, p. 363-386.

Erving Goffman, insiste sur le fait que la socialisation des humains se fonde sur un travail d'inculcation corporelle[1]. La plupart des autres sciences humaines et sociales y portent beaucoup moins d'attention. L'intérêt pour les questions corporelles diminue à mesure que l'on passe des sciences dites « exactes » aux disciplines dites « littéraires », et, au sein de celles-ci, des disciplines les moins concernées par les textes aux disciplines les plus concernées, telles les études littéraires[2]. Comme nous avons vu, la doxa lettrée, articulée autour d'un texte coupé de son auteur, oppose une inertie spéciale à l'idée qu'il existerait un rapport nécessaire entre le corps d'un écrivain et le corpus des textes qu'il a produits, c'est-à-dire à l'idée selon laquelle un texte est la trace d'un corps incorporant et excorporant.

Le corps de l'écrivain est pourtant, lui aussi, sujet à incorporation, quoique de manière particulière : il agit avec plus ou moins de liberté (de « licence poétique ») selon des logiques qui sont propres à l'univers de la littérature. Par exemple, nos recherches sur les pratiques d'écriture de certains écrivains belges de langue française parmi les centaines qui ont émigré en France depuis deux siècles (Maurice Maeterlinck, Georges Simenon, Henri Michaux, Charles Plisnier, Dominique Rolin, etc.) montrent que celles-ci ont évolué sous l'effet de leurs conditions changeantes de socialisation et surtout de socialisation littéraire. Cette socialisation littéraire ou littérarisation est un ensemble de processus de familiarisation par incorporation, un « apprentissage par corps[3] » d'une doxa littéraire particulière (en rien « universelle[4] »), celle qui sous-tend la sphère littéraire française et qui diffère des manières d'écrire, de concevoir « la littérature », de vivre la langue « française », etc. qui ont cours en Belgique. Loin de dissocier le texte et l'auteur, il y avait donc lieu de reconnaître un lien entre l'auteur comme corps et le texte comme trace non seulement de ce corps d'être parlant unique, mais des dynamiques sociolittéraires qui le nourrissent et dont il se nourrit pour écrire peu ou prou dans les formes.

De plus, les modifications scripturales que nous relevions dans nos textes allaient de pair chez leurs auteurs avec un changement dans leur conception de « la littérature » et spécialement de « la littérature française ». Leurs hésitations, voire leurs tiraillements entre une « identité » d'écrivain « belge » et une « identité » d'écrivain « français » résultaient de la domination (croissante) des modèles littéraires hexagonaux en Belgique telle que chacun l'avait incorporée. Les doutes « identitaires »,

---

1 Paul Dirkx, « Incorporation », Anthony Glinoer et Denis Saint-Amand (éds.), *Socius : ressources sur le littéraire et le social. Lexique*, Liège / Sherbrooke, 2016, <http://ressources-socius.info/index.php/lexique/21-lexique/187-incorporation>. Le concept d'incorporation est également essentiel chez certains philosophes, en premier lieu Michel Foucault.

2 *Id.*, *op. cit.* (chapitres I et II).

3 Pierre Bourdieu, *Le sens pratique*, Paris, Minuit, coll. Le sens commun, 1980, p. 123.

4 Lire, par exemple, Édouard Glissant, *Traité du Tout-Monde. Poétique IV*, Paris, Gallimard, 1997.

générateurs d'une insécurité spécifiquement littéraire plus ou moins vécue comme telle, tenaient à un conflit interne, typique de chaque écrivain littérarisé en dehors de l'Hexagone, entre, d'une part, le nomos « écrire », soit l'évidence fondatrice, le principe de base du champ littéraire (« français ») depuis Baudelaire et Flaubert[1], et, de l'autre, le nomos « écrire en tant que », en tant qu'on est ce qu'on est, une personne littérarisée en Belgique (au Congo, au Canada, au Mali, au Luxembourg, au Maroc, etc.). Cette tension insoluble entre l'attachement au premier nomos (auto*nomie* « universelle ») et l'attachement au deuxième (autonomie « belge », « congolaise », etc.) peut être désignée du concept d'*anti*nomie[2].

Tout projet d'écriture s'avère travaillé par une ou plusieurs antinomies, par exemple par l'antinomie qui oppose le *nomos* littéraire « écrire » et le *nomos* économique « capitaliser ». Mais l'antinomie inhérente aux productions littéraires « francophones » (et, en France, aux productions dites « régionalistes ») a ceci de singulier qu'elle confronte deux nomoï d'ordre littéraire. Dans tous les cas de figure, c'est le caractère antinomique de l'activité scripturale qui nous a amenés à poser, entre le texte, l'écrivain et le champ littéraire, un quatrième terme dans lequel les trois autres se rejoignent, un quatrième terme qui littéralement les incarne : l'écrivain en tant qu'être d'incorporation, autrement dit le corps de l'écrivain. Ce corps est le lieu où ont été internalisés et sédimentés, heure après heure, jour après jour, année après année, les matériaux hétéroclites des textes à venir et en particulier les forces antinomiques du *champ* littéraire. Ce corps est aussi, en même temps, le lieu où, jour après jour, il s'est agi de s'émanciper, de s'autonomiser tant soit peu de ces fardeaux sociaux préexistants que sont les habitudes (contraignantes) de la langue et de la littérature, afin que puisse y éclore et s'épanouir une langue littéraire malgré tout personnelle, susceptible d'être considérée comme celle d'un écrivain. Enfin, ce corps est le lieu d'où, ce jour-là, un premier *texte*, puis, plus tard, un deuxième texte, un troisième, etc., seront expulsés, excorporés dans le champ littéraire incarné par d'autres corps d'écrivain, puis, au-delà, dans l'espace social.

Ainsi, le concept de corps d'écrivain fait partie d'une analyse des textes littéraires soucieuse de rendre compte de leur genèse, de leurs conditions de possibilité, soucieuse de comprendre au mieux pourquoi tel texte est ce texte-là et non pas un autre, autrement dit encore cherchant à faire non pas une « explication de texte », mais une explication du texte, de ce texte-là. Il appartient à une perspective historique, *génétique* du texte littéraire d'inclure cet opérateur scriptural qu'est le corps de l'écrivain, matérialisation-symbolisation de l'espace des possibles littéraires et de toute son histoire tels que l'a incorporé depuis son point de vue, qui en réalité est

1 Pierre Bourdieu, *op. cit.*, p. 93-103, 310-321 et *passim*.

2 Paul Dirkx, *Les « amis belges ». Presse littéraire et franco-universalisme*, Rennes, Presses Universitaires de Rennes, coll. « Interférences », 2006, p. 9-10.

un point de corps, un écrivain X ayant une trajectoire Y dans un champ littéraire Z. Il s'agit d'intégrer dans l'étude littéraire le corps de l'écrivain en tant que support physico-symbolique de toutes les options d'écriture (linguistiques, rythmiques, stylistiques, narratives, génériques, etc.) qu'il s'est faites siennes pendant toute une vie. Cette prise en compte ouvre la voie à une poétique sociolittéraire et historique, une sociopoétique (Alain Viala[1]) à la croisée des textes, du champ littéraire et des corps d'écrivain : une corpopoétique. Celle-ci prend acte du fait que le texte, sans rien céder de sa place irréductible, est la trace d'un corps et que l'écriture littéraire est une écriture de soi, une autographie[2].

Une enquête corpogénétique

Par son caractère historique et social, la corpopoétique est une corpogénétique. Elle implique la reconstitution de l'espace des possibles scripturaux pour mieux en saisir les actualisations à travers le corps d'un écrivain ou d'une écrivaine. C'est ce à quoi s'est essayé le projet Coréage dont il était question ci-dessus. Les corps des écrivains y ont fait l'objet d'une enquête à partir d'un corpus de textes océrisés et balisés[3], représentatifs de l'espace littéraire francophone européen, qui est très rarement étudié en tant que tel. Il s'agissait de mettre en correspondance ces corps et leurs traces scripturales, en se concentrant sur le lexique qui renvoie au corps en général, à ses parties (« sang », « cheveux », « buste », etc.)[4], à ses propriétés (« grand », « maigre », « malade », etc.) ou encore à ses actions (« parler », « courir », « aimer », etc.) et ses états (« souffrir », « dormir », etc.). Sont ainsi visés, pour un projet à venir, les dispositifs lexicaux complexes que l'on appelle habituellement « personnages » (dont les « narrateurs » sont des cas particuliers).

Compte tenu des contraintes temporelles et financières du projet, un corpus de cinquante-neuf romans d'écrivains européens de langue française a été construit. Notre intérêt allant à la littérature contemporaine et extrême-contemporaine, nous avons choisi de travailler sur les quatre décennies comprises entre 1981 et 2020. Le critère de sélection principal était la socialisation et, en particulier, la littérarisation de l'auteur dans une région francophone de l'Europe, au moins au sein de la famille et / ou à l'École. Le projet faisant l'hypothèse que la socialisation implique le

1 Alain Viala, « Deuxième partie : Sociopoétique. I : Éléments de sociopoétique », Georges Molinié et Alain Viala, *Approches de la réception. Sémiostylistique et sociopoétique de Le Clézio*, Paris, Presses Universitaires de France, coll. Perspectives littéraires, 1993, p. 137-220.

2 Que l'écriture littéraire soit une écriture de soi, ne revient pas à dire que ce « soi » serait à l'origine de l'écriture. Ce serait là simplifier notre propos, en faisant fi de tout ce qui a été développé jusqu'ici.

3 Nous remercions le laboratoire ATILF (Analyse et traitement informatique de la langue française, CNRS – université de Lorraine) pour cette préparation des textes.

4 Voir le chapitre suivant.

corps du fait qu'elle repose sur l'incorporation des expériences de tout ordre vécues par l'écrivain (perceptions et autoperceptions, expériences sociales, apprentissages littéraires, etc.), le corpus ne pouvait reposer sur un critère unique de type lieu de naissance, ni sur une variable identitaire, mais sur un ensemble de caractéristiques liées à la socialisation du corps de l'écrivain. L'évocation du territoire dans la diégèse n'était pas indispensable, même si le corpus comportait une proportion de livres dont le cadre est « français », « luxembourgeois », etc. en vue de mesurer le poids de variables telles que le lieu de résidence, des séjours divers, la localisation de la famille, etc. Nous avons veillé à attribuer un titre par année, en équilibrant au mieux les diverses origines sociales, les origines nationales[1] et les sexes. L'ensemble repose en outre sur nos propres lectures (attentives à la diversité des écritures du corps) et sur notre fréquentation constante des répertoires papier ou en ligne (bibliographies, catalogues, dictionnaires d'auteurs, anthologies, index, etc.). Il paraît assez représentatif de l'espace des corps d'écrivain en Europe francophone et de ses probables évolutions. Cet espace étant articulé, par hypothèse, autour des deux variables majeures qui structurent le champ littéraire français, soit le degré d'autonomie et le capital spécifiquement littéraire, le corpus comporte des œuvres de romanciers représentatifs des parties plutôt innovantes et plutôt conservatrices de l'espace littéraire, en fonction de leur investissement dans le champ et des récompenses que celui-ci leur accorde. Enfin, le corpus fait aussi une place aux écrivains allophones ou venus progressivement à la langue française.

Pour finir, nous formulerons encore deux remarques. Premièrement, le projet Coréage nous a confortés dans l'idée que la génétique des textes pourrait elle aussi tirer profit d'une attention spécifique pour la corporéité des auteurs. La perspective corpopoétique dans ses dimensions génétiques se concentre en effet sur le palimpseste de toutes les ratures de l'écrivain, de toutes ses hésitations et de tous ses repentirs, l'hypotexte de tous ses hypotextes : son corps littérarisé d'écrivain. Deuxième remarque : la perspective corpogénétique permet de considérer le corps de l'écrivain comme un système de dispositions que Pierre Bourdieu a appelé « habitus » et qui s'avère peut-être coïncider avec lui. Certains chercheurs reprochent à « habitus » d'être un concept flou ou inopérant, en se demandant comment il se manifeste dans un texte littéraire. Or l'approche corpopoétique associe aux corps d'écrivain et à leurs trajectoires des matériaux textuels identifiables et analysables, à savoir, nous l'avons vu, tout ce qui dans les textes fait écho au corps : le champ lexical corporel, les corps que sont les personnages, les modes de vie de ceux-ci et spécialement des

1 Et régionales : une première version du projet visait à différencier les écrivains français selon leur origine régionale, objectif qui a été abandonné par la suite. Cela explique la surreprésentation dans la population de l'ex-Région Lorraine (Philippe Claudel, Claude Collignon, Marcel Cordier, Virginie Despentes, Hélène Gestern et Nicolas Mathieu).

personnages d'écrivain – en un mot tout le champ narratologique qui est sans doute également à revisiter en partie. Et à suivre George Lakoff et Mark Johnson, qui expliquent que les langues humaines sont composées de mots dont l'étymologie rencontre tôt ou tard le corps humain[1], on s'aperçoit que c'est l'ensemble de la matière textuelle qui est au diapason du corps qui l'a tracé.

En tout état de cause, la mise en correspondances – correspondances aussi invisibles qu'agissantes – du champ lexical corporel et du champ littéraire apparaît comme une hypothèse de travail fertile. Il est même permis de dire que, le corps de l'écrivain étant nodal, le premier « champ » est d'autant mieux nommé qu'il s'avère au moins en partie travaillé par les forces qui animent le second. À l'inverse, un certain usage du champ lexical corporel par tel ou tel écrivain tend à le positionner dans le champ littéraire, comme l'avancent, parmi d'autres hypothèses, les auteurs du chapitre suivant.

1 George Lakoff et Mark Johnson, *Les métaphores dans la vie quotidienne. Traduit de l'américain par Michel de Fornel en collaboration avec Jean-Jacques Lecercle*, Paris, Minuit, coll. Propositions, 1985 [1980] ; *id.*, *Philosophy in the Flesh. The Embodied Mind and Its Challenge to Western Thought*, New York, Basic Books, 1999.

Chapitre 12

Des correspondances invisibles. Les corps des écrivains de langue française en Europe

Louis Gabrysiak et Léa Kœnig

Introduction

La possibilité et les conditions d'une analyse proprement sociologique des œuvres d'art dans leur forme et dans leur contenu font partie des questions que la discipline se pose à elle-même de façon récurrente. Depuis le colloque fondateur de la sociologie des arts, à Marseille en 1986[1], celle-ci fait désormais partie des figures imposées que tout ouvrage de synthèse se doit d'aborder, en général pour en appeler au développement et à la formalisation d'une sociologie des œuvres[2]. Il semble en effet que les obstacles à franchir, méthodologiques principalement, n'en finissent pas et que, malgré les appels à « raffermir le statut de la sociologie des œuvres[3] », celle-ci ne constitue toujours pas un sous-domaine formalisé de la sociologie des arts et de la culture. Du contenu des œuvres il est finalement peu question, en tout cas moins que de leur production, des dispositions de leurs auteurs et de leurs positions et prises de position au sein de leur champ respectif.

Il semble que la sociologie de la littérature se trouve dans une position à la fois plus fragile et plus solide. Plus fragile, surtout en France, car elle continue, comme

1 Raymonde Moulin (dir.), *Sociologie de l'art. Colloque international, Marseille, 13-14 juin 1985, Société française de sociologie*, Paris, Documentation française, 1986 (réédition Raymonde Moulin (dir.), *Sociologie de l'art. Colloque, Marseille, 13-15 juin 1985, Société française de sociologie, Ministère de la Culture et de la Communication*, Paris, L'Harmattan, coll. Logiques sociales, 1999).

2 Voir par exemple Bruno Péquignot, *Sociologie des arts. Domaines et approches*, Paris, Armand Colin, coll. 128, 2009, et Hyacinthe Ravet, *Sociologie des arts*, Paris, Armand Colin, coll. Cursus, 2015, qui consacrent chacun un chapitre à la sociologie des œuvres.

3 Clara Lévy et Alain Quemin, « La sociologie des œuvres sous conditions », *L'Année sociologique*, 57 (2007), 1, p. 207-236, p. 233.

hier[1], à être soupçonnée par les études littéraires de n'être pas assez textocentrée et, par la sociologie, à l'être trop – y compris par la sociologie de l'art, qui d'ailleurs ne cherche généralement pas à lui être associée. Mais en même temps position plus solide, du fait que, pour ce qui est du binôme texte / contexte, elle produit désormais des travaux qui non seulement priorisent l'analyse des textes, mais concentrent cette analyse sur le champ des possibles d'écriture dite « littéraire », corrélé au champ des possibles de positions d'agents « littéraires ». Cet intérêt pour les spécificités proprement esthétiques et scripturales des œuvres est lié au fait que la plupart des travaux concernés s'inspirent du modèle du champ littéraire et du projet de Pierre Bourdieu de fonder une « science des œuvres[2] ». En particulier, l'approche sociopoétique d'Alain Viala et les études posturales de Jérôme Meizoz, qui en sont un développement majeur, attirent beaucoup les chercheurs[3]. Ces orientations ont pour principale préoccupation de donner lieu à une explication qui dépasse le clivage entre texte et contexte, unicité et uniformité, subjectivité et objectivité, etc.

Certaines de ces recherches reposent essentiellement sur des méthodes qualitatives. C'est par exemple le cas du travail de Clara Lévy sur les écrivains juifs après la Shoah[4]. L'autrice s'intéresse à la façon dont des auteurs revendiquant une « identité juive » écrivent, transcrivent cette identité, en liant trajectoires biographiques et interviews des auteurs, analyse de contenu et analyse stylistique des livres. Le travail d'enquête repose sur une lecture minutieuse des romans et de matériaux biographiques disponibles à propos des auteurs et de leurs livres, auxquels Clara Lévy applique une grille de lecture commune. Cette méthode lui permet d'établir non seulement l'existence d'un lien systématique entre déclinaison identitaire et mode d'expression littéraire, mais la forme que prennent cette identité et cette expression s'avère singulière, propre à chaque écrivain étudié.

Dans le sillage des travaux de Paul Dirkx sur le corps de l'écrivain, fondés sur une sociopoétique incluant ce corps (corpopoétique), nous nous sommes interrogés sur la manière de traiter quantitativement des correspondances entre un corpus d'œuvres littéraires et leurs auteurs et autrices. L'ambition – partiellement réalisée, nous le verrons – était de nous intéresser de façon empirique, d'une part, aux correspondances

1 Paul Dirkx, *Sociologie de la littérature*, Paris, Armand Colin, coll. Cursus, 2000, p. 11-38.

2 Pierre Bourdieu, *Les règles de l'art. Genèse et structure du champ littéraire*, Paris, Seuil, coll. Libre examen, 1992 (partie II : « Fondements d'une science des œuvres »).

3 Alain Viala, « Deuxième partie : Sociopoétique. I : Éléments de sociopoétique », Georges Molinié et Alain Viala, *Approches de la réception. Sémiostylistique et sociopoétique de Le Clézio*, Paris, Presses Universitaires de France, coll. Perspectives littéraires, 1993, p. 137-220 ; Jérôme Meizoz, *Postures littéraires. Mises en scène modernes de l'auteur. Essai*, Genève, Slatkine Érudition, 2007. Citons en outre, parmi d'autres encore, les travaux d'Anna Boschetti, Jacques Dubois, Pascal Durand, Joseph Jurt ou encore Pascal Mougin.

4 Clara Lévy, *Écritures de l'identité. Les écrivains juifs après la Shoah*, Paris, Presses Universitaires de France, coll. Le lien social, 1998.

entre le corps de l'écrivain et les corps tels qu'ils sont écrits[1], considérant ceux-ci, par hypothèse, comme des transpositions complexes de caractéristiques corporelles des auteurs et autrices liées à leur socialisation, et, d'autre part, aux correspondances entre ces différentes manières de dire les corps et les positions occupées au sein du champ littéraire par leurs auteurs et autrices, soit la façon dont le nomos propre au champ (son principe fondateur : écrire[2]) travaille les corps. Pour ce faire, la recherche visait à se doter d'un ensemble de méthodes statistiques. En effet, y parvenir nécessitait, outre la sélection d'un corpus d'œuvres en langue française, limitées aux années 1980-2020 et au continent européen, d'effectuer un double travail de recueil de données sur les écrivains et au sein des textes. Nous avons retenu cinquante-neuf romans, signés par autant d'auteurs différents (belges, français, luxembourgeois, suisses ou ressortissants de pays non francophones). Il a fallu concevoir des moyens d'isoler et de quantifier le vocabulaire corporel[3], de créer des indices permettant de positionner les romans les uns par rapport aux autres, mais également d'analyser conjointement propriétés sociales des auteurs et des autrices et propriétés des textes.

Dans ce chapitre, nous présenterons les différentes étapes du travail de recueil et de traitement des données, les difficultés qui y sont liées, ainsi que les premières hypothèses émergeant de ces opérations. Le travail présenté ici revêt un caractère exploratoire et, sur bien des aspects, expérimental. Il s'agit à nos yeux des premiers jalons d'une investigation à poursuivre, qui permettent d'ouvrir des directions de recherche. Après avoir détaillé le travail de recueil de données sur les écrivains et les choix que celui-ci a impliqués, nous exposerons les méthodes mises en place afin de quantifier le vocabulaire corporel au sein du corpus. Nous présenterons la façon dont nous avons opérationnalisé cette quantification en vue de créer un ensemble d'indices de densité, de diversité et de concentration corporelles. Ce travail de quantification vise, nous l'avons dit, à rapprocher certains ouvrages et leurs auteurs, ou, à l'inverse, à mesurer des écarts dans l'usage du corps. Enfin, nous montrerons les correspondances à l'œuvre entre ces différentes places accordées au corps et certaines propriétés sociales, sociodémographiques et sociolittéraires des écrivains, avant de nous consacrer à l'étude du vocabulaire utilisé et de ses variations.

Le corpus et la méthode prosopographique

Afin de mettre en correspondance, d'un côté, les propriétés sociales et la socialisation par incorporation des écrivains et, de l'autre, leurs productions littéraires, nous

1 Voir le chapitre précédent de Paul Dirkx.

2 Pierre Bourdieu, *op. cit.*, surtout p. 93-103 et 310-321.

3 Il a fallu se limiter aux substantifs désignant le corps ou ses différentes parties.

avons procédé à l'analyse prosopographique d'un groupe d'agents[1], en cherchant à prendre en compte, autant que faire se peut, la diversité des positions dans le champ littéraire francophone en Europe. Initialement composé de cinquante-neuf écrivains en activité entre 1980 et 2020, cet échantillon a été réduit, pour la première phase de l'enquête présentée dans le présent chapitre, aux 39 écrivains en activité entre 1950 et 2020, et ce en vue de réduire l'hétérogénéité des socialisations. Il s'agit des auteurs et autrices d'un corpus composé d'autant de textes destinés à être mis en correspondance avec l'analyse statistique des textes[2]. Il s'agit de romans publiés entre 1981 et 2020, le genre du roman étant le genre littéraire privilégié par 90 % des écrivains de l'échantillon dans l'ensemble de leur œuvre personnelle

La base de données prosopographiques a été construite autour de quatre groupes de variables : les *propriétés sociales* (date et lieu de naissance de l'écrivain ; sexe ; nationalité ; origines sociales du père et de la mère), la *socialisation* (trajectoire géographique : lieu de résidence jusqu'à l'entrée dans le champ et séjours divers, localisation de la famille ; taille de la fratrie et position dans la fratrie ; trajectoire professionnelle : l'écriture comme profession principale et, si oui, depuis quand), la *littérarisation primaire*[3] (trajectoire scolaire : lieu des études, titres scolaires, filières, types d'établissement ; expériences d'écriture ; confession ; socialisation monolingue ou plurilingue) et, enfin, la *littérarisation secondaire* (date d'entrée dans le champ, c'est-à-dire de publication d'un premier volume ; éditeurs et lieux d'édition des volumes ; réception et degré d'innovation selon la critique ; récompenses littéraires ; appartenance à des institutions littéraires ; traductions : nombre de titres et de langues). Concernant ce dernier groupe de variables, nous avons uniquement conservé les données pour les ouvrages publiés en langue française. Les variables visent notamment à obtenir des informations sur le degré d'autonomie ou d'hétéronomie et le capital symbolique littéraire, afin d'éclairer l'hypothèse d'une corrélation entre l'autonomie relative des agents liée à leur position dans le champ et la corporéité de leur écriture.

La mise en correspondance des productions littéraires avec les dispositions des écrivains et leur socialisation portant en particulier sur les conditions d'écriture de leurs textes, les données prosopographiques ont été collectées pour chacun et cha-

1 Sur cette méthode, qui consiste à dégager les traits communs aux membres d'un groupe par l'observation de leurs trajectoires, nous renvoyons principalement à Claire Lemercier et Claire Zalc, *Méthodes quantitatives pour l'historien*, Paris, La Découverte, coll. Repères, 2008, et à Pierre-Marie Delpu, « La prosopographie, une ressource pour l'histoire sociale », *Hypothèses*, 18 (2015), 1, p. 263-274.

2 Le lecteur trouvera la liste des 39 références bibliographiques en Annexe.

3 La littérarisation primaire est entendue au sens de socialisation dans ses dimensions « littéraires » avant la première prise de position significative de l'agent dans le champ littéraire, soit très généralement un livre (ont donc été exclues les éventuelles publications dans la presse périodique ou ailleurs). La littérarisation secondaire est sa socialisation littéraire telle qu'elle se modifie sous l'effet de cette première expérience et le plus souvent sous l'effet de publications ultérieures (Paul Dirkx, *Les « amis belges ». Presse littéraire et franco-universalisme*, Rennes, Presses Universitaires de Rennes, coll. Interférences, 2006, p. 9-10 et *passim*).

cune sans dépasser la date de publication de ces textes. Nous faisons une exception pour les informations relatives à la traduction de leurs œuvres, les sources ne permettant que difficilement d'en connaître la date. La même difficulté s'est posée pour certains agents quant à leur appartenance à des institutions littéraires, rendant par la suite cette variable difficile à traiter. Enfin, nous prenons également en compte les prix littéraires qui ont été remis dans les deux années suivant la date de publication du texte, aucun prix récompensant ce texte en particulier n'ayant été remis au-delà de deux ans après la publication.

Les données ont été recueillies à partir des biographies et des informations biographiques contenues dans des dictionnaires de littérature, des articles issus de la critique et de la presse littéraires, des catalogues d'éditeurs ou encore des sources liées à des institutions littéraires[1]. Nos sources étant assez hétérogènes, il a parfois été délicat de convertir les informations en variables. En effet, dans un premier temps, le niveau de détail des données collectées aurait nécessité pour tous les agents une analyse qualitative. Afin de les resituer dans notre perspective prosopographique pour l'analyse de ce premier échantillon de 39 écrivains, nous avons cherché, dans un second temps, à stéréotyper davantage les résultats, ce qui a nécessairement conduit à une perte d'informations[2]. Avoir procédé ainsi en deux temps a néanmoins eu pour avantage d'adapter le codage des modalités à la réalité spécifique des données déjà collectées. Par exemple, nous avons simplifié le niveau d'études secondaires et supérieures en quatre modalités, en fonction des résultats pour l'ensemble des 39 agents[3].

Toutes les dates ont été classées par décennie et l'âge d'entrée dans le champ s'est réparti en deux catégories : avant et après 30 ans. Les sources étant trop lacunaires pour certains auteurs et autrices, nous n'avons pas pu retenir ici l'ensemble des données sur l'origine sociale des parents, ni sur la fratrie. Les données relatives aux éditeurs ont, quant à elles, été organisées autour du premier éditeur, de l'éditeur prin-

1 Entre autres, Henri Mitterand (dir.), *Dictionnaire des œuvres du XXe siècle. Littérature française et francophone*, Paris, Dictionnaires Le Robert, coll. Les Usuels, 1995; Martine Bercot et André Guyaux (dir.), *Dictionnaire des lettres françaises. Le XXe siècle*, Paris, Librairie générale française, coll. La Pochothèque, 1998; [Collectif], *Dictionnaire de la littérature française : XXe siècle*, Paris, Albin Michel, coll. Encyclopaedia Universalis, 2000; Jean-Pierre de Beaumarchais, Daniel Couty et Alain Rey (dir.), *Dictionnaire des écrivains de langue française*, Paris, Larousse, 2001; Anne-Lise Delacrétaz et Daniel Maggetti, *Écrivaines et écrivains d'aujourd'hui*, Zurich, Société Suisse des Écrivaines et Écrivains, 2002; Pascal Mougin (dir.), *Dictionnaire de littérature française et francophone*, Paris, Larousse, coll. In extenso, 2012. Parmi les sites consultés, mentionnons objectifplumes.be, le-carnet-et-les-instants.net (Belgique), actualitté.fr, babelio.fr, centrenationaldulivre.fr, cnl.public.lu, www.interroge.ch, viceversalitterature.ch et romandesromands.ch.

2 S'agissant d'un petit échantillon statistique, nous avons d'autant plus dû réduire le nombre de modalités pour encoder les résultats et les rendre lisibles par la statistique. En revanche, la base de données prosopographiques a l'avantage de pouvoir garder un regard qualitatif pour chaque agent si nécessaire, c'est-à-dire à la faveur d'une lecture ligne à ligne, en conservant les informations dans les colonnes encore non recodées.

3 Non diplômé; diplômé du secondaire ou du supérieur avant le niveau de licence; diplômé de licence ou de master; diplômé au-delà du niveau de master.

cipal et de l'éditeur du texte choisi pour le corpus, après quoi elles ont été codées en trois modalités (« petit éditeur », « éditeur intermédiaire », « grand éditeur »)[1] ainsi que par leur localisation. Concernant les données géographiques et leurs catégories administratives, nous n'avons pu conserver au codage, pour le territoire français, qu'une distinction entre Paris et la province ; pour la Belgique et pour la Suisse, les données précisaient le statut linguistique de la région ou du canton, et enfin, pour le Luxembourg, elles correspondaient à l'ensemble du territoire. Parmi ces données de trajectoire géographique, nous nous concentrerons sur les lieux de naissance, de scolarité et d'édition. En ce qui concerne l'appartenance à des institutions littéraires ou encore la localisation d'un éditeur, elles ont parfois été codées autour de l'opposition centre / périphérie dans l'intention d'observer une trajectoire dans le champ littéraire francophone[2]. L'échantillon s'est néanmoins révélé trop restreint pour observer une véritable trajectoire des agents à ce niveau. En effet, en comparant les éditeurs successifs et en la ramenant à seulement deux possibilités (de la périphérie vers le centre et inversement), nous n'avons pu observer ce type de trajectoire que pour sept agents. Cela n'indique pas une absence de mobilité géographique (parmi les 29 écrivains ayant publié avant le texte appartenant au corpus, 14 avaient déjà été publiés dans différents pays), mais une difficulté de lire ces résultats par une approche quantitative, car il existe presque autant de cas de figure que d'individus statistiques, si l'on sort de la binarité centre / périphérie. L'espace d'incidence des récompenses littéraires comme indicateur de reconnaissance des agents a, quant à lui, été organisé en quatre catégories : subnational, national, francophone et international. De manière générale, si l'échantillon de 39 écrivains offre une certaine diversité de positions du côté des espaces nationaux, la lecture statistique de ces variables gagnera à être étendue à l'échantillon initialement composé de 59 écrivains, dans une seconde phase de l'enquête.

Parmi les 39 agents du groupe étudié, 36 % sont des femmes, 64 % sont des hommes et la majorité (64 %) a plus de 30 ans au moment où ils entrent dans le champ, c'est-à-dire au moment de leur première publication[3]. Ils sont un tiers à être de nationalité française (33,3 %), 26 % sont Belges, 18 % sont Luxembourgeois, 13 % sont Suisses et 4 d'entre eux (soit 10 % de l'échantillon) possèdent une double nationalité. Ils sont plus d'un tiers (36 %) à être nés en France hors région pari-

1 Pierre Bourdieu, « Une révolution conservatrice dans l'édition », *Actes de la recherche en sciences sociales*, 126-127 (mars 1999), p. 3-28.

2 Par exemple, pour la question « Existe-t-il un éditeur principal ? », nous avons simplifié le codage en trois catégories (« non », « oui, à Paris », « oui, pas à Paris »), qui ont ensuite été réattribuées et comparées au premier éditeur et à l'éditeur du texte choisi pour le corpus.

3 L'œuvre sélectionnée dans le corpus étant la première publication pour 25 % des agents, nous avons placé ces derniers dans un groupe spécifique, afin de relativiser la comparaison des informations relatives à la littérarisation secondaire de ceux ayant déjà publié plusieurs volumes avant la publication de leur texte choisi dans le corpus.

sienne, et seuls 2 sont nés à Paris. De la même manière, ils ne sont que 3 à avoir étudié à Paris. Ils sont essentiellement diplômés au moins d'un niveau bac + 5 (54 %), et seuls 13 % des agents ne possèdent aucun diplôme de l'enseignement supérieur. Parmi l'ensemble de ces écrivains, 41 % ont suivi un cursus en lettres, 31 % en sciences humaines et 72 % ont étudié à l'université. Par ailleurs, 31 % d'entre eux ont fait leurs études secondaires dans un établissement d'enseignement privé (56 % dans un établissement public). Plus de la moitié des écrivains (56 %) ont été édités pour la première fois par un grand éditeur, mais la majorité (59 %) n'a pas d'éditeur principal. Au sein de notre corpus, la taille des éditeurs est répartie équitablement entre grandes et petites structures.

	Effectifs	Pourcentage
Taille de l'éditeur du texte sélectionné pour le corpus		
Petit	18	46,2
Intermédiaire	2	5,1
Grand	19	48,7
TOTAL	39	100
Taille du premier éditeur des agents		
Petit	22	56,4
Intermédiaire	2	5,1
Grand	14	35,9
NR	1	2,6
TOTAL	39	100
Les agents ont-ils un éditeur principal ?		
Non	23	59
Oui, à Paris	9	23,1
Oui, pas à Paris	7	17,9
TOTAL	39	100
Taille de l'éditeur principal des agents		
Pas d'éditeur principal	23	59
Petit	6	15,4
Intermédiaire	2	5,1
Grand	8	20,5
Total	39	100

Tableau 1 : Répartition de la taille des éditeurs des agents dans l'échantillon

Quantifier le corps

Nous verrons à présent quels ont été la méthode et les enjeux de la quantification du vocabulaire corporel et comment ce travail nous permettra de mettre en correspondance les données sociologiques sur les auteurs et autrices avec leurs textes. Afin de pouvoir quantifier et étudier le vocabulaire corporel présent dans chaque livre du corpus, nous avons utilisé le logiciel d'analyse sémantique et de fouille de textes Tropes. En effet, Tropes propose des classifications thématiques et sémantiques : le logiciel regroupe sous une catégorie générale « corps » l'ensemble du vocabulaire corporel détecté au sein du texte ainsi que le nombre d'occurrences de chaque mot[1]. Cette opération n'est pas allée sans difficultés : certaines parties du corps ne sont pas classifiées comme telles (« dos » et « gorge » par exemple), pour des raisons qui ne sont pas claires. Il a fallu établir une liste de mots manquants et les chercher individuellement dans les textes. Nous pouvons noter une autre limite relativement importante : la machine ne peut pas identifier les images et métaphores utilisées par les écrivains pour désigner certaines parties du corps, tel le « bel engin » dans *Baise-moi* de Virginie Despentes. Le vocabulaire dont il est question est donc plutôt littéral ou, pourrait-on dire, anatomique.

Cette première étape nous a donc permis d'obtenir, pour chaque texte, une liste de mots désignant un ensemble de parties du corps comme sa totalité (le mot « corps » étant fréquemment utilisé) et d'en déterminer le nombre d'occurrences. Le premier constat est que le nombre d'items différents employés d'un livre à l'autre du corpus est très variable (de 37 pour le roman de Nicole Malinconi, *Hôpital silence*, à 151 pour celui de Pierre Mertens, *Les Éblouissements*), mais comme l'est le nombre de pages des livres (le livre de Malinconi compte environ 16600 mots, alors que celui de Mertens en a plus de 126000 : la fréquence du vocabulaire corporel y est donc paradoxalement moins élevée). Comment alors mesurer la place qu'occupe le vocabulaire corporel au sein de chacun des 39 romans? Afin d'augmenter leur comparabilité, trois indicateurs de corporéité ont été calculés, permettant de mesurer au sein de chaque texte la *densité*, la *diversité* et la *concentration* de son vocabulaire corporel.

L'indicateur de *densité* a été obtenu en calculant le rapport entre le nombre total d'occurrences de « corps » ou de mots désignant des parties du corps (soit en additionnant pour chaque texte le nombre de fois que « corps », « mains », « œil »,

1 Sur la catégorisation des textes opérée par Tropes, voir Pierre Molette, « De l'APD [Analyse Propositionnelle du Discours] à Tropes : comment un outil d'analyse de contenu peut évoluer en logiciel de classification sémantique généraliste », communication au 3e colloque international « Psychologie et communication », Tarbes, université de Toulouse 3 – Paul Sabatier, 22-24 juin 2009, www.tropes.fr/PierreMolette-CommunicationColloquePsychoTarbesJuin2009.pdf.

« fémur », etc. sont utilisés) et le nombre total de mots que contient le livre, rapport converti ensuite en pourcentage. L'indice de *diversité*, quant à lui, a été obtenu en calculant le rapport entre le nombre de substantifs corporels différents et le nombre de substantifs uniques (hapax) au sein de chaque livre. Enfin, l'indice de *concentration* exprime le pourcentage des mots corporels les plus employés qui concentrent au moins 50 % du total des occurrences corporelles. Par exemple, l'œuvre de Christine Angot, *L'Inceste*, a un indice de concentration de 15,38 : cela signifie que les 15,38 % de mots corporels les plus employés par l'autrice (par exemple « œil /yeux », « bras », « corps ») concentrent 50 % du total des occurrences (« œil / yeux » comptant 39 occurrences au sein du livre, « bras » 24, « corps » 23, etc.). À l'inverse, les 50 % d'occurrences corporelles restants se répartissent au sein des 84,62 % de mots restants (par exemple, « bassin » ou « buste », utilisés seulement une fois chacun). Plus ce chiffre est élevé, moins le vocabulaire corporel est redondant, concentré sur quelques mots. À l'inverse, plus il est bas, plus la concentration des occurrences corporelles est élevée.

Ces trois indicateurs permettent d'envisager la présence du vocabulaire corporel au sein des différents livres dans ses différentes dimensions. Ils donnent en outre le moyen de positionner les livres les uns par rapport aux autres, autrement dit de servir d'échelles, mais également d'observer et de calculer des proximités et des distances entre les différents auteurs. L'ultime étape a consisté en la création de cinq classes (clusters) permettant d'agréger les textes qui ont des profils proches du point de vue de leur positionnement sur ces trois échelles[1]. Nous avons représenté graphiquement, sous la forme de nuages de points, la position des différents auteurs ou autrices le long de ces échelles (Graphique 1, Graphique 2). Ces deux graphiques permettent d'observer un continuum plutôt que des groupes d'auteurs clairement séparés et délimités. Du point de vue de la *densité*, deux auteurs se démarquent nettement des autres, Pierre Guyotat et Caroline De Mulder. En effet, les mots renvoyant à diverses parties du corps occupent respectivement 3,2 % et 3,6 % de l'ensemble des mots de leurs romans. À l'autre extrême, l'on trouve Joël Dicker, dont le vocabulaire corporel n'occupe que 0,51 % du roman. La *diversité* comme la *concentration* présentent également une amplitude importante (les valeurs extrêmes sont 1,62 % contre 2,76 % pour la première, et 5,96 % contre 16,98 % pour la seconde), mais le passage d'une valeur à l'autre est plus graduel. Si la *densité* et la *diversité* semblent partiellement corrélées (Graphique 1), la *concentration* semble relativement indépendante des deux autres indicateurs de corporéité (Graphique 2).

1 Ces clusters ont été obtenus par un algorithme de classification hiérarchique (méthode de Ward). Chaque point est accompagné du nom de l'auteur ou autrice concerné.

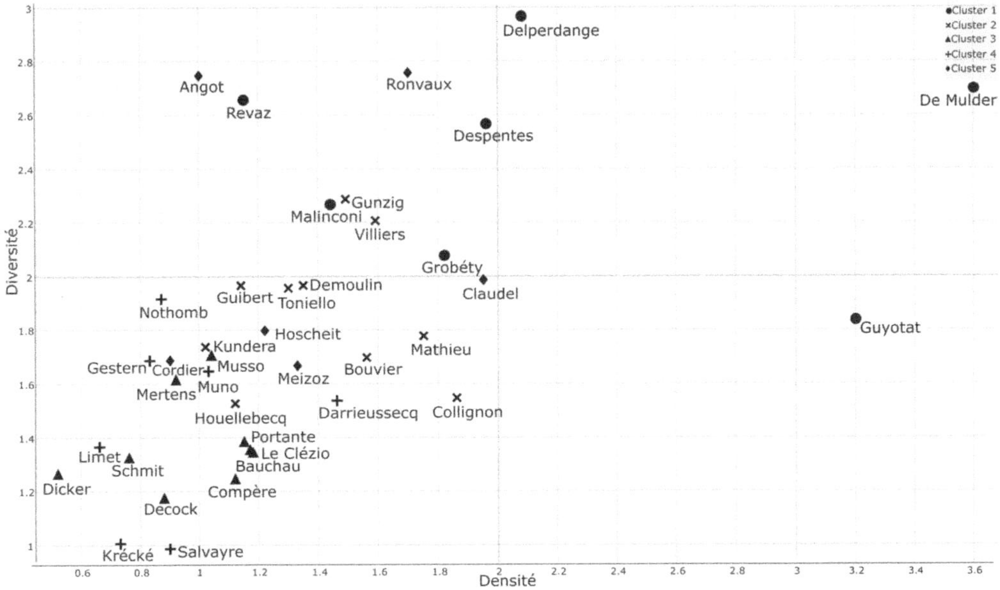

Graphique 1 : Nuage de points projetant la densité corporelle (en abscisse) et la diversité corporelle (en ordonnée).

Lecture : le texte de Joël Dicker (en bas à gauche du graphique) présente à la fois la plus faible densité corporelle et la plus faible diversité corporelle.

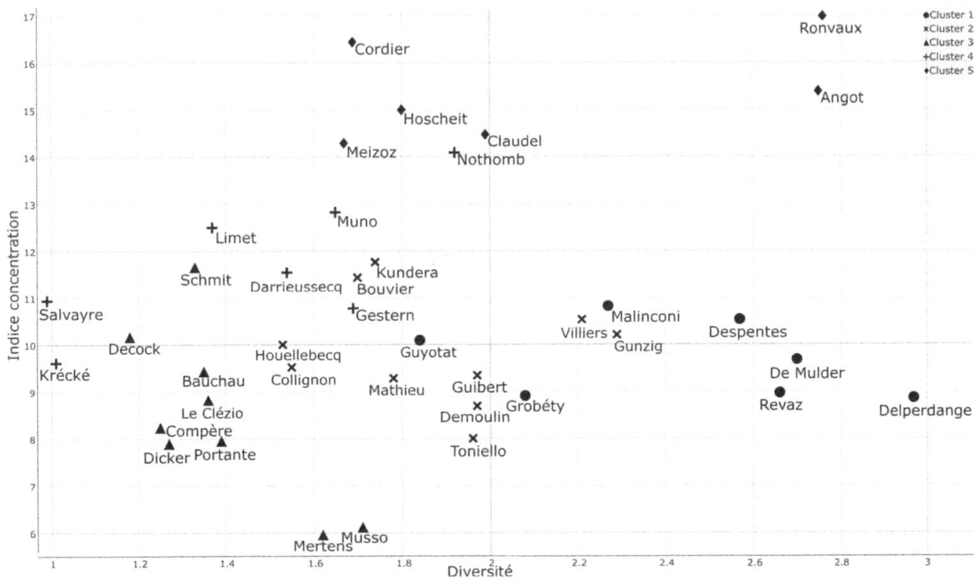

Graphique 2 : Nuage de points projetant la diversité corporelle (en abscisse) et la concentration corporelle (en ordonnée).

Lecture : le texte de Guillaume Musso (en bas du graphique) présente une diversité corporelle plutôt faible et une très forte concentration corporelle.

Les écrivains se positionnent ainsi différemment dans la combinatoire des trois échelles. Comme vu ci-dessus, l'agrégation des différents profils donne la répartition suivante en clusters (Tableau 2) :

Cluster 1 – Écriture corporelle dense et diverse	Delperdange
	De Mulder
	Despentes
	Grobéty
	Guyotat
	Malinconi
	Revaz
Cluster 2 – Écriture corporelle mais forte concentration (= quelques mots utilisés très souvent)	Bouvier
	Collignon
	Demoulin
	Guibert
	Gunzig
	Houellebecq
	Kundera
	Mathieu
	Toniello
	Villiers
Cluster 3 – Écriture peu corporelle et peu variée	Bauchau
	Compère
	Decock
	Dicker
	Le Clézio
	Mertens
	Musso
	Portante
	Schmit

Cluster 4 – Écriture peu corporelle mais variée (= faible concentration)	Darrieussecq
	Gestern
	Krécké
	Limet
	Muno
	Nothomb
	Salvayre
Cluster 5 – Vocabulaire le moins redondant	Angot
	Claudel
	Cordier
	Hoscheit
	Meizoz
	Ronvaux

Tableau 2 : Les cinq clusters et leur composition

Le cluster 1 regroupe des auteurs et autrices dont l'écriture fait preuve d'une densité corporelle élevée et offre un vocabulaire varié, tandis que le deuxième réunit des auteurs (et que des auteurs, cf. *infra*) combinant une densité élevée et un vocabulaire corporel varié, mais dont les romans sont marqués par une forte concentration de celui-ci sur quelques mots. Le cluster 3 comporte (exclusivement) des auteurs dont les textes sont relativement dénués de vocabulaire corporel et au sein desquels celui-ci est de surcroît redondant. Le cluster 4, pour sa part, se compose d'autrices (et non d'auteurs, cf. *infra*) dont les textes font état d'une faible présence de lexique corporel, mais où celui-ci est riche. Enfin, le cluster 5 se définit principalement par l'agrégation d'auteurs et d'autrices disposant des indices de concentration les plus élevés et dont l'écriture corporelle est donc la moins redondante. Le regroupement des différents écrivains au sein de ces cinq ensembles nous permet – ce sera l'objet de la prochaine partie – d'observer pour chacune d'entre elles un premier niveau de correspondance entre la matière corporelle des œuvres et certaines propriétés sociales de leurs auteurs et autrices.

La composition de ces clusters peut surprendre, certaines cohabitations pouvant apparaître, au moins d'un point de vue littéraire, comme étranges, voire pour le moins inattendues. Cela appelle quatre remarques. Tout d'abord, il ne s'agit ici que de groupes fondés sur la place du vocabulaire corporel au sein d'un livre (et un seul) de chaque auteur. Densité, diversité et concentration ne sauraient former un critère unique (ni même, probablement, un critère tout court) de qualité littéraire. Deuxième remarque : le faible effectif (39 écrivains) entraîne mécaniquement un risque de rapprochements quelque peu hasardeux. Ne serait-ce qu'en dichotomisant nos trois indicateurs de corporéité (densité faible / élevée, diversité faible / élevée, concentration faible / élevée), l'on obtient huit profils théoriques, soit huit « combinaisons » possibles de ces trois indicateurs. Il aurait donc fallu pouvoir établir davantage de clusters, pour que ceux-ci soient plus précis, mais cela aurait nécessité un corpus plus volumineux. Troisièmement, quand bien même le volume variable des textes serait théoriquement neutralisé par les calculs (de proportion), il n'en jouerait pas moins un rôle de fait, les textes les plus longs étant majoritairement ceux où la place du corps est la plus réduite. À l'inverse, les romans les plus courts sont ceux où le vocabulaire, quelle que soit sa densité, s'avère le plus varié. Enfin, quatrième et dernière remarque, toutes ces précautions prises, notons ici que le travail d'objectivation sociologique revient parfois à déjouer certaines évidences ou un certain bon sens propre à l'univers étudié et qui voudrait, par exemple, qu'entre un Nicolas Mathieu et un Gérard de Villiers, il y ait un monde de différence. Le premier cumule en effet les signes de prestige et de reconnaissance propre au monde littéraire (publié par Actes Sud, Prix Goncourt, etc.), alors que le second en est dénué et qu'il représente une littérature « de genre », « sérielle », donc souvent synonyme (du point de vue du bon goût littéraire) de lecture « facile », « de gare »[1]. Le sociologue, comme le critique littéraire, ne doit pas se fier aux apparences et, du strict point de vue de l'objet tel qu'il a été construit – la densité, la diversité et la concentration corporelles –, ces différences ne se vérifient pas : Mathieu et de Villiers partagent des positions proches sur nos deux graphiques.

Corps et correspondances

Texte et contexte : propriétés sociales et propriétés corporelles des textes

Nous nous poserons la question de savoir comment rendre compte de ces rapprochements entre écrivains. Quels sont les principes sous-jacents à cette organisation par cluster et, partant, aux variations de densité, de diversité et de concentration lexicales ? Quel(s) rapport(s) existe-t-il alors entre place et usage du vocabulaire corporel dans les textes et propriétés sociales de leurs auteurs et au-

1 À défaut d'indicateurs sur les lieux où sont achetés les livres de l'un et l'autre (librairie, grande surface, etc.), constatons tout de même que Gérard de Villiers semble pratiquement absent des rayons des librairies indépendantes. Sur les 1 133 librairies participant au site www.placedeslibrairies.com, seule une quinzaine a un tome de la collection S.A.S. en stock. Plusieurs centaines disposent des romans de Nicolas Mathieu.

trices ? Différentes propriétés agissantes semblent à l'œuvre en fonction des clusters. Nous ne reproduirons pas ici l'ensemble des tableaux croisés utilisés afin de caractériser ces correspondances[1], mais nous détaillerons les principales corrélations en vue de comprendre ce qui fonde et, surtout, ce qui distingue la composition de chacune des classes établies. Là encore, les faibles effectifs incitant à la prudence, nous ne reprendrons que les résultats les plus saillants.

Le premier constat est celui de la répartition sexuelle de ces auteurs (Tableau 3). En effet, le cluster 4 est entièrement féminin, les clusters 2 et 3 entièrement masculins. D'une manière générale, il apparaît que les autrices du corpus tendent à utiliser un langage corporel plus varié que les auteurs, que ce langage occupe ou non une place importante au sein du livre. Loin d'affirmer ici l'existence d'une écriture intrinsèquement « féminine[2] », cette variable du sexe doit être comprise comme un révélateur de socialisations corporelles différentes (et non univoques)[3].

	Femme	Homme	Total
Cluster 1	5 (71,4 %)	2 (28,6 %)	7 (100 %)
Cluster 2	0 (0 %)	10 (100 %)	10 (100 %)
Cluster 3	0 (0 %)	9 (100 %)	9 (100 %)
Cluster 4	7 (100 %)	0 (0 %)	7 (100 %)
Cluster 5	2 (33,3 %	4 (66,7 %)	6 (100 %)
Total	14 (35,9 %)	25 (64,1 %)	39 (100 %)

Tableau 3 : Répartition des sexes dans les différents clusters[4]

Le niveau de diplôme et le type de diplôme jouent également un rôle notable. La classe 4, en plus d'être féminine, comporte un taux très élevé de docteures (5 sur 7, les deux autres membres ayant au moins un niveau licence). À l'inverse, le cluster 1 se distingue par un nombre élevé de personnes peu ou faiblement diplômées (1 autrice sans diplôme, Virginie Despentes, et 4 ayant un niveau entre bac et bac + 2). Le type de diplôme est également discriminant : la classe 3 se caractérisant par une

1 La caractérisation de chaque cluster s'est faite en le croisant avec un ensemble de variables prosopographiques (sexe, âge, niveau de diplôme, etc.). Pour chaque variable, il a fallu générer un tableau croisé, qu'il n'était pas utile de reproduire ici.

2 Sur la revendication d'une « écriture-femme » comme mode de subversion des normes du champ littéraire et la transposition littéraire de slogans tels que « mon corps m'appartient », voir Delphine Naudier, « L'écriture-femme, une innovation esthétique emblématique », *Sociétés contemporaines*, 44 (2001), 4, p. 57-73.

3 Voir Martine Court, *Corps de filles, corps de garçons : une construction sociale*, Paris, La Dispute, 2010, qui traite à la fois de l'inculcation de stéréotypes de genre tout comme des écarts à la norme chez de jeunes filles et jeunes garçons.

4 Étant donné la taille réduite de notre population, nous donnons en premier lieu les effectifs. Les pourcentages sont entre parenthèses.

faible place accordée au corps est également celle où l'on compte le plus d'auteurs diplômés en sciences humaines et sociales. Enfin, l'âge d'entrée dans le champ affecte également la composition des classes : le cluster 1 est – de loin – le plus jeune, le seul dont la moyenne et la médiane des âges est sous les 30 ans.

Les distinctions entre auteurs et classes d'auteurs pourraient succinctement être résumées ainsi : le premier groupe rassemble des auteurs plutôt peu diplômés et entrés tôt dans le champ littéraire, n'ayant pour la plupart pas eu d'autre « profession » que celle d'écrivain. Cela peut indiquer une vocation ou, plutôt, une littérarisation secondaire et / ou primaire plus précoce. L'usage spécifique des corps fictionnels au sein de ce cluster – nous y reviendrons dans la partie suivante –, dont le vocabulaire corporel est dense et riche, peut témoigner d'une bonne maîtrise des injonctions du champ permettant de se risquer à une forme d'invention littéraire dans l'écriture de ce corps.

Le second cluster se distingue surtout par la concentration de grands éditeurs au sein du corpus (et, notamment, Gallimard). Il se distingue du premier par une écriture corporelle très présente mais un peu moins riche, empreinte peut-être d'une forme d'académisme (à l'exception de Gérard de Villiers, dont la présence est due à une forte présence de passages érotiques et aux nombreuses variations autour de la poitrine féminine). Le cluster 3 se singularise par la forte présence d'auteurs qui ont suivi des cursus en sciences humaines et sociales dans un échantillon qui compte sinon beaucoup d'ex-étudiants et ex-étudiantes en lettres. La plupart ont exercé, voire continuent d'exercer d'autres professions que celle d'écrivain. Il est celui au sein duquel l'écriture corporelle est la moins élaborée. Ensuite, la quatrième classe réunit des autrices très diplômées, principalement en lettres. Le corps y est peu présent, mais le vocabulaire assez varié. Nous verrons dans la partie suivante que cette raréfaction est avant tout liée à la faible présence de certaines parties du corps. Enfin, pour le dernier, moins lisible *a priori*, l'on peut émettre l'hypothèse d'une littérature plus localisée, liée à une entité géographique délimitée, élément en partie objectivable par les prix décernés aux livres (eux-mêmes plutôt régionaux ou rattachés à une commune).

Corps de l'écrivain, nomos et variations

Pour finir, les différences de densité, de diversité et de concentration du vocabulaire corporel recouvrent-elles également des différences dans la manière d'écrire le corps ou du moins dans les mots désignant les parties du corps ? Muriel Darmon montre, à partir de l'étude d'un corpus de récits publiés d'accidents vasculaires cérébraux (AVC), que les façons de raconter « son » AVC varient en fonction des socialisations antérieures[1]. Par exemple, la place accordée au corps et les manières de le signifier ne sont pas les mêmes selon les professions des victimes. Le récit d'un sportif est « entièrement occupé par la question corporelle », alors que celui d'un grand patron est focalisé sur le « cerveau » : « Si, chez [le rugbyman], c'était le corps qui réfléchissait, c'est ici le cerveau qui marche[2]. » Dans l'ensemble de notre corpus, la « tête », les « yeux » et les « mains », ainsi que le « corps » dans son entièreté et, dans une moindre mesure, le « visage », font partie des mots les plus fréquents : ils sont non seulement présents dans chacun des 39 romans, mais ce sont eux qui y ont le plus d'occurrences. Le texte d'Hervé Guibert se distingue, en ayant comme lexème le plus fréquent « sang » (60 occurrences), mais celui-ci est immédiatement suivi par « corps » (58 occurrences) et « yeux » (42). On peut émettre l'hypothèse que cette focalisation commune indique et provient de l'incorporation de dispositions propres au champ littéraire, voire que le triptyque tête – main(s) – œil (yeux) est propre au nomos du champ littéraire, en comparaison avec d'autres récits corporels et d'autres manières de (s')écrire, l'œil et la main étant, précisément, les parties du corps les plus (sensiblement) mobilisées par le travail d'écriture.

Si l'emploi récurrent de ces trois termes atteste l'appartenance commune au champ littéraire, le vocabulaire corporel peut également être analysé comme l'un des marqueurs de la différenciation des positions occupées au sein de celui-ci. Ainsi, diverses parties du corps sont ou ne sont pas mobilisées dans les différents textes étudiés. D'une manière générale, moins l'écriture corporelle est élaborée, plus le « bas du corps » (pieds, orteils, mollets, jusqu'à la ceinture) se raréfie. Les auteurs et autrices faisant preuve d'un vocabulaire corporel dense et varié recourent plus fréquemment au lexique des excrétions (« pisse », « pus », « sperme », etc.), au champ lexical du système sanguin (« veines », « sang », « globules », etc.) ou à celui des organes sexuels. Les auteurs dont l'écriture corporelle est la moins travaillée vont davantage écrire « cœur », entendu comme siège des sentiments et donc terme quasi désincarné. L'on peut émettre l'hypothèse que les différences de vocabulaire corporel reposent sur une série d'oppositions distinctives, entre le haut et le bas du corps, l'intérieur et l'extérieur, le propre et le figuré, la partie et le tout, et que les manières d'investir (ou non) certains des termes de ces oppositions concourent à positionner les auteurs et autrices au sein du champ littéraire. Par le truchement de l'écriture corporelle pourrait alors s'éclairer le degré d'autonomie de l'écrivain concerné : au pôle autonome, l'écriture d'avant-garde mobilise un vocabulaire corporel dense, riche et varié, où le « corps » n'est pas restreint par les limites de la peau. Au pôle

1 Muriel Darmon, *Réparer les cerveaux. Sociologie des pertes et des récupérations post-AVC*, Paris, La Découverte, coll. Laboratoire des sciences sociales, 2021.

2 *Ibid.*, p. 44 et 45.

plus hétéronome, les auteurs font preuve d'une faible inventivité, le « corps » y étant désigné tel quel dans sa généralité ou à travers un petit nombre de ses parties. Plus aseptisé, celui-ci ne produit ni bile ni bave. L'autonomie approchée par le corps, soit l'attachement à l'écriture corporelle en tant que telle, apparaît comme un indicateur important sinon de qualité littéraire, du moins d'investissement littéraire…

Conclusion | La lettre volée

Paul Dirkx

Arrivés au terme de ce livre, nous aimerions encore attirer l'attention du lecteur sur deux points. Tout d'abord, toutes les études consacrées à la correspondance d'un écrivain ou d'un artiste (réunies ici dans la deuxième et la troisième partie) éclairent d'une manière originale la poétique qui sous-tend son œuvre[1]. Elles prennent à cet effet un point de vue imprenable, comme nous l'écrivions en introduction, et qui n'a encore jamais été pris : le corps de l'épistolier. Si l'on voit depuis longtemps dans les échanges de lettres de précieuses et parfois inestimables sources d'information sur les poétiques des auteurs, on s'aperçoit que la corporéité est un biais par lequel ce chantier de recherches est susceptible de s'enrichir de nouvelles hypothèses ou d'en reformuler d'autres.

Dans le texte qu'elle a écrit pour ce volume, Caroline De Mulder permet au lecteur de suivre le changement qui s'est opéré en elle quant au rôle joué par le corps de l'écrivain dans l'écriture. Partant de son intuition selon laquelle le corps « peut être une méthode d'écriture », la romancière belge découvre, au long de ce texte dense, des perspectives toujours plus vastes. Ainsi, « l'inspiration, comme son étymologie l'indique, est avant tout respiration. Nous écrivons avec nos poumons, parce que notre tête a besoin de souffle et que pour visualiser nos paysages intérieurs, pour accéder à ceux que nous avons oubliés, ou qui sont trop loin, trop profonds, qui peut-être n'ont pas encore éclos, il faut inspirer. » Nous citons longuement, car ce passage illustre la prise de conscience de la correspondance – corps-respondance[2] – intriquée et inextricable entre éléments physiques et symboliques qui suscite l'écriture et que l'écriture suscite. L'enseignement de l'écriture à l'université a amené Caroline De Mulder à affirmer, « avec un brin de provocation, qu'on écrit non pas avec sa tête, mais avec son corps ». À mesure que son texte multiplie les saisies de son propre corps comme entremêlé avec l'écriture dans toutes ses dimensions for-

1 Cet éclairage est un des fils conducteurs d'un nombre croissant d'études sur les correspondances, parmi lesquelles il faut citer Régine Battiston, Nikol Dziub et Augustin Voegele (dir.), « Amitiés vives ». Littérature et amitié dans les correspondances d'écrivains, Reims, Éditions et presses universitaires de Reims, 2022.

2 Voir l'introduction du présent ouvrage.

melles, jusque dans le rythme et la ponctuation (et donc la syntaxe), elle en vient à détailler les parties de son corps qui lui apparaissent comme autant de matrices de corps fictionnels. Elle conclut : « [L]eur corps est aussi le mien, car je me mets dans leur peau, dans tous les sens du terme. »

Régine Detambel, dans son essai, rejoint sa consœur : de même que cette dernière écrit que « [l]'écriture, c'est peut-être avant tout une certaine dose d'oxygène », de même elle constate que « [l]'écriture vient aux cerveaux oxygénés ». Avec cet art accompli de la formule juste et enjouée qui caractérise son style, Régine Detambel a ces mots : « L'expression humaine ne doit pas se réduire au crissement du stylo. Il lui faut le libre jeu du corps. » Ces deux phrases aphoristiques condensent à la fois la réalité de la dimension foncièrement corporelle de l'écriture et la nécessité de la laisser être telle, loin de la doxa. Les excitations musculaires sont nécessaires aux inspirations littéraires. Chez Detambel, qui compte parmi les nombreux écrivains « écorchés vifs », écrire revient en outre à se munir d'une peau protectrice contre les douleurs de la vie. Une des questions majeures qui se posent à elle est celle de savoir comment son écriture peut « revêtir d'une peau celle qui se présente nue dans la vie, soit qu'elle n'a pas été assez aimée, caressée suffisamment, soit que sa sensibilité excessive l'expose, inconsolable, à toutes les arêtes ». Toutefois, la carapace qu'un écrivain se façonne de la sorte, durcie à force de la sécréter en écrivant, « n'est pas seulement une protection contre autrui, mais un moule dans lequel il travaille à se couler : une carapace protectrice sans cesser pourtant d'être exploratoire, une enveloppe nouvelle qui multiplie la sensibilité au lieu de vous claquemurer, une armure qui écoute et qui voit bien mieux que la chair à vif ». Où l'on voit que, si l'écrit est une trace du corps de l'écrivain, cette trace laisse elle-même des traces dans ce corps. Le lieu commun du texte qui change son auteur trouve là à se dépoussiérer et à s'éclairer à l'aune de la corporéité de l'écriture.

Les différentes études font souvent écho à ces remarques de deux écrivaines qui incitent à changer de point de vue sur la place du corps écrivant, auquel la doxa lettrée tend toujours à réserver la place du mort. On a vu ainsi Myriam Sunnen relever qu'Edmond Dune était d'accord avec le poète Adolphe Lacuzon pour dire que le « rythme est la condition essentielle de toute poésie », Lacuzon écrivant même que « le rythme, dans l'œuvre du poète, *est le mouvement même de l'inspiration* ». Claude Bommertz explique par le menu, à propos d'Anise Koltz, que l'on gagne à connaître l'inscription de son corps littérarisé dans sa correspondance et dans la vie littéraire de son temps pour mieux comprendre sa poésie. De même, à l'inverse, tenir compte de sa figure poétique éclatée permet de mieux appréhender ce qui motive ses activités littéraires.

On connaît depuis longtemps la capacité quasi fantasmagorique de l'épistolarité à rendre présent le destinateur au destinataire, et vice-versa[1]. Mais l'étude de Valérie Chevassus-Marchionni sur Albert Camus et Maria Casarès montre que l'on a intérêt à aller plus loin et à être plus précis, à savoir que cette présentification, loin d'être incantatoire, se fait entre deux corps par l'intermédiaire de ces excorporations que sont les corps symboliques, scripturaux. La correspondance amoureuse montre ainsi de manière plus sensible, voire exacerbée que, dans la correspondance en général, plus ou moins intime, « c'est le corps qui guide la main qui écrit », comme le formule Valérie Chevassus-Marchionni – et, serions-nous tentés d'ajouter, c'est le corps qui guide la main qui écrit ses traces. Et la chercheuse psychanalyste de rejoindre Régine Detambel en ajoutant que l'on peut « sans doute affirmer que la lettre permet de dépasser et de transcender la souffrance corporelle : cette écriture de soi particulière, qui consiste ici à s'écrire, écrire son corps, pour l'être aimé, a cette vertu de *soigner* le corps en question. La correspondance aurait ainsi une dimension thérapeutique, curative, pour les souffrances physiques du corps touché par la maladie ».

Dans la troisième partie consacrée aux corps d'écrivains comme analyseurs de leurs écritures corporelles, Zhi Bie montre que l'écriture épistolaire de Joë Bousquet est le lieu d'une mise en abyme de sa détermination à faire de l'écriture poétique une opération de transmutation de son corps absurdement entravé, arrêté net. La paralysie du corps s'impose à lui comme un objet d'écriture épistolaire qui non seulement donne accès à la poétique même de l'écrivain, mais, aiguillé par le sentiment amoureux, contribue à la façonner, faisant fi du dualisme corps-esprit. Les romans de Bousquet, précise Zhi Bie, « s'appuyant sur la même imagination amoureuse, se réfèrent souvent à ses échanges épistolaires et reprennent certaines idées formulées d'abord dans des lettres[2] ». Chez Georges Perros, l'écriture épistolaire en vient à se muer en écriture sinon pleinement légitime, du moins à valeur esthétique. Comme le montre Samia Gadhoumi, la dialectique entre corps et écriture nourrit une esthétique épistolaire qui s'appuie sur la fragilité du corps de l'écrivain pour forger un « objeu », « instrument, support et enjeu d'un travail de sublimation visant à décrire et à écrire son corps malade. Autrement dit, la mise en texte épistolaire du corps malade perrosien revêt une dimension artistique ». On peut se demander si, en consignant dans sa correspondance avec l'écrivain Rafael Garido les traces réflexives d'expériences poïétiques corporelles extrêmes, Antoine d'Agata, étudié

1 Pierre-Jean Dufief, *Les écritures de l'intime de 1800 à 1914. Autobiographies, Mémoires, journaux intimes et correspondances*, Rosny, Bréal, coll. Amphi Lettres, 2001, p. 174-175.

2 Notons encore que « écrivain » est un mot qui chez Bousquet, comme le montre également Zhi Bie, aspire à dépasser le statut social et concerne une manière d'être pleinement humain grâce à l'expression la plus haute de soi, l'expérience la plus personnelle et la plus hétérodoxe du langage, sorte d'autonomie littéraire qui transcende ce qu'il est convenu d'appeler la littérature.

par Nina Bigot, n'exprime pas un degré très avancé de ce qu'expérimentent plus ou moins consciemment la plupart des corps d'écrivain. Pour Garido et Agata, écrit Nina Bigot, « la composition du livre doit se faire au rythme du corps, en respectant les différentes phases qu'il traverse quotidiennement » : sans banaliser leur expérimentation extraordinaire en tant que telle, il faut se demander, sur le plan théorique, s'il en va très différemment dans d'autres cas. Agata et Garido mettent en question de manière radicale la doxa (méta)littéraire. Enfin, comme le montre Isabelle Davy traitant de l'œuvre de l'artiste plasticien Chen Zhen, la correspondance fait partie intégrante de ce « corps de l'œuvre » qui transcende de loin le corps du producteur en comprenant ses discours méta-esthétiques, etc. Sans doute sommes-nous là en présence d'un cas qui met à l'épreuve de manière également radicale le rapport textocentré à l'écrit qui fonde la doxa littéraire et la doxa métalittéraire. À ce titre, sa correspondance mériterait amplement, comme toute correspondance pertinente, d'être étudiée en profondeur par la critique littéraire.

Le deuxième aspect sur lequel nous souhaitions attirer l'attention du lecteur concerne l'intimité de la correspondance d'écrivain. Si la correspondance est une forme de l'« écriture de l'intime », certes variable selon le temps et l'espace social considérés[1], il faut se garder d'y voir, comme l'écrivait ici même Myriam Sunnen en citant Philippe Martin, « la porte vers l'intimité révélée[2] ». Ajoutons-y qu'il faut aussi se garder de l'y enfermer : non seulement le caractère privé de la lettre n'implique pas forcément son caractère intime, mais, caractère privé ou non, l'intime est traversé de part en part de logiques qui l'ouvrent sur l'extérieur. En effet, vécue comme personnelle, la vie intime est le produit, certes à chaque fois unique, d'une socialisation notamment littéraire (littérarisation). Cette socialisation repose sur le corps de l'écrivain, sa position dans l'espace temporel et social et sa capacité d'incorporation unique de cet espace et de sa hiérarchie de manières de faire, de sentir et de penser. Produit de cette accumulation, l'ensemble des dispositions de l'écrivain, son habitus (Pierre Bourdieu), tend à reconstituer quelque chose du monde d'origine ainsi incorporé en exprimant, en excorporant une partie de l'incorporé de manière plus ou moins ajustée à l'espace des possibles littéraires du moment[3].

---

1 *Ibid.* Cf. Pierre-Jean Dufief (éd.), *Les écritures de l'intime. La correspondance et le journal. Actes du colloque de Brest, 23-25 octobre 1997*, Paris, Honoré Champion, coll. Champion-varia, 2000.

2 Philippe Martin, « La correspondance : le mythe de l'individu dévoilé? », Philippe Martin (éd.), *La correspondance. Le mythe de l'individu dévoilé?*, Louvain, Presses Universitaires de Louvain, coll. L'atelier d'Érasme : histoires, littératures, livres, 2014, p. 17-36, p. 18.

3 Ces possibles sont autant d'occasions qui appellent à être concrétisées, aimantant sans cesse le corps de l'écrivain qui est disposé à y répondre à sa manière irremplaçable. Voir Paul Dirkx, *Le corps de l'écrivain. Écritures et antinomie dans les littératures de langue « française » (1940-2000)*, Bruxelles, Peter Lang, coll. Documents pour l'histoire des francophonies, 2024 (chapitre 2). Cf. Pierre Bourdieu, *Le sens pratique*, Paris, Minuit, coll. Le sens commun, 1980, p. 129-130.

Au même titre que l'écriture dite « littéraire », l'écriture épistolaire est « à la croisée de l'individu et du social[1] ». Si elle est publiée, elle est aussi bien dans que « hors du livre[2] » : d'abord et surtout parce que l'épistolier a et est un corps qui, multipositionnel, vivant, humain, se déploie dans divers espaces sociaux à la fois et à travers diverses activités à la fois. Se souvenir du corps permet de voir que les réponses à certaines questions de recherche, parfois lancinantes, crèvent les yeux, pour user d'une métaphore corporelle (moins métaphorique toutefois qu'il n'y paraît). Il suffit, comme pour la lettre volée de Poe, de les ouvrir pour les formuler ou les reformuler.

1 Mireille Bossis (dir.), *La lettre à la croisée de l'individu et du social*, Paris, Kimé, coll. Détours littéraires, 1994.

2 Au sens strict et au sens plus large, c'est-à-dire débordant la création, où l'entend Céline Pardo, notamment dans *La poésie hors du livre, 1945-1965. Le poème à l'ère de la radio et du disque*, Paris, Presses Universitaires de Paris Sorbonne, coll. Lettres françaises, 2015.

Bibliographie

1. Littérature primaire

1.1. Correspondances

Agata, Antoine d' – Garido, Rafael, *Agonie*, Arles, Actes Sud, 2009.
– *Ice*, Marseille, Images en Manœuvres Éditions, 2012.
Bousquet, Joë, *Lettres à Poisson d'or*, Paris, Gallimard, coll. L'imaginaire, 1999 [1967].
– *Lettres à Jean Cassou*, [Limoges], Rougerie, 1970.
– *Lettres à Marthe*, Paris, Gallimard, 1978.
– *Lettres à Ginette*, Paris, Albin Michel, 1980.
– *Un amour couleur de thé*, Paris, Gallimard, coll. L'imaginaire, 2007 [1984].
– *Lettres à une jeune fille*, Paris, Grasset, 2008.
Butor, Michel – Perros, Georges, *Correspondance : 1955-1978. Édition annotée par Franck Lhomeau, avec la collaboration de Michel Butor*, Nantes, Joseph K, 1996.
Camus, Albert – Casarès, Maria, *Correspondance (1944-1959). Texte établi par Béatrice Vaillant. Avant-propos de Catherine Camus*, Paris, Gallimard, coll. Folio, 2019 [2017].
Dune, Edmond, *Œuvres. Tome 4 : Correspondance. Édition de Myriam Sunnen, avec la collaboration de Pascal Seil et Doris Feiereisen, sous la direction de Claude D. Conter*, Soleuvre, Phi, 2021.
Nin, Anaïs – Miller, Henry, *Correspondance passionnée*, Paris, Stock, 2007.
Noël, Bernard – Perros, Georges, *Correspondance 1960-1977. Préface et notes de Hervé Carn*, Draguignan, Éditions Unes, 1998.
Parain, Brice – Perros, Georges, *Correspondance 1960-1971. Editée avec un avant-propos, des notes et un index par Pierre et Yaël Pachet*, Gallimard, Paris, 1999.
Paulhan, Jean – Perros, Georges, *Correspondance 1953-1967. Avant-courrier de Roger Judrin; dessins de Jean Bazaine*, Quimper, Calligrammes, 1982.
Perros, Georges, *Lettres à Carl Gustaf Bjurström 1958-1976. Préface de Maxime Caron. Édition annotée par Thierry Gillyboeuf*, Rennes, La Part Commune.
– Gaspar, Lorand, *Correspondance : 1966-1978. Introduction de Lorand Gaspar. Édition établie et annotée par Thierry Gillyboeuf*, Rennes, La Part commune, 2007.
– Philipe, Anne – Philipe, Gérard, *Correspondance 1946-1978. Présentée par Jérôme Garcin et annotée par Anne-Marie Philipe et Thierry Boizet*, Bordeaux, Finitude, 2008.

1.2. Entretiens, journaux

Agata, Antoine d' – Delory-Momberger, Christine, *Le désir du monde. Entretiens*, Paris, Éditions Téraèdre, coll. L'écriture de la vie, 2008.
Azoulai, Nathalie, *L'écriture est un sport comme un autre. 4 : Cécile Coulon et la course à pied*, Paris, France Culture, 28 juillet 2018, <https://www.radiofrance.fr/franceculture/podcasts/l-ecriture-est-un-sport-comme-les-autres>.
Bousquet, Joë, *Papillon de neige. Journal 1939-1942. Préface de Maurice Nadeau*, Lagrasse, Verdier, 1980.

De Mulder, Caroline, « Entretien avec Caroline De Mulder pour Manger Bambi / La Noire / Gallimard », *Nyctalopes*, 8 janvier 2021, <https://www.nyctalopes.com/entretien-avec-caroline-de-mulder-pour-manger-bambi-la-noire-gallimard>.
Detambel, Régine, « Ce que toucher veut dire » [entretien avec Hubert Prolongeau], *Muze*, juillet-septembre 2014, p. 150-151.
Koltz, Anise, « Über das Glück, zwischen den Kulturen zu leben. Anise Koltz im Gespräch » [entretien avec David Grabis], Irmgard Honncf-Becker et Peter Kühn (dir.), Über Grenzen. Literaturen in Luxemburg, Esch-sur-Alzette, Éditions Phi, 2004, p. 56-64.
– « "J'avais vraiment très peur." Du Luxembourg à la Belgique en passant par un exode dans le sud de la France, l'écrivain Anise Koltz évoque son enfance, déjà marquée par la passion de l'écriture » [entretien avec Bruno Muller], *Le Quotidien*, 22 janvier 2009, p. 17.
– « Anise Koltz : "La mort, ça me fera un peu de repos !" » [entretien avec Grégory Cimatti], *Le Quotidien*, 11 juin 2018, <https://lequotidien.lu/a-la-une/anise-koltz-la-mort-ca-me-fera-un-peu-de-repos/>.
– « Anise Koltz entre langues et cultures. Entretien de Michèle Finck avec Anise Koltz », Michèle Finck et Yves-Michel Ergal (dir.), *Anise Koltz l'inapaisée. La poésie entre les langues*, Paris, L'Harmattan, coll. Espaces littéraires, 2019, p. 17-21.
Sans, Jérôme (dir.), *Chen Zhen. Les entretiens*, Dijon / Paris, Les Presses du réel / Palais de Tokyo, site de création contemporaine, coll. Documents sur l'art, 2003.

1.3. Textes « de création »

Agata, Antoine d', *Anticorps. Édition des textes par Rafael Garido. Préface de Pierre Guyotat*, Paris, Xavier Barral Éditions, 2013.
– *Atlas*, Paris, Textuel, 2016.
– *Acéphale*, Marseille, Studio Vortex, 2018.
– *Praxis*, Marseille, Studio Vortex, 2021.
– Belhaj Kacem, Mehdi, *Stasis. Géométrie de la cruauté*, Marseille, Studio Vortex, 2019.
– Le Dantec, Bruno, *Codex*, Mexico, Éditions RM, 2017.
Artaud, Antonin, *Le Théâtre et son double*, Paris, Gallimard, coll. Folio, 1964 [1938].
– « Le Théâtre Alfred Jarry », *Œuvres complètes, tome II. Nouvelle édition revue et complétée*, Paris, Gallimard, 1980 [1960].
Baudelaire, Charles, « Correspondances », *Œuvres complètes I. Texte établi, présenté et annoté par Claude Pichois*, Paris, Gallimard, coll. Bibliothèque de la Pléiade, 1975.
Bousquet, Joë, *Le Meneur de lune. Roman*, Paris, Albin Michel, coll. Bibliothèque Albin Michel, 1989 [1946].
– *Notes d'inconnaissance. Préface de René Nelli*, Mortemart, Rougerie, 1981 [1967].
– *Le Sème-Chemins*, Mortemart, Rougerie, 1981 [1968].
– *Mystique*, Paris, Gallimard, 1973.
– *Le Bréviaire bleu*, Mortemart, Rougerie, 1977.
Camus, Albert, *Le Malentendu (pièce en trois actes). Caligula (pièce en quatre actes)*, Paris, Gallimard, 1944.
– *La Peste*, Paris, Gallimard, 1947.
– *Noces à Tipasa*, dans *Noces, suivi de L'Été*, Paris, Gallimard, coll. Soleil, 1959.
De Mulder, Caroline, *Ego tango. Roman*, Seyssel, Champ Vallon, coll. Détours, 2010.
– *Bye bye Elvis. Roman*, Arles, Actes Sud, coll. Domaine français, 2014.
– *Ego tango. Roman*, Actes Sud, coll. Babel, 2015.
– *Calcaire. Roman*, Arles, Actes Sud, coll. Actes noirs, 2017.
– *Manger Bambi*, Paris, Gallimard, coll. La Noire, 2021.
– *La Pouponnière d'Himmler*, Paris, Gallimard, 2024.
Detambel, Régine, *Blasons d'un corps enfantin*, Saint-Clément-de-Rivière, Fata Morgana, 2000.
– *Petit éloge de la peau*, Paris, Gallimard, coll. Folio, 2007.

– *Le Syndrome de Diogène. Éloge des vieillesses*, Arles, Actes Sud, 2007.
– *Son corps extrême. Roman*, Arles, Actes Sud, coll. Domaine français, 2011.
– *Les Livres prennent soin de nous. Pour une bibliothérapie créative. Essai*, Arles, Actes Sud, 2015.
– *Platine. Roman*, Arles, Actes Sud, coll. Domaine français, 2018.
– *Lire pour relier. La bibliothérapie à pleine voix*, Arles, Actes Sud, 2023.
Dune, Edmond, *Les Taupes. Drame en quatre actes*, Basse-Yutz, Vodaine, 1955.
– *XXIV poèmes pour cœur mal tempéré. Gravures de Jean Vodaine*, Basse-Yutz, Vodaine, 1967.
– *Œuvres. Tome 1 : Poésie. Édition de Jean Portante*, Differdange, Phi, 2011.
– *Œuvres. Tome 3 : Prose. Édité par Myriam Sunnen avec la collaboration de Doris Feiereisen*, Soleuvre, Phi, 2022.
Duras, Marguerite, *Le Camion, suivi de Entretien de Michelle Porte*, Paris, Minuit, 1977.
Gaspar, Lorand, *Gisements*, Paris, Flammarion, 1968.
Guyotat, Pierre, *Coma*, Paris, Gallimard, coll. Folio, 2007 [2006].
Koltz, Anise, *Gedichte*, Luxembourg, Verlag LVB-Der Freundeskreis, 1959.
– *Le Cirque du soleil. Poèmes inédits*, Paris, Seghers, 1966.
– *Nachahmung des Tages / Imitation du jour. Traduits par Henry Fagne*, Bruxelles, Henry Fagne, coll. Espaces, 1969.
– *Vienne quelqu'un / Käme doch jemand. Traduit par l'auteur, avec la collaboration de Andrée Sodenkamp, Anne-Marie Kegels, Vahé Godel et René Ménard*, Lausanne, Rencontre, 1970.
– *Le Jour inventé*, Paris, Librairie Saint-Germain-des-Prés, coll. Poésie sans frontière, 1975.
– *L'Avaleur de feu. Poèmes*, Esch-sur-Alzette / Trois-Rivières, Phi / Écrits des Forges, coll. Graphiti, 2003.
– *Béni soit le serpent. Poèmes*, Esch-sur-Alzette / Trois-Rivières, Phi / Écrits des Forges, coll. Graphiti, 2004.
– *Un monde de pierres*, Paris-Orbey, Arfuyen, coll. Cahiers d'Arfuyen, 2015.
– *Somnambule du jour. Poèmes choisis*, Paris, Gallimard, collection Poésie, 2015.
– *Pressée de vivre, suivi de Après*, Paris, Arfuyen, coll. Cahiers d'Arfuyen, 2018.
Le Clézio, Jean-Marie Gustave, *L'Extase matérielle*, Paris, Gallimard, coll. Folio, 1994 [1967].
Mallarmé, Stéphane, « Le Tombeau d'Edgar Poe », *Œuvres complètes I. Édition présentée, établie et annotée par Bertrand Marchal*, Paris, Gallimard, coll. Bibliothèque de la Pléiade, 1998, p. 115-116.
Perros, Georges, *Papiers collés. Notes*, Paris, Gallimard, coll. Le chemin, 1960.
– *Une vie ordinaire*, Paris, Gallimard, 1967.
– *Papiers collés 2. Notes*, Paris, Gallimard, coll. Le chemin, 1973.
– *Papiers collés 3. Notes*, Paris, Gallimard, coll. Le chemin, 1978.
– *Lettre préface. Partition musicale de Henri Sauguet. Dessin de René Quéré*, Quimper, Calligrammes, 1983.
– *Dessiner ce qu'on a envie d'écrire. Œuvres graphiques. Préface de Michel Butor*, Bordeaux, Finitude / Musée des beaux-arts de Bordeaux, 2005.
Picasso, Pablo, *Le Désir attrapé par la queue*, Paris, Gallimard, 1948.
Ponge, Francis, *Le Soleil placé en abîme. Eaux-fortes originales de Jacques Hérold*, Paris, M. Pouderoux, coll. Drosera, 1954.
Proust, Marcel, *À la recherche du temps perdu. Édition établie par Jean-Yves Tadié*, Paris, Gallimard, coll. Bibliothèque de la Pléiade, 1987-1989.
– *Contre Sainte-Beuve*, Paris, Gallimard, coll. Folio, 1993 [1954].
Sartre, Jean-Paul, *La Nausée*, Paris, Gallimard, 1938.
Willems, Paul, *Un arrière-pays. Rêveries sur la création littéraire*, Louvain, Presses Universitaires de Louvain UCL, coll. Chaire de poétique, 1989.
– *Blessures. Roman. Postface de Caroline De Mulder*, Bruxelles, Les Impressions Nouvelles, coll. Espace Nord, 2022 [1945].
– *La Ville à voile, suivi de La Vita breve. Théâtre. Postface de Caroline De Mulder*, Bruxelles, Les Impressions Nouvelles, coll. Espace Nord, 2022 [1967 et 1989].

1.4. Autres prises de position d'écrivains

Agata, Antoine d', *Manifeste*, Cherbourg, Le Point du jour éditeur, 2005.
– « Situations », Christine Delory-Momberger et Fanny Escoulen (dir.), *Actes. Antoine d'Agata, une présence politique*, Marseille, André Frère, 2014, p. 1-114.
Blanchot, Maurice, *Le livre à venir*, Paris, Gallimard, coll. Folio, 1986 [1959].
Bosquet, Alain, « Anise Koltz ou l'impossible est toujours proche » [préface], Anise Koltz, *Le Cirque du soleil. Poèmes inédits*, Paris, Seghers, 1966, p. 7-11.
Breton, André, *Manifeste du surréalisme*, *in Œuvres complètes. Édition établie par Marguerite Bonnet*, Paris, Gallimard, coll. Bibliothèque de la Pléiade, 1988, p. 309-346.
Camus, Albert, *Carnets. 2, janvier 1942 – mars 1951*, Paris, Gallimard, 1964.
Detambel, Régine, *Régine Detambel. Conférences. Ateliers. Bibliothérapie* [site personnel de l'écrivaine], <https://www.detambel.com/f/index.php?sp=liv&livre_id=64>.
Diderot, Denis, « De la poésie dramatique », *Œuvres esthétiques*, Paris, Garnier, 2001, p. 179-287.
Hersart de La Villemarqué, Théodore, *Barzaz-Breiz. Chants populaires de la Bretagne, recueillis et publiés, avec une traduction française, des éclaircissements, des notes et des mélodies originales*, Paris, Charpentier, 1839.
Koltz, Anise, « Souvenirs d'Anise Koltz-Blanpain », [Collectif], *Une classe de Lycée dans la tourmente, 1940-1947. Histoire d'une classe de jeunes filles au Luxembourg*, Luxembourg, Impression Rapid, 1998, p. 43-44.
– « Les derniers sages », *Mon royaume pour un livre. 16 écrivains racontent. Avant-propos de Guy Rouquet. Préface de Joël Schmidt*, Bègles, Le Castor Astral, collection L'Atelier Imaginaire, 2013, p. 101-106.
Lacuzon, Adolphe, « La foi nouvelle du poète et sa doctrine. L'intégralisme », *Revue bleue*, 16 janvier 1904, <https://obvil.sorbonne-universite.fr/corpus/critique/lacuzon_integralisme>.

2. Littérature secondaire

2.1. Études sur la littérature et / ou sur des écrivains

Andrieu, Bernard, *Proust : le corps, malade d'amour*, Paris, Kimé, coll. Philosophie en cours, 2021.
Angenot, Marc, *1889 : un état du discours social*, Longueil, Le Préambule, coll. L'Univers des discours, 1989.
Barthes, Roland, « Pierre Loti : "Aziyadé" », *Le degré zéro de l'écriture, suivi de Nouveaux essais critiques*, Paris, Seuil, coll. Points, 1972, p. 170-187.
– *Le plaisir du texte*, Paris, Seuil, coll. Tel Quel, 1973.
– *Fragments d'un discours amoureux*, Paris, Seuil, coll. Tel Quel, 1977.
– « De la parole à l'écriture », *La Quinzaine littéraire*, 1er mars 1974 ; repris *in id. Le grain de la voix. Entretiens 1962–1980*, Paris, Seuil, 1981, p. 9-13.
– « La préparation du roman », *La préparation du roman I et II. Cours et séminaires au Collège de France (1978-1979 et 1979-1980). Texte établi, annoté et présenté par Nathalie Léger*, Paris, Seuil / IMEC, coll. Traces écrites, 2003, p. 71-79.
Battiston, Régine – Dziub, Nikol – Voegele, Augustin (dir.), « Amitiés vives ». Littérature et amitié dans les correspondances d'écrivains, Reims, Éditions et presses universitaires de Reims, 2022.
Blanchard, Nelly, *Barzaz-Breiz : une fiction pour s'inventer. Nouvelle édition*, Rennes, Presses Universitaires de Rennes, coll. Interférences, 2006.
– « Les Bretagnes de La Villemarqué », Magali Coumert et Hélène Tétrel (dir.), *Histoires des Bretagnes. 1 : Les mythes fondateurs*, Brest, Centre de recherche bretonne et celtique, 2010, p. 197-209.
Bolens, Guillemette, *Le style des gestes. Corporéité et kinésie dans le récit littéraire*, Lausanne, BHMS, coll. Bibliothèque d'Histoire de la Médecine et de la Santé, 2006.

Bommertz, Claude, « Les échanges épistolaires d'Anise Koltz : reflets d'un engagement épistolaire », Michèle Finck et Yves-Michel Ergal (dir.), *Anise Koltz l'inapaisée. La poésie entre les langues*, Paris, L'Harmattan, coll. Espaces littéraires, 2019, p. 167-181.

– « Deux voies opposées du sublime. La poésie d'Anise Koltz et de José Ensch », *Fundstücke / Trouvailles*, 4 (2018-2019), p. 52-59.

Bossis, Mireille (dir.), *La lettre à la croisée de l'individu et du social*, Paris, Kimé, coll. Détours littéraires, 1994.

Bourdieu, Pierre, « La critique du discours lettré », *Actes de la recherche en sciences sociales*, 1, 5-6 (novembre 1975), p. 4-8.

– *Les règles de l'art. Genèse et structure du champ littéraire*, Paris, Seuil, coll. Libre examen, 1992.

– « Une révolution conservatrice dans l'édition », *Actes de la recherche en sciences sociales*, 126-127 (mars 1999), p. 3-28.

Boyer-Weinmann, Martine, « L'écrivain et son éditeur : correspondances croisées au xxe siècle, entre stratégie et séduction (Proust, Céline et quelques autres) », Philippe Martin (éd.), *La correspondance. Le mythe de l'individu dévoilé ?*, Louvain, Presses Universitaires de Louvain, coll. L'atelier d'Érasme : histoires, littératures, livres, 2014, p. 285-298.

Brissette, Pascal, *La malédiction littéraire. Du poète crotté au génie malheureux*, Montréal, Presses de l'université de Montréal, coll. Socius, 2005.

Casanova, Pascale, *La République mondiale des Lettres*, Paris, Seuil, 1999.

Chatel, Élisabeth, *Clémence Tarbé Vicomtesse de La Villemarqué (1827- 1870) : intimité et sociabilité d'une femme d'écrivain breton*, Brest, université de Bretagne Occidentale, mémoire de recherche inédit, 2021.

Chotard, Loïc, « De la chronologie », Madeleine Ambrière et Loïc Chotard (éd.), *Nouvelles approches de l'épistolaire. Lettres d'artistes, archives et correspondances. Actes du colloque international tenu en Sorbonne les 3 et 4 décembre 1993*, Paris, Honoré Champion, coll. Champion-varia, 1996, p. 163-171.

[Collectif], *Actes de la recherche en sciences sociales*, 123 (juin 1998) [dossier « Genèse de la croyance littéraire »].

Collot, Michel, « Manuscrits inédits du *Soleil placé en abîme*. Présentation », *Genesis (Manuscrits-Recherche-Invention)*, 2 (1992), p. 151-182.

Delory-Momberger, Christine – Escoulen, Fanny (dir.), *Actes. Antoine d'Agata, une présence politique*, Marseille, André Frère éditions, 2014.

De Mulder, Caroline, *Leconte de Lisle, entre utopie et république*, Amsterdam, Rodopi, coll. Faux titre, 2005.

– *Libido sciendi. Le savant, le désir, la femme*, Paris, Seuil, coll. Science ouverte, 2012.

Derrida, Jacques, « «Entre le corps écrivant et l'écriture… », entretien avec Daniel Ferrer », *Genesis (Manuscrits-Recherche-Invention)*, 17 (2001), p. 59-72.

– « Scènes des différences. Où la philosophie et la poétique, indissociables, font événement d'écriture » [entretien avec Mireille Calle-Gruber], *Littérature*, 142 (juin 2006), p. 16–29, p. 25.

Dessons, Gérard, *L'art et la manière. Art, littérature, langage*, Paris, Honoré Champion, coll. Bibliothèque de littérature générale et comparée, 2004.

Dirkx, Paul, *Sociologie de la littérature*, Paris, Armand Colin, coll. Cursus, 2000.

– *Les « amis belges ». Presse littéraire et franco-universalisme*, Rennes, Presses Universitaires de Rennes, coll. Interférences, 2006.

– « Claude Simon : antinomie et corps écrivant », Paul Dirkx et Pascal Mougin (éd.), *Claude Simon : situations*, Lyon, ENS Éditions, coll. Signes, 2011, p. 179-197.

– « La France des Belges », Marie-Odile André, Marc Dambre et Michel P. Schmitt (éd.), *La France des écrivains. Éclats d'un mythe (1945-2005)*, Paris, Presses Sorbonne Nouvelle, 2011, p. 219-232, <http://books.openedition.org/psn/549>.

– « *Éditorial.* Corpus et corps de l'écrivain », *Sociologie de l'art*, 19 (2012), 1, p. 7-13, <https://www.cairn.info/revue-sociologie-de-l-art-2012-1-page-7.htm> ;<https://doi.org/10.3917/soart.019.0007>.

– « Incorporation », Anthony Glinoer et Denis Saint-Amand (éds.), *Socius : ressources sur le littéraire et le social. Lexique*, Liège / Sherbrooke, 2016, <http://ressources-socius.info/index.php/lexique/21-lexique/187-incorporation>.

– « Le corps de l'écrivain, instrument et enjeu de reconnaissance », *Carnets : revue électronique d'études françaises*, 2, 9 (janvier 2017), p. 45-63, http://journals.openedition.org/carnets/2024.

– « Langues, littératures et forces antinomiques. Le cas de la Belgique », *La Bretagne linguistique*, 23 (2019), p. 145-159, <https://journals.openedition.org/lbl/565>.

– *Le corps de l'écrivain. Écritures et antinomie dans les littératures de langue « française » (1940-2000)*, Bruxelles, Peter Lang, coll. Documents pour l'histoire des francophonies, 2024.

– Glesener, Jeanne E. – Trentini, Bruno (dir.), *Le corps à l'œuvre. Créer, vivre, interagir*, Lormont, Le Bord de l'Eau, coll. Documents, 2024.

Dufief, Pierre, *Les écritures de l'intime de 1800 à 1914. Autobiographies, Mémoires, journaux intimes et correspondances*, Rosny, Bréal, coll. Amphi Lettres, 2001.

– (éd.), *Les écritures de l'intime. La correspondance et le journal. Actes du colloque de Brest, 23-25 octobre 1997*, Paris, Honoré Champion, coll. Champion-varia, 2000.

Dumoulié, Camille, « Le timbre intraduisible du corps (Artaud, Merleau-Ponty, Lacan) », Camille Dumoulié et Michel Riaudel (dir.), *Le corps et ses traductions*, Paris, Desjonquères, coll. Littérature & Idée, 2008, p. 32-39.

Eco, Umberto, *L'œuvre ouverte. Traduit de l'italien par Chantal Roux de Bézieux, avec le concours d'André Boucourechliev*, Paris, Seuil, coll. Pierres vives, 1965.

Finck, Michèle, « Anise Koltz : inapaisement et plurilinguisme », Michèle Finck et Yves-Michel Ergal (dir.), *Anise Koltz l'inapaisée. La poésie entre les langues*, Paris, L'Harmattan, coll. Espaces littéraires, 2019, p. 11-15.

– « Anise Koltz l'inapaisée : de la contre-généalogie à la parole insurgée », Michèle Finck et Yves-Michel Ergal (dir.), *Anise Koltz l'inapaisée. La poésie entre les langues*, Paris, L'Harmattan, coll. Espaces littéraires, 2019, p. 35-59.

Finck, Michèle – Ergal, Yves-Michel (dir.), *Anise Koltz l'inapaisée. La poésie entre les langues*, Paris, L'Harmattan, coll. Espaces littéraires, 2019.

Fintz, Claude, « Le corps virtuel de l'œuvre chez Bernard Noël. L'intercorporéité de l'œuvre comme figure de l'imaginaire », *Littérature*, 119 (septembre 2000), p. 38-51.

Fontanier, Pierre, *Les figures du discours. Introduction par Gérard Genette*, Paris, Flammarion, coll. Champs, 1977.

Gabaston, Liza, *Le langage du corps dans* À la recherche du temps perdu, Paris, Honoré Champion, coll. Recherches proustiennes, 2011.

Gauthier, Marie-Hélène, « Georges Perros ou l'écriture de soi », *French Forum*, 42 (2017), 1, p. 19-35.

Genette, Gérard, *Figures III*, Paris, Seuil, coll. Poétique, 1972.

– *Nouveau discours du récit*, Paris, Seuil, coll. Poétique, 1983.

Gilbertz, Fabienne, « Schriftstellerische Identitätsentwürfe im mehrsprachigen Luxemburger Literatursystem der 1960er bis 1980er Jahre », Gätje Hermann – Singh Sikander (éd.), *Identitätskonzepte in der Literatur*, Tübingen, Narr Francke Attempto Verlag, 2021, p. 25-36.

Glesener, Jeanne E., « Littérature cherche style ? Le cas de la littérature luxembourgeoise plurilingue des années 1980-1990 », Dirkx Paul (dir.), *Le nationalisme en littérature (III). Écritures « françaises » et nations européennes dans la tourmente (1940-2000)*, Bruxelles, PIE – Peter Lang, coll. Convergences, 2022, p. 155-167.

Goetzinger, Germaine – Mannes, Gast – Wilhelm, Frank (dir.), Mayrisch, Émile, *Mayrisch-de Saint-Hubert* Aline, *Hôtes de Colpach / Colpacher Gäste*, Mersch, Centre national de littérature, 1997.

Gourvil, Francis, « Théodore-Claude-Henri Hersart de La Villemarqué (1815-1895) et le "Barzaz-Breiz" (1838-1845-1867). Origines, éditions, sources, critique, influences », thèse pour le doctorat d'université de la faculté des Lettres de Rennes, Rennes, Oberthur, 1960.

Gravet, Catherine, « Caroline De Mulder : romancière, belge et/ou féministe ? », *Annali. Sezione romanza,* 63 (2021), 2, p. 211-226.

Grenier, Roger, *Albert Camus : soleil et ombre. Une biographie intellectuelle,* Paris, Gallimard, 1987.

Halen, Pierre, « Antinomie », Anthony Glinoer et Denis Saint-Amand (éd.), *Socius : ressources sur le littéraire et le social. Lexique,* Liège / Sherbrooke, 2016, <http://ressources-socius.info/index.php/lexique/21-lexique/50-antinomie>.

Heinich, Nathalie, *Être écrivain. Création et identité,* Paris, La Découverte, coll. Armillaire, 2000.

Hermet, Joseph, *À la rencontre d'Albert Camus. Le dur chemin de la liberté,* Paris, Beauchesne, coll. Beauchesne Essais, 1990.

Jarnoux, Philippe, « Hersart de La Villemarqué : portrait d'une famille de la noblesse au début du XIXe siècle », Nelly Blanchard et Fañch Postic, *Au-delà du Barzaz-Breiz : Théodore Hersart de La Villemarqué,* Brest, Centre de recherche bretonne et celtique, 2016.

Kayser, Cédric, « Chapitre 5. Au cœur des choses, le noyau cellulaire », Paul Dirkx, Jeanne E. Glesener et Bruno Trentini (dir.), *Le corps à l'œuvre. Créer, vivre, interagir,* Lormont, Le Bord de l'Eau, coll. Documents, 2024, p. 227-239.

Landry, Ernest, *Les Tarbé, généalogie-biographie,* Sens, Imprimerie de Miriam, 1902.

Laurent, Donatien, *La Villemarqué, collecteur de chants populaires. Étude des sources du premier Barzaz-Breiz à partir des originaux de collecte (1833-1840*), Paris, Institut d'ethnologie, coll. Archives et documents, 1976.

Lejeune, Philippe – Bogaert, Catherine, *Le journal intime. Histoire et anthologie,* Paris, Textuel, 2005.

Lescoët, Henri de, *Anthologie de la jeune poésie française,* Nice, Revue « Septembre », 1948-1949.

Lüthi, Ariane, *Pratique et poétique de la note chez Georges Perros et Philippe Jaccottet,* Paris, Sandre, 2009.

Martin, Jean-Pierre, *Les écrivains face à la doxa ou Du génie hérétique de la littérature,* Paris, José Corti, coll. Les Essais, 2011.

Martin, Philippe, « La correspondance : le mythe de l'individu dévoilé ? », Philippe Martin (éd.), *La correspondance. Le mythe de l'individu dévoilé ?,* Louvain, Presses Universitaires de Louvain, coll. L'atelier d'Érasme : histoires, littératures, livres, 2014, p. 17-36.

Meizoz, Jérôme, *Postures littéraires. Mises en scène modernes de l'auteur. Essai,* Genève, Slatkine Érudition, 2007.

– « Les usages sociaux du corps naturel : Jean-Jacques Rousseau », *Sociologie de l'art,* 20 (2012), 2, p. 11-28.

– *La littérature « en personne ». Scène médiatique et formes d'incarnation,* Genève, Slatkine Érudition, 2016.

Meschonnic, Henri, *Critique du rythme. Anthropologie historique du langage,* Lagrasse, Verdier, 1982.

– *Politique du rythme. Politique du sujet,* Lagrasse, Verdier, 1996.

Michel, Arlette, « Avant-propos », Arlette Michel et Loïc Chotard (éd.), *L'esthétique dans les correspondances d'écrivains et de musiciens (XIXe-XXe siècles). Actes du colloque de la Sorbonne des 29 et 30 mars 1996,* Paris, Presses de l'université de Paris Sorbonne, coll. Colloques de la Sorbonne, 2001, p. 5-7.

Naudier, Delphine, « L'écriture-femme, une innovation esthétique emblématique », *Sociétés contemporaines,* 44 (2001), 4, p. 57-73.

Nelli, René, *Joë Bousquet : sa vie et son œuvre,* Paris, Albin Michel, 1975.

Pardo, Céline, *La poésie hors du livre, 1945-1965. Le poème à l'ère de la radio et du disque,* Paris, Presses Universitaires de Paris Sorbonne, coll. Lettres françaises, 2015.

Paveau, Marie-Anne – Zoberman, Pierre, *Itinéraires. Littérature, textes, cultures,* 2009, 1 [dossier « Corpographèses. Corps écrits, corps inscrits »].

Philippe, Gilles, « Une langue littéraire ? », Philippe Gilles – Piat Julien (dir.), *La langue littéraire. Une histoire de la prose en France de Gustave Flaubert à Claude Simon,* Paris, Fayard, 2009, p. 7-56.

Piolet-Ferrux, Estelle, « «Faire corps avec notre fragilité essentielle » : quête de soi et gestes du poème dans la poésie de Georges Perros », Andriot-Saillant Caroline et Roger Thierry (dir.), *Les gestes du poème. Actes du colloque organisé à Rouen en avril 2015*, Rouen, université de Rouen, s. d., <http://publis-shs.univ-rouen.fr/ceredi/index.php?id=341>.

Portante, Jean, « Poésie de l'existence et existence de la poésie », Edmond Dune, *Œuvres. Tome 1 : Poésie. Édition de Jean Portante*, Differdange, Phi, 2011, p. 9-76.

Postic, Fañch, « Le Beau contre le Vrai? La «Querelle du Barzaz-Breiz » (1866-1868) », *Bérose. Encyclopédie internationale des histoires de l'anthropologie*, Paris, IIAC-LAHIC, 2015, <https://www.berose.fr/article724.html>.

– « Thermalisme, tourisme et folklore dans les Pyrénées vers 1860. La famille de La Villemarqué aux Eaux-Bonnes », *Bérose. Encyclopédie internationale des histoires de l'anthropologie*, Paris, IIAC-LAHIC, 2016, <https://www.berose.fr/article724.html>.

Raus, Michel, « "Le glas sonne..." » [sur Edmond Dune], *Les Cahiers luxembourgeois*, 1988, 1, p. 40.

Reuter, Tim, *« Vaterland, Unsinn ». Thomas Bernhards (ent-)nationalisierte Genieästhetik zwischen Österreich-Gebundenheit und Österreich-Entbundenheit*, Wurtzbourg, Königshausen & Neumann, 2013.

Richard, Jean-Pierre, *Proust et le monde sensible*, Paris, Seuil, coll. Poétique, 1974.

Rocher, Jean, *Arthur Rimbaud dans l'herbe d'où l'on ne peut fuir; pourquoi s'engager pour déserter, s.l.*, Kindle Direct Publishing, 2019.

Romestaing, Alain, « L'objet chez Francis Ponge : du "Parti-pris des choses" à "l'objeu" », Navarri Roger (dir.), *Écritures de l'objet*, Pessac, Presses Universitaires de Bordeaux, coll. Modernités, 1997, p. 125-145, <http://books.openedition.org/pub/4934>.

Saemmer, Alexandra, « Le blanc et le noir chez Marguerite Duras et Roman Opalka », Gaubert Serge – Toma Radu (dir.), *Littérature et peinture*, Bucarest, Babel / université de Bucarest, coll. Périféeries, 2003, p. 69-76.

Ségur, Philippe, « Le corps de l'auteur », *in* Carmignani Paul – Courrent Mireille – Éloi Thierry – Joël Thomas (dir.), *Le corps dans les cultures méditerranéennes. Actes du colloque des 30-31 mars et 1er avril 2006 à l'université de Perpignan Via Domitia*, Perpignan, Presses Universitaires de Perpignan, coll. Études, 2007, p. 283-292.

Spire, André, *Plaisir poétique et plaisir musculaire. Essai sur l'évolution des techniques poétiques*, Paris, Librairie José Corti, 1949.

Sunnen, Myriam, « Edmond Dune et *Les Cahiers luxembourgeois* », *Les Cahiers luxembourgeois*, 2017, 3, p. 90-109.

Thivolet, Marc, « Préface », *in* Bousquet Joë, *Lettres à Carlo Suarès*, [Limoges], Rougerie, 1973.

Ubersfeld, Anne, *Les termes clés de l'analyse du théâtre*, Paris, Seuil, coll. Mémo : lettres, 1996.

Vago, Davide, *Proust en couleur*, Paris, Honoré Champion, coll. Recherches proustiennes, 2012.

Viala, Alain, « Deuxième partie : Sociopoétique. I : Éléments de sociopoétique », *in* Molinié Georges – Viala Alain, *Approches de la réception. Sémiostylistique et sociopoétique de Le Clézio*, Paris, Presses Universitaires de France, coll. Perspectives littéraires, 1993, p. 137-220.

Wilhelm, Frank, « "Je vous écris d'un café triste." Edmond Dune, "poète clandestin" parmi le peuple de Clausen », [Collectif], *Fanfare grand-ducale de Clausen 1851-1976. 150e anniversaire*, Luxembourg, Imprimerie Saint-Paul, 2001, p. 67-105.

Zoberman, Pierre – Tomiche, Anne – Spurlin, William J. (dir.), *Écritures du corps. Nouvelles perspectives*, Paris, Classiques Garnier, coll. Rencontres, 2013.

2.2. Autres études

Anzieu, Didier, *Le corps de l'œuvre. Essais psychanalytiques sur le travail créateur*, Paris, Gallimard, coll. Connaissance de l'inconscient, 1981.

Baqué, Dominique, *Photographie plasticienne. L'Extrême contemporain*, Paris, Regard, 2004.

Bateson, Gregory – Mead, Margaret, *Balinese Character. A Photographic Analysis*, New York, Wilbur G. Valentine, 1942.

Bateson, Gregory – Birdwhistell, Ray – Goffman, Erving – Hall, Edward T. – Jackson, Don – Scheflen, Albert – Sigman, Stuart – Watzlawick, Paul, *La nouvelle communication. Textes recueillis et présentés par Yves Winkin. Traduction de Denis Bansard, Alain Cardoen, Marie-Claire Chiarieri, Jean-Pierre Simon et Yves Winkin*, Paris, Seuil, coll. Points, 2000 [1981].

Bey, Hakim, *TAZ. Zone autonome temporaire. Traduit de l'anglais par Christine Tréguier avec l'assistance de Peter Lamia et Aude Latarget* [1991], Paris, l'Éclat, 1997.

Bourdieu, Pierre, *Le sens pratique*, Paris, Minuit, coll. Le sens commun, 1980.

Champagne, Patrick – Christin, Olivier, *Pierre Bourdieu : une initiation,* Lyon, Presses Universitaires de Lyon, coll. Hors collection, 2012.

Conter, Claude D., « Mischkultur » *in* Kmec Sonja – Majerus Benoît – Margue Michel – Péporté Pit (éd.), *Lieux de mémoire au Luxembourg / Erinnerungsorte in Luxemburg. Volume 1, 2e édition corrigée et complétée*, Luxembourg, Saint-Paul, 2008, p. 23-28.

Cotton, Charlotte, *La photographie dans l'art contemporain. Traduit de l'anglais par Pierre Saint-Jean*, Paris, Thames & Hudson, coll. L'univers de l'art, 2005.

Court, Martine, *Corps de filles, corps de garçons. Une construction sociale*, Paris, La Dispute, 2010.

Damasio, Antonio R., *L'erreur de Descartes. La raison des émotions. Traduit de l'anglais (États-Unis) par Marcel Blanc*, Paris, Odile Jacob, 1995.

Darmon, Muriel, *Réparer les cerveaux. Sociologie des pertes et des récupérations post-AVC*, Paris, La Découverte, coll. Laboratoire des sciences sociales, 2021.

Deleuze, Gilles – Guattari, Félix, *Mille plateaux*, Paris, Minuit, coll. Critique, 1989.

Delpu, Pierre-Marie, « La prosopographie, une ressource pour l'histoire sociale », *Hypothèses*, 18 (2015), 1, p. 263-274.

Dumas, Stéphane, *Les peaux créatrices. Esthétique de la sécrétion. Préface de Jean-Luc Nancy. Postface de François Dagognet*, Paris, Klincksieck, coll. Collection d'esthétique, 2014.

Durkheim, Émile, *Les règles de la méthode sociologique*, Paris, Presses Universitaires de France, coll. Quadrige, 1997 [1895].

Elias, Norbert, *Théorie des symboles. Traduit de l'anglais par Damien-Guillaume et Marie-Blanche Audollent. Révisé, édité et présenté par Marc Joly*, Paris, Seuil, coll. La librairie du XXe siècle, 2015 [1991].

Fosse, Camille – Lerichomme, Lisc (dir.), *Correspondances d'artistes. Du brouillon à la lettre ouverte*, Marseille, Le Mot et le reste, coll. Formes, 2012.

Freud, Sigmund « Traitement psychique », *Résultats, idées, problèmes. 1 : 1890-1920*, Paris, Presses Universitaires de France, coll. Bibliothèque de psychanalyse, 1984, p. 1-23.

– *La question de l'analyse profane, trad. de l'allemand par Janine Altounian, André et Odile Bourguignon, Pierre Cotet et Alain Rauzy. Préface de J.-B. Pontalis. Suivi de* La « Question » en débat *par Michel Schneider*, Paris, Gallimard, coll. Folio, 1998 [1985].

Glissant, Édouard, *Traité du Tout-Monde. Poétique IV*, Paris, Gallimard, 1997.

Guérin, Michel, *Philosophie du geste. Essai philosophique. Édition augmentée*, Arles, Actes Sud, 2011 [1995].

Guigou, Muriel, « Corps et société. Mise en perspective d'une sociologie du corps », Fintz, Claude (dir.), *Les imaginaires du corps. Pour une approche interdisciplinaire du corps. Tome 2 : Arts, sociologie, anthropologie*, Paris, L'Harmattan, coll. Critiques Littéraires, 2000, p. 177-193.

Hanru, Hou, « Chen Zhen, une extraordinaire aventure dans le domaine de la synergie », Rosenberg, David – Xu, Min (dir.), *Chen Zhen. Invocation of Washing Fire*, Prato-Sienne, Gli Ori, 2003, p. 23-26.

Ibanez, Thomas, *Anarchisme en mouvement. Anarchisme, néoanarchisme et postanarchisme*, Montreuil, Nada, 2014.

Jappe, Anselm, *La société autophage. Capitalisme, démesure et autodestruction*, Paris, La Découverte, 2017.

Jullien, François, *Le détour et l'accès. Stratégies du sens en Chine et en Grèce*, Paris, Grasset, coll. Le collège de philosophie, 1995.

Konopczynski, Gabrielle, « Les enjeux de la voix », Castarède Marie-France – Konopczynski Gabrielle (dir.), *Au commencement était la voix. Préface d'André Green*, Ramonville-Saint-Agne, Érès, coll. La vie de l'enfant, 2005, p. 33-50.

Lacan, Jacques, *Le séminaire. 1 : Les écrits techniques de Freud. 1953-1954*, Paris, Seuil, coll. Le Champ freudien, 1975.

– *Le séminaire. Livre XX : Encore (1972-1973). Texte établi par Jacques-Alain Miller*, Paris, Seuil, coll. Le Champ freudien, 1975.

– *Le séminaire. Livre III : Les psychoses. Texte établi par Jacques-Alain Miller*, Paris, Seuil, coll. Le champ freudien, 1981.

– *Écrits II. Jeunesse de Gide ou la lettre et le désir*, Paris, Seuil, coll. Points, 1999.

– « Lituraterre », *Autres écrits*, Paris, Seuil, coll. Champ freudien, 2001, p. 11-20.

– « Hommage fait à Marguerite Duras, du ravissement de Lol V. Stein », *Autres écrits*, Paris, Seuil, coll. Champ freudien, 2001, p. 191-197.

– « Leçon sur Lituraterre », *Le séminaire. Livre XVIII : D'un discours qui ne serait pas du semblant [1971]. Texte établi par Jacques-Alain Miller*, Paris, Seuil, coll. Champ freudien, 2007, p. 113-127.

Lakoff, George – Johnson, Mark, *Les métaphores dans la vie quotidienne. Traduit de l'américain par Michel de Fornel en collaboration avec Jean-Jacques Lecercle*, Paris, Minuit, coll. Propositions, 1985 [1980].

– *Philosophy in the Flesh. The Embodied Mind and Its Challenge to Western Thought*, New York, Basic Books, 1999.

Le Breton, David, *Anthropologie du corps et modernité. 5e édition entièrement revue*, Paris, Presses Universitaires de France, coll. Quadrige, 2008.

– « Le corps entre significations et informations », *Hermès, La Revue*, 68 (2014), 1, p. 21-30.

– *La sociologie du corps*, Paris, Presses Universitaires de France, coll. Que sais-je ?, 2023.

Lemercier, Claire – Zalc, Claire, *Méthodes quantitatives pour l'historien*, Paris, La Découverte, coll. Repères, 2008.

Leroi-Gourhan, André, *Le geste et la parole. I : Technique et langage ; II : La mémoire et les rythmes*, Paris, Albin Michel, 1964 et 1965.

Lévy, Clara, *Écritures de l'identité. Les écrivains juifs après la Shoah*, Paris, Presses Universitaires de France, coll. Le lien social, 1998.

Lévy, Clara – Quemin, Alain, « La sociologie des œuvres sous conditions », *L'Année sociologique*, 57 (2007), 1, p. 207-236.

Mauss, Marcel, « Les techniques du corps » [1936], *Sociologie et anthropologie. Précédé d'une* Introduction à l'œuvre de Marcel Mauss *par Claude Lévi-Strauss*, Paris, Presses Universitaires de France, coll. Quadrige, 2003, p. 363-386.

Méchoulan, Éric, « Intermédialités : le temps des illusions perdues », *Intermédialités / Intermediality*, 1 (printemps 2003), p. 9-27.

Merleau-Ponty, Maurice, *Phénoménologie de la perception*, Paris, Gallimard, coll. Tel, 1997 [1945].

– *Parcours deux (1951–1961). Édition établie par Jacques Prunair*, Lagrasse, Verdier, coll. Verdier philosophie, 2000.

Molette, Pierre, « De l'APD [Analyse Propositionnelle du Discours] à Tropes : comment un outil d'analyse de contenu peut évoluer en logiciel de classification sémantique généraliste », communication au 3e colloque international « Psychologie et communication », Tarbes, université de Toulouse 3 – Sabatier, Paul, 22-24 juin 2009, www.tropes.fr/PierreMolette-CommunicationColloquePsychoTarbesJuin2009.pdf.

Moulin, Raymonde (dir.), *Sociologie de l'art. Colloque international, Marseille, 13-14 juin 1985, Société française de sociologie*, Paris, Documentation française, 1986. [réédition Raymonde Moulin (dir.), *Sociologie de l'art. Colloque, Marseille, 13-15 juin 1985, Société française de sociologie, Ministère de la Culture et de la Communication*, Paris, L'Harmattan, coll. Logiques sociales, 1999]

Nancy, Jean-Luc, *Corpus*, Paris, Métailié, coll. Sciences Humaines, 2000.

Ogilvie, Bertrand, *L'homme jetable. Essai sur l'exterminisme et la violence extrême*, Paris, Amsterdam, 2012.

Passeron, René *Pour une philosophie de la création*, Paris, Klincksieck, coll. Collection d'esthétique, 1989.

Péquignot, Bruno, *Sociologie des arts. Domaines et approches*, Paris, Armand Colin, coll. 128, 2009.

Ravet, Hyacinthe, *Sociologie des arts*, Paris, Armand Colin, coll. Cursus, 2015.

Rey-Debove, Josette, *Le métalangage. Étude linguistique du discours sur le langage*, Paris, Armand Colin, coll. U, 1997.

Rosenberg, David – Min, Xu (dir.), *Chen Zhen. Metaphors of the body*, Athènes, National Museum of Contemporary Art, 2002.

– *Chen Zhen. Invocation of Washing Fire*, Prato-Sienne, Gli Ori, 2003.

Rouzel, Joseph, *Parole d'éduc. Éducateur spécialisé au quotidien,* Toulouse, Érès, coll. Érès poche, 2011.

Sartre, Jean-Paul, *L'être et le néant. Essai d'ontologie phénoménologique*, Paris, Gallimard, coll. Bibliothèque des Idées, 1943.

– *Situations, X. Politique et autobiographie*, Paris, Gallimard, 1976.

Schlesser, Thomas, « Chen Zhen ou l'art comme guérison du monde », *L'Œil*, 553 (décembre 2003), p. 64-69.

Ullmann, Stephen, *Style in the French Novel*, New York, Barns and Noble, 1964.

Zenoni, Alfredo, *Le corps de l'être parlant. De l'évolutionnisme à la psychanalyse. Préface de Léon Cassiers*, Bruxelles, De Boeck-Wesmael, coll. Oxalis, 1991.

2.3. Dictionnaires, bases de données

Dictionnaire de l'Académie Nationale de Médecine, Paris, Académie Nationale de Médecine, <https://www.academie-medecine.fr/dictionnaire/>.

Dictionnaire de la littérature française : XXe siècle, Paris, Albin Michel, coll. Encyclopaedia Universalis, 2000.

Dictionnaire des auteurs luxembourgeois, Mersch, Centre national de littérature, <https://www.autorenlexikon.lu/page/author/488/4889/FRE/index.html>.

Beaumarchais, Jean-Pierre de – Couty, Daniel – Rey, Alain (dir.), *Dictionnaire des écrivains de langue française*, Paris, Larousse, 2001.

Bercot, Martine – Guyaux, André (dir.), *Dictionnaire des lettres françaises. Le XXe siècle*, Paris, Librairie générale française, coll. La Pochothèque, 1998.

Blanchard, Nelly – Pressac, Jean-Baptiste – Thomas, Mannaig (dir.), *Projet de recherche en littérature de langue bretonne (PRELIB)*, Brest, Centre de recherche bretonne et celtique (université de Bretagne Occidentale), <https://mshb.huma-num.fr/prelib/>.

Delacrétaz, Anne-Lise – Maggetti, Daniel, *Écrivaines et écrivains d'aujourd'hui*, Zurich, Société Suisse des Écrivaines et Écrivains, 2002.

Gaffiot, Félix, *Dictionnaire latin-français. Nouvelle édition revue et augmentée sous la direction de Pierre Flobert*, Paris, Hachette, 2001, Paris.

Mitterand, Henri (dir.), *Dictionnaire des œuvres du XXe siècle. Littérature française et francophone*, Paris, Dictionnaires Le Robert, coll. Les Usuels, 1995.

Mougin, Pascal (dir.), *Dictionnaire de littérature française et francophone*, Paris, Larousse, coll. In extenso, 2012.

Annexe

Écrivains et corpus du volet corpogénétique de l'enquête Coréage

• Angot, Christine, *L'Inceste*, Paris, Stock, 1999.
• Bauchau, Henry, *Œdipe sur la route. Roman*, Arles, Actes Sud, 1990.
• Bouvier, Nicolas, *Le Poisson-Scorpion. Récit*, Vevey – Paris, Bertil Galland – Gallimard, 1981.
• Claudel, Philippe, *Meuse l'oubli. Roman*, Paris, Balland, 1999.
• Collignon, Claude, *L'Enfant pensif*, Paris, Seuil, 1986.
• Compère, Gaston, *Je soussigné, Charles le Téméraire, duc de Bourgogne*, Paris, Belfond, 1985.
• Cordier, Marcel, *Les Ombelles du Caucase. Roman*, Sarreguemines, Pierron, coll. Petite collection, 1990.
• Darrieussecq, Marie, *Il faut beaucoup aimer les hommes. Roman*, Paris, P.O.L, 2013.
• Decock, Pierre, *Toccata*, Esch-sur-Sûre, Op der Lay, 2007.
• Delperdange, Patrick, *Coup de froid*, Arles, Actes Sud, coll. Polar sud, 1992.
• Demoulin, Laurent, *Robinson*, Paris, Gallimard, 2016.
• De Mulder, Caroline, *Ego tango. Roman*, Seyssel, Champ Vallon, coll. Détours, 2010.
• Despentes, Virginie, *Baise-moi*, Paris, Florent Massot, coll. Poche revolver, 1994.
• Dicker, Joël, *La Vérité sur l'affaire Harry Quebert. Roman*, Paris – Lausanne, de Fallois – L'Âge d'Homme, 2012.
• Gestern, Hélène, *Eux sur la photo. Roman*, Paris, Arléa, coll. 1er mille, 2011.
• Grobéty, Anne-Lise, *Infiniment plus*, Yvonant, Bernard Campiche, 1989.
• Guibert, Hervé, *À l'ami qui ne m'a pas sauvé la vie. Roman*, Paris, Gallimard, 1990.
• Gunzig, Thomas, *Mort d'un parfait bilingue*, Vauvert, Au Diable Vauvert, 2001.
• Guyotat, Pierre, *Le Livre*, Paris, Gallimard, 1984.
• Hoscheit, Jhemp, *Le Mythe de Sisyphe*, Luxembourg, Cahiers

luxembourgeois, 2000.
• HOUELLEBECQ, Michel, *Plateforme. Roman*, Paris, Flammarion, 2001.
• KRECKÉ, Carine – KRECKÉ, Elisabeth, *Syncope. Roman*, Luxembourg, Ultimomondo, 2012.
• KUNDERA, Milan, *La Lenteur. Roman*, Paris, Gallimard, 1994.
• LE CLÉZIO, Jean-Marie Gustave, *Révolutions. Roman*, Paris, Gallimard, 2003.
• LIMET, Yun Sun, *Les Candidats*, Paris, La Martinière, 2004.
• MALINCONI, Nicole, *Hôpital silence*, Paris, Minuit, coll. Documents, 1985.
• MATHIEU, Nicolas, *Leurs enfants après eux. Roman*, Arles, Actes Sud, 2018.
• MEIZOZ, Jérôme, *Faire le garçon*, Genève, Carouge – Genève, Zoé, 2017.
• MERTENS, Pierre, *Les Éblouissements*, Paris, Seuil, coll. Fiction et Cie, 1987.
• MUNO, Claudine, *21*, Esch-sur-Sûre, Op der Lay, 1999.
• MUSSO, Guillaume, *Et après…*, Paris, XO, 2004 [France Loisirs, 2003].
• NOTHOMB, Amélie, *Hygiène de l'assassin. Roman*, Paris, Albin Michel, 1992.
• PORTANTE, Jean, *Mrs Haroy ou la mémoire de la baleine : chronique d'une immigration. Roman*, Echternach, Phi, 1993.
• REVAZ, Noëlle, *Rapport aux bêtes. Roman*, Paris, Gallimard, 2002.
• RONVAUX, Nathalie, *Subridere. Un aller simple*, Bridel, Hydre, 2017.
• SALVAYRE, Lydie, *Pas pleurer. Roman*, Paris, Seuil, 2014.
• SCHMIT, Claude, *Kinderland*, Esch-sur-Alzette, Phi, 2017.
• TONIELLO, Florent, *Ganaha. Un conte futur dans une langue passée. Roman*, La-Neuville-aux-Joûtes, Jacques Flament, 2020.
• VILLIERS, Gérard de, *Putsch à Ouagadougou*, Paris, Plon, coll. S.A.S., 1984.

À propos des auteurs

Tous les auteurs de ce livre, qu'ils soient chercheurs ou écrivains (ou les deux), sont engagés dans un travail de recherche qui se saisit du corps comme un objet qui donne à mieux penser les relations entre les œuvres et les pratiques littéraires ou artistiques, à production et à réception. Investis dans des activités variées – études littéraires, histoire de l'art, sociologie, psychanalyse, écriture –, ils sont tous soucieux d'interdisciplinarité et d'innovation intradisciplinaire.

Zhi Bie

Zhi Bie a soutenu une thèse sur les correspondances de Joë Bousquet à l'université de Bretagne Occidentale (*Joë Bousquet : correspondances amoureuses. Espace d'identité et d'altérité*, Paris, L'Harmattan, 2020). Elle y était attachée au Centre d'études des correspondances et journaux intimes (CECJI). Après avoir été professeure associée à l'université de Lanzhou, elle est actuellement post-doctorante à l'université Sun-Yat-Sen (Chine). Elle poursuit ses recherches sur les correspondances et la poésie du XXe siècle.

Nina Bigot

Nina Bigot termine une thèse de doctorat à l'université de Lille sur « L'art photolittéraire d'Antoine d'Agata ». Ses publications portent sur la dimension scandaleuse des ouvrages du photographe et essayiste français (dans *Voyage et scandale*, Paris, Garnier, 2022), sur leur poïétique (dans les Cahiers *ERTA*) et sur la dimension politique de leur esthétique (dans *Politiques et récits du corps*, Corrientes – Perugia, Eudene – Ceneri Rosse, 2022).

Claude Bommertz

Claude Bommertz, titulaire d'une thèse de l'université d'Ottawa (*Le chant automatique d'André Breton et la tradition du haut-dire*, Peeters, Louvain, 2004), est enseignant et collaborateur scientifique au Centre national de littérature du Luxembourg. Ses recherches portent sur la poésie d'André Breton, le surréalisme et les poétesses luxembourgeoises José Ensch et Anise Koltz. Coéditeur du recueil *Regards. Mises en scène dans le surréalisme et les avant-gardes* (Peeters, 2002), il a été responsable de séminaires du groupe de recherche CNRS ISCAM (L'Idée surréaliste au carrefour des modernités). Depuis 2007, il a consacré un grand nombre d'études à José Ensch et à Anise Koltz, notamment dans *Surréalisme et politique – politique du surréalisme* (Amsterdam-New York, Rodopi, 2007) et dans *Aufbrüche und Vermittlungen / Nouveaux horizons et médiations* (Aisthesis, Bielefeld, 2010).

Élisabeth Chatel

Doctorante à l'université de Bretagne Occidentale et membre du Centre de Recherche Bretonne et Celtique, Élisabeth Chatel étudie les réseaux de sociabilité du monde littéraire breton aux XIXe et XXe siècles. Autrice de *Clémence Tarbé de La Villemarqué (1827-1870). Intimité et sociabilité d'une femme d'écrivain breton* (Brest, Centre de Recherche Bretonne et Celtique, 2021), elle termine une thèse consacrée à *Joseph Loth (1847-1934) celtisant. Contribution à l'histoire des études celtiques.*

Valérie Chevassus-Marchionni

Enseignante et psychanalyste (*Voyage en terre lacanienne*, Bruxelles, EME, 2014), Valérie Chevassus-Marchionni est docteure en Études germaniques de l'université de Lorraine (*Le « roman original » de Joseph Roth. Analyse des stratégies de la création littéraire dans l'œuvre de Joseph Roth*, Bern, Peter Lang, 2002). Elle est membre associée du Centre Écritures de cette même université, où elle est chargée de cours. Ses recherches portent sur les liens entre littérature et psychanalyse.

Isabelle Davy

Titulaire d'une thèse en Esthétique, science et technologie des arts (« Art et langage. Une poétique de l'art vers un "rythme des œuvres" »), Isabelle Davy est membre associé du laboratoire AIAC (Arts des Images et Art Contemporain) de l'université Paris 8. Après avoir enseigné l'esthétique à cette université et la sémiologie à l'École de Condé – Design et Arts graphiques (Paris), elle est actuellement chargée de cours à l'École des Arts de la Sorbonne de l'université de Paris 1. Après avoir élaboré une approche systémique des œuvres d'art contemporain, elle mène actuellement des recherches sur le corps, la spatialité, la temporalité et l'individuation. Ses travaux ont été publiés dans plusieurs revues (notamment *Interfaces. Image – Texte – Langage*, *Proteus. Cahiers des théories de l'art* et la *Revue Écrans*) et collectifs (*L'art de la performance : studies ou boîtes à outils*, Paris, L'Harmattan, 2021).

Caroline De Mulder

Caroline De Mulder est professeure de littérature française à l'université de Namur. En tant qu'écrivaine, elle est notamment l'autrice de six romans, où l'écriture des corps occupe une place centrale. Le premier, *Ego tango* (Seyssel, Champ

Vallon, 2010), a obtenu le Prix Victor-Rossel (le « Goncourt belge »). En 2012, elle a fait paraître au Seuil un essai sur les rapports entre la science, le corps féminin et l'érotique (*Libido sciendi. Le savant, le désir, la femme*).

Régine Detambel

Régine Detambel est écrivaine et formatrice en « bibliothérapie créative », fondée sur les vertus qu'exercent l'écriture et la lecture sur les corps (voir son essai *Les livres prennent soin de nous*, Arles, Actes Sud, 2015). Elle est l'autrice d'une œuvre importante, souvent primée, qui interroge le corps et sa mémoire (*Son corps extrême*, Arles, Actes Sud, 2011). À travers la problématique du corps créateur, elle explore aussi les liens entre écriture et arts (*Petit éloge de la peau*, Paris, Gallimard, 2007) et entre écriture et vieillesse.

Paul Dirkx

Après avoir soutenu une thèse à l'université de Louvain et à l'université de Paris 8 (*Les « amis belges ». Presse littéraire française et franco-universalisme*, Rennes, Presses Universitaires de Rennes, 2006), Paul Dirkx a été pendant deux ans un collaborateur de Pierre Bourdieu à la chaire de sociologie du Collège de France, puis a occupé des postes de maître de conférences en lettres. Depuis 2020, il est professeur de littératures francophones à l'université de Lille. Ses recherches portent sur les poétiques en langue française, les écritures migrantes, l'antinomie et les corps des écrivains. Il est l'auteur de livres et de collectifs (dont *L'œil littéraire. La vision comme opérateur scriptural*, Presses Universitaires de Rennes, 2015 ; *Les cinq sens littéraires. La sensorialité comme opérateur scriptural*, Nancy, Éditions Universitaires de Lorraine, 2017). Son dernier livre, paru en 2024 chez Peter Lang, porte sur *Le corps de l'écrivain. Écritures et antinomie dans les littératures de langue « française » (1940-2000).*

Louis Gabrysiak

Louis Gabrysiak (CNRS – EHESS – université de Paris 1) est docteur en sociologie. Après avoir soutenu une thèse à l'EHESS (Paris) sur les styles de vie et la vocation des universitaires, il mène des recherches sur les collectes mémorielles mises en place durant la pandémie de Covid-19. Il a participé au projet Coréage (Corps des écrivains et des artistes : génétique et esthétique, université de Lorraine, 2020-2022). Ses différents travaux et publications mêlent sociologie des pratiques culturelles, sociologie des professions et sociologie des pratiques mémorielles.

Samia Gadhoumi

Samia Gadhoumi a soutenu en 2023 une thèse en cotutelle à l'université de Sfax et à l'université de Lille. Ce travail, qui porte sur *Discours et métadiscours dans les lettres de Georges Perros*, appréhende la correspondance d'écrivain comme un lieu de réflexivité langagière et littéraire. Elle s'est spécialisée dans les questions de corporéité, notamment dans les correspondances de Perros et les textes de Philippe Roth. Elle est responsable éditoriale de deux collectifs à paraître en 2024 chez Laridiame à Sfax (*La figure de l'auteur entre hier et aujourd›hui : posture(s) et esthétique(s)* ; *Intertextualité et réécritures dans ou de l'œuvre d'Albert Camus*).

Léa Kœnig

Léa Kœnig mène des recherches doctorales sur les enjeux internationaux de la presse littéraire dans l'espace francophone européen au Centre européen de sociologie et de science politique (EHESS). Elle est chargée de cours à l'université de Lorraine, où elle enseigne la sociologie et l'anthropologie. Elle a participé au projet Coréage (Corps des écrivains et des artistes : génétique et esthétique, université de Lorraine, 2020-2022).

Tonia Raus

Tonia Raus est professeure adjointe en langue et littératures françaises et leurs didactiques à l'université du Luxembourg. Après une thèse sur la mise en abyme chez Georges Perec, elle poursuit ses recherches en narratologie. Elle s'intéresse également à la littérature luxembourgeoise. Elle a codirigé les ouvrages *Comprendre la mise en abyme. Arts et médias au second degré* (Presses Universitaires de Rennes, 2019) et *Jean Portante. Le travail de l'écriture ou la mémoire à l'œuvre* (Centre national de littérature, Mersch, 2019).

Myriam Sunnen

Après des études de littérature française et de sanskrit, Myriam Sunnen a enseigné à l'université de Paris 3, à l'université du Luxembourg et dans plusieurs lycées. Depuis 2009, elle est professeure détachée au Centre national de littérature du Luxembourg. Ses recherches portent sur André Malraux (*Malraux et le christianisme*, Paris, Honoré Champion, 2009, rééd. 2015 ; 21 contributions au *Dictionnaire André Malraux*, Paris, Classiques Garnier, 2015), Edmond Dune, dont elle a édité la correspondance et les textes en prose (Soleuvre, Phi, 2021 et 2022), Pierre Garnier, les liens entre la littérature et les autres arts (*Texte & Image. Dialogues entre arts visuels et littérature / Schrift & Bild im Dialog. Über Bildkünste und Literatur*, Mersch, Centre national de littérature, 2018, avec Claude D. Conter) et les représentations littéraires de la nature et les liens entre littérature et écologie.

Index des noms

A

B

C

D

E

F

G

N

O

P

Q

R

S

T

U

V

W

Z

Table des matières

Composition : Le Bord de L'eau éditions
Cet ouvrage a été achevé d'imprimer en décembre 2024
pour le compte des éditions Le Bord de L'eau
par Imprimerie Laballery (58500 Clamecy).
Dépôt légal : janvier 2025 - N° d'impression : 412242

Imprimé en France